데이터를 철학하다

어떻게 데이터는 지혜가 되는가

데이터를
철학하다

장석권 지음

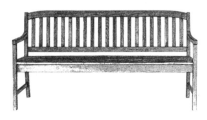

흐름출판

디지털 트윈(Digital Twin). 데이터에 의해서 실시간으로 변하는 디지털 속의 또 다른 나.
이제 우리는 원하든 원하지 않든 현실과 사이버 공간의 혼합체 안에서
수많은 디지털 트윈과 살아가야 한다.
실제와 허상, 진실과 거짓, 원본과 복사본이 공생하는 세상에서 우리는 어떻게 살아가야 할까?

관찰이 있는 곳에 데이터가 있다. 인간은 역사 시대 이전부터 주위의 자연 현상, 그리고 그 속에서 함께 살아가는 동식물의 생활상을 관찰하고 기록해 왔다.

관찰 대상 중 가장 흥미로운 대상은 단연 우리 자신 즉, 인간이다. 관찰의 주체가 인간이기에 그렇기도 하지만, 사회적 동물로서 인간은 다른 인간과 함께 어울려 살아 간다. 천재지변과 같은 자연환경의 변화가 인간 생활의 유불리를 결정한다면, 매일매일 부대끼며 함께 생활하는 가족, 친구, 동료와의 관계는 삶의 희로애락을 좌우한다.

데이터의 유용성은 단연 해석에서 나온다. 자연환경에서 관찰한 데이터를 해석하기 위해 철학과 자연과학이 필요하듯, 인간의 심리, 행동, 성과를 해석하기 위해서는 심리학, 경제학, 사회학, 경영학 등 다양한 사회과학이 필요하다. 관찰 대상의 원리, 동기, 마음, 의지를 꿰뚫어 보자면, 숨겨진 요인과 드러난 요인을 연결하는 구조, 즉 인과관계를 밝혀내야 한다.

추운 바다 위에 떠 있는 빙산은 10분의 1이라도 표면 위로 자신의 모습을 드러낸다. 그러나 자연 현상, 사회 현상, 인간 행동에 숨어 있는 저변의 작동 메커니즘은 실체의 100분의 1도 드러나지 않았다.

6

그래서 데이터를 통해 실체적 진실을 파악하고자 하는 우리는 늘 두 가지 도전에 직면한다.

보다 많은 양의 실체가 데이터에 의해 드러나도록 하는 것,

수집한 데이터로부터 실체의 참모습을 최대한 정확하게 파악하는 것.

최근 들어 스마트폰과 사물인터넷이 대량으로 보급·설치되면서, 우리는 이 도전 과제를 푸는 데 획기적인 진전을 이뤄냈다. 이른바 빅 데이터 시대가 도래하면서 다차원적인 정보 수집으로 인간의 외양, 동작, 표정은 물론 심리와 감정 상태까지 파악할 수 있게 된 것이다. 여기에 물리학, 인지과학, 사회학, 경제학 등의 이론이 가미되면서 현상, 사물, 인간 행동의 변화 원리까지 이해하게 됐다.

자신감이 붙었다. 그리고 그 자신감은 새로운 도전으로 이어지고 있다. 이제는 수집한 데이터로부터 '실체 그 자체'를 재구성하려는 시도가 이뤄지고 있다. 사물의 외양, 특성, 반응 메커니즘을 가상화하여 현상을 모의실험(simulation)하고, 인간의 지능을 복제한 인공 지능을 다양한 영역에 특화하여 개발하기 시작했다. 이러한 도전은 실제로 사이버 물리 시스템(cyber-physical system), 인더스트리 4.0(industry 4.0), 디지털 트윈(digital twin), 알파고(AlphaGo), 4차 산업혁명 등의 간판을 달고 우리에게 새로운 가능성으로 다가왔다.

그러나 빅 데이터, 인공 지능 시대에 대한 사람들의 반응이 긍정적인 것만은 아니다. 2016년 이세돌과 인공 지능 알파고의 바둑 대결에서 알파고가 승리하자 인공 지능에 대한 기대는 한순간에 공포로

바뀌었다. 자율 주행 기능이 있는 차를 시속 200킬로미터의 속도로 직접 몰고 있었는데, 차가 갑자기 내 의지와 상관없이 인공 지능 스스로 판단해 자율 운전 모드로 전환된다면 어떤 기분이 들까?

데이터를 모아 실체를 파악하는 것과, 데이터를 모아서 실체를 재구성하는 것은 하늘과 땅 차이만큼이나 다르다. 더욱이 그 데이터가 사물이나 현상에 대한 데이터가 아니라, 우리 인간에 관한 데이터일 때는 더욱 그러하다. 인공 지능이 대중적인 관심을 받기 전까지 우리는 인간의 정체성에 대해 진지하게 고민해 본적이 없었다. 인간의 어떠한 특성이 인간 고유의 정체성을 구성하는지 지금까지 인류가 사유하고 발견한 것들을 새삼 열거하거나 검증할 필요는 없었다. 그런데, 데이터를 모아 인간 지능을 모사한 인공 지능이 출현하자 인간 정체성을 의심하기 시작했다.

사이버 공간에 투영된 나의 아바타는 누구인가. 나의 아바타가 나와 똑같은 정체성을 가지고 있다면 나는 과연 누구인가. 혹시나 현실 공간의 내가 사이버 공간상에 존재하는 나의 아바타인 것은 아닐까.

더 나아가 가상화를 통해 재구성한 시뮬레이션, 사물을 가상화하여 사이버 공간에 투영시킨 디지털 트윈, 그리고 사이버 공간상에서 그들과 상호 작용하는 나의 아바타가 함께 만들어 내는 그 세상은 사이버 세상인가 현실 세상인가. 우리가 지금 시뮬레이션 세상 속에 살고 있을 확률이 99.999퍼센트 이상이라는 일론 머스크(Elon R. Musk)의 주장이 그럴 듯하게 들리는 오늘이다.

우리가 원하든 원하지 않든 다가올 세상이 현실 공간과 사이버 공간의 혼합체가 될 것임은 분명하다. 이 책에서 빅 인텔리전스(big intelligence)라고 명명한 그 세상에서는 현실 공간의 현상, 사물, 인간이 사이버공간의 시뮬레이션, 디지털 트윈, 아바타와 상호 작용하면서 우리의 삶을 한 차원 높게 끌어올릴 것이다. 실체와 허상, 진실과 거짓, 원본과 복사본이 뒤섞여 공생하는 미래 공간을 우리는 어떻게 받아들여야 할까.

나는 그 해답을 찾기 위해 데이터에서 정보로, 정보에서 지능으로 진화해 가는 단계 단계를 하나씩 되짚어 보기로 했다. 무엇이 실체이고 무엇이 진실인지를 찾아가는 여정에서 나는 우리의 직관과는 다른 많은 실체적 진실이 존재함을 발견했고, 허술한 논리에 기반을 둔 많은 허황된 미래 전망이 우리를 호도하고 있음을 알게 되었다.

빅 인텔리전스 세상은 우리가 한 번도 가 보지 못한 새로운 세상이다. 그 세상을 무비판적으로 추종했을 때, 우리가 겪을지 모를 위험과 고통은 매우 크다. 빅 인텔리전스 세상이 내포하고 있는 이러한 위험에 대해 가장 큰 위안은 인간의 지혜만큼은 가상화가 불가능하다는 사실이다. 인간이 가진 자유의지와 지혜만이 데이터 시대를 살아갈 우리가 기댈 수 있는 유일한 기둥이자 동반자다.

지금은 바야흐로 '나'에 관한 데이터가 수집되고 수집된 데이터가 다시 '나'의 디지털 트윈이 되어 수많은 다른 디지털 트윈과 함께 살아가는 시대다. 그 시대는 지금 우리에게 수많은 새로운 도전 과제를 던져 주고 있다. 그 도전 과제를 하나씩 지혜롭게 풀어 가는 작업에 함께 동참하지 않겠는가. 그 과정에서 자연 속에 내재한 '신의 마음'과 '보이지 않는 손'의 위력을 함께 체험하고 입증해 볼 생각은 없는가. 호기심을 가진 당신을 정중하게 초대한다.

이 책이 나오기까지 많은 분들의 도움과 성원이 있었다. 때로는 진지하게, 때로는 단호하게 편집과 교정에 힘을 써 준 흐름출판의 편집팀에게 고맙다. 아울러 소중한 출간의 기회를 주신 흐름출판 유정연 대표께도 감사의 마음을 전한다.

지난 1년여의 기간 동안 집필에 집중하느라 많은 시간을 함께 하지 못한 내 가족들, 사랑하는 아내, 큰 딸 혜윤 부부, 둘째 딸 보윤에게 감사한다. 그리고 오랜만에 한국에 다니러 와서 할아버지를 무척 따랐던 외손자 승헌이와 더 많이 놀아주지 못한 것이 마음에 걸린다. 가족들이 함께 있었기에 행복과 즐거움 속에서 집필에 집중할 수 있었다.

2018년 여름의 문턱,
행당동 연구실에서
장석권

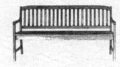

데이터의 탄생 태초에 데이터가 있었으니

2부 ## 정보의 지도 데이터가 힘이 되려면

3부 **지능의 미래** 신의 영역에 도전하기

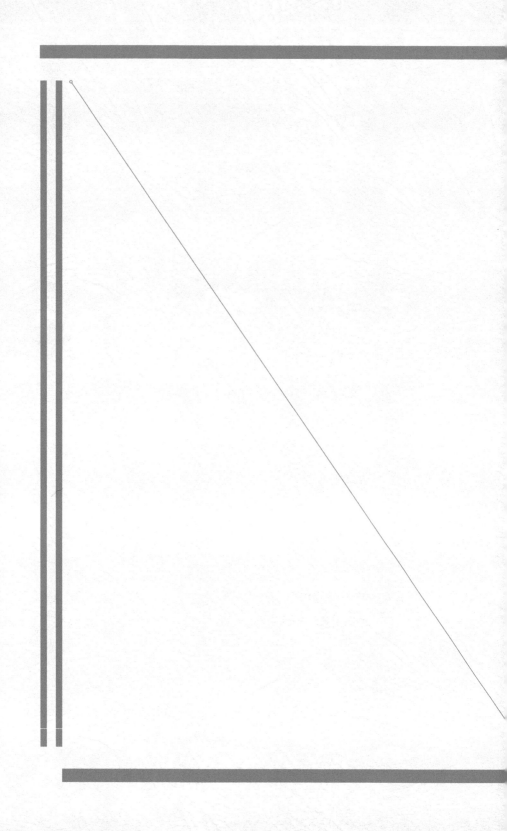

1부

데이터의 탄생
태초에 데이터가 있었으니

데이터에 대한 오해와 진실

무엇이 데이터인가

: 데이터는 사물, 현상, 사건, 인간관계 등에 관한 관찰 기록이다.

2008년 4월 18일 한미 쇠고기 협상이 타결됐다. 4월 29일, MBC 〈PD 수첩〉은 미국 쇠고기 수입 협상의 문제점을 주장하며 광우병의 위험 성을 알리는 탐사 보도를 했다. 이 보도는 한미 쇠고기 협상에 대한 반대 시위에 기폭제 역할을 했다. 대한민국 정부, 여당과 보수 성향의 신문은 광우병 위험이 과장·왜곡되었다고 주장했으나, 야당과 진보 성향의 신문은 사소한 실수가 있었을 뿐 정부가 협상을 잘못했다는 본질은 변하지 않았다고 주장했다.[1]

2008년 4월 18일 한미 쇠고기 협상이 타결된 이후 전개된 광우병 사태와 촛불 집회에 관해 어느 보도 일지는 다음과 같이 기록했다.

- 4. 18 한미 쇠고기 협상 타결
- 5. 2 '미 쇠고기 수입 반대' 1차 촛불 집회(경찰 추산 1만 명)
- 5. 6 '광우병 위험 미국 쇠고기 전면 수입을 반대하는 국민긴급대책
  회의' 출범
- 5. 24 촛불 집회 참가자들 첫 도로 점거 밤샘 시위
- 5. 31 주말 대규모 촛불 시위(경찰 추산 4만 명 참가). 경찰, 촛불 시위대
  에 물대포 첫 분사, 228명 연행. 시위대-경찰 청와대 인근 곳곳에서
  밤샘 대치
- 6. 5~8 국민대책회의 '72시간 릴레이 국민 행동' 개최(경찰 추산 12만
  명 참가)
- 6. 10 국민대책회의 '6·10 100만 촛불 대행진' 개최(경찰 추산 서울 8
  만 명, 전국 14만 명, 주최 측 추산 서울 70만 명, 전국 100만 명). 경찰, 세종로
  사거리에 '컨테이너 벽' 설치

앞의 보도문과 일지는 데이터의 의미에 대해 어떠한 시사점을 던
져 주고 있을까? 보도문과 일지에 나타난 숫자들, 예컨대 사건이 일
어난 날짜, 촛불 집회에 참여한 시위대 규모 등이 데이터일까? 실제
로 많은 사람은 '데이터' 하면 매주 발표되는 대선 주자의 지지율, 정
부가 관리하는 주민 등록, 과세, 민원 처리, 예산 및 결산, 그리고 기
업의 매출액, 자산 규모, 영업 이익, 시장 점유율, 주가, 시가 총액 등
숫자와 도표를 떠올린다.

그렇다면 보도문 자체는 데이터일까? 데이터는 '어떠한 사실, 개

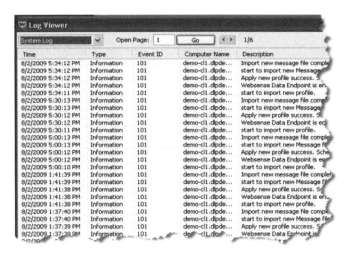

그림 1 컴퓨터의 로그 데이터

념, 명령을 과학적인 실험이나 관측 결과로 얻은 수치, 정상적인 값 등 실체의 속성을 숫자, 문자, 기호 등으로 표현한 것'으로 정의된다.[2] 쉽게 말하면, '사물이나 현상, 사건에 관한 관찰 기록'이 데이터라는 말이다. 보도문에 나타난 숫자나 날짜뿐 아니라 보도문 자체도 데이터다.

보도문이 사회 현상에 관한 관찰의 기록이라면, 로그 데이터(log data)는 컴퓨터 운용 체제나 응용 소프트웨어 내에서 일어나는 사건의 기록이다. 보도문은 일상 언어로, 로그 데이터는 아스키코드(ASCII code)라는 컴퓨터 코딩 시스템으로 기록된다는 차이를 제외하면, 사건의 기록이라는 점에서 보도문과 컴퓨터 로그 파일은 데이터로서의 특성이 동일하다.

로그 데이터는 대상이 무엇이냐에 따라 세 가지로 구분된다. 컴퓨터 내에서 발생하는 사건을 기록해 두는 이벤트 로그(event logs), 소프트웨어가 처리한 업무를 기록해 두는 트랜잭션 로그(transaction logs), 그리고 컴퓨터 내 또는 컴퓨터 간의 대화를 기록해 두는 메시지 로그(message logs)가 그것이다. 컴퓨터가 사람이라면, 이벤트 로그는 사건 일지, 트랜잭션 로그는 업무 처리 일지, 메시지 로그는 대화 일지에 해당한다. 인간 사회를 하나의 거대한 컴퓨터 시스템에 비유하면 이벤트 로그는 신문, 방송 등 각종 언론 매체가 쏟아 내는 보도와 같다. 트랜잭션 로그는 정부, 공공 기관, 기업이 기록하여 보관하는 전자 결재 등 막대한 분량의 업무 처리 기록에 대응된다. 그렇다면 메시지 로그는 인간 사회의 무엇에 해당할까?

인간 사회에서 대화를 대규모로 기록하기 시작한 것은 비교적 최근 일이다. 녹음기가 있었다고 해도 그동안 음성 대화를 대규모로 기록할 수단이 마땅치 않았고, 사생활 보호 문제 때문에 대화를 기록한다는 것에 거부감도 상당히 컸다. 그런데 대화 방식이 아날로그 음성 대화에서 이메일, 페이스북, 트위터, 카카오톡 등 디지털 문자 방식으로 바뀌면서, 동시다발적 실시간 대화 기록이 가능해졌다. 바야흐로 대규모 대화 기록의 시대가 열렸다.

그림 2의 카카오톡 대화는 전형적인 대화 기록이다. 여기에는 언어 대화뿐 아니라 감정 전달을 위한 다양한 이모티콘이 포함되어 있다. 최근에는 멀티미디어 동영상이 접목된 이모티콘이 등장하면서

그림 2 카카오톡 대화

표현의 다양성과 감정의 깊이를 더해 주고 있다. 이러한 대화 기록은 데이터의 관찰 대상에 감정이나 정서, 관계를 포함시킴으로써 데이터에 대한 정의 자체를 바꾸어 놓았다.

대규모 대화 기록 시대에서 데이터는 '사물이나 현상, 사건, 인간 관계 등에 관한 관찰 기록'으로 재정의되어야 한다. 기록의 수단도 숫자, 문자, 기호를 넘어 그림, 동영상으로 확대되었다. 그러나 이렇게 확대된 정의조차 그 수명이 얼마나 오래 갈지 장담할 수 없다. 변화무쌍한 미래의 인공 지능(artificial intelligence, AI) 시대는 데이터의 개념을 새로운 방향으로 변화시켜 갈 것이 분명하기 때문이다.

객관적인 데이터는 없다

: 데이터의 원천은 '관찰자의 마음'이다.

정의에 따르면 데이터는 사물이나 현상, 사건 등 관찰 대상에서 비롯된다. 우리의 일차적 관찰 대상은 자연 그 자체다. 자연에서 파생되어 나온 인간, 그 인간이 경제·사회·문화적으로 벌이고 있는 다양한 활동·행태·실적 등은 이차적인 관찰 대상이다.

자연 현상의 관찰 기록은 동굴 벽화를 그리기 시작한 선사 시대까지 거슬러 올라간다. 현재까지 발견된 가장 오래된 대규모 관찰 기록인 스페인 북부 알타미라 동굴 벽화는 기원전 3만 년 즈음에 그려졌다. 지금부터 약 2만 년 전 인류의 직계 조상인 크로마뇽인의 작품으로 알려진 프랑스 라스코 동굴 벽화에는 소나 말 등을 주제로 한 그림이 100여 점이나 남아 있다. 반면 인간의 활동을 문자로 기록한 역사는 고작 5,000년 남짓하다. 기원전 3500년쯤 고대 이집트 왕조와 메소포타미아의 수메르인이 각자 독자적으로 역사를 기록하기 시작했는데, 당시 메소포타미아에서 발명된 쐐기 문자는 수메르인, 아카드인, 바빌로니아인에게 전파되어, 신화와 일기, 편지, 법률 등을 기록하는 데 쓰였다. 중국에서는 기원전 2000년경 역사 기록이 시작되었고, 전문적인 역사 기록은 기원전 100년 사마천(司馬遷)에 의해 이루어졌다.[3]

'과학'이라는 이름으로 이루어진 자연 관찰은 중세 이후에 나타났

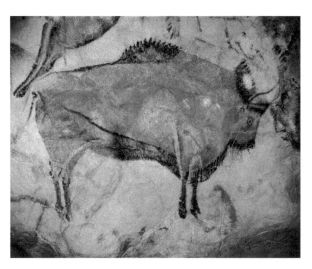
그림 3 기원전 3만 년 선사인이 자연을 기록한 알타미라 동굴 벽화

다. 철학에 이어 과학이 종교로부터 분리된 데에는 중세의 대표적인 신학자이자 철학자인 토마스 아퀴나스(Thomas Aquinas)의 사상이 크게 영향을 미쳤다. 그는 "신의 초자연적 속성 기반 위에서, 인간은 자신의 순수한 이성만으로 자연의 질서에 대해 이해할 수 있다"고 주장했다. 이후 관찰과 이성적 추론에 의한 과학적 방법론은 니콜라우스 코페르니쿠스(Nicolaus Copernicus), 르네 데카르트(René Descartes), 아이작 뉴턴(Isaac Newton) 등에 의해 확대되었다.

이차적인 관찰 대상으로서 경제·사회·문화 현상에 대한 관찰은 자연에 관한 과학적 관찰보다는 한발 늦게 출발했다. 왕실 중심의 국가 경영을 중시했던 중세 중상주의(重商主義)에서 기원한 경제학은 애덤 스미스(Adam Smith), 토머스 맬서스(Thomas R. Malthus), 데이비드 리카도(David Ricardo), 카를 마르크스(Karl H. Marx), 앨프리드 마셜(Alfred Marshall) 등을 거치면서 데이터 기반의 시장 중심 실증 학문으로 발전했다. 그들의 주 관찰 대상은 국제 무역, 인구, 시장에서의 생산과 소비, 국가 간 비교 우위, 자본의 분배 구조, 수요와 공급 등이었다.[4]

경제 시스템 내의 산업, 그리고 산업을 구성하는 개별 기업으로 관찰 대상이 좁혀진 것은 18세기 산업 혁명 이후다. 산업 혁명과 함께 추진된 기계화·자동화는 대량 생산, 대량 수송을 위한 제조업과 철도 산업을 일으켰고, 21세기로 넘어오면서 급성장한 전력 산업, 통신 산업, 금융 산업, 철강 산업, 정유 산업, 유통 산업의 근간이 되었다. '경영학'이라는 이름으로 관찰 대상을 기업 및 기업 집단, 기업 내 생산 및 사무 조직, 개별 근로자에게로 확대한 것은 겨우 20세기에 들어서면서부터다.

이렇게 과학적 사고와 데이터 기반의 실증 학문이 발전하자, 자연의 내재적 속성과 인간의 순수 이성으로 이해한 자연을 어떻게 구분할 수 있는지, 과연 구분 자체가 가능하기나 한 것인지 근본적 의문이 제기됐다. 자연에 내재된 속성과 인간이 데이터로부터 추론하여 이해하는 것 사이에 상당한 괴리가 있음을 인식하게 된 것이다.

그림 4를 보자. 여기에 정체불명의 숫자들이 있다. 이 숫자들의 정체는 무엇일까? 바로 원주율 파이(π)의 소수점 이하 숫자들이다. 이들은 외견상 데이터로 보이나 사실은 데이터가 아니다. 관찰 대상도 기록 대상도 아닌 자연에 내재된 상수일 뿐이다. 그리스 수학자의 이름

```
1415926535 8979323846 2643383279 5028841971 6939937510
5820974944 5923078164 0628620899 8628034825 3421170679
8214808651 3282306647 0938446095 5058223172 5359408128
4811174502 8410270193 8521105559 6446229489 5493038196
4428810975 6659334461 2847564823 3786783165 2712019091
4564856692 3460348610 4543266482 1339360726 0249141273
7245870066 0631558817 4881520920 9628292540 9171536436
7892590360 0113305305 4882046652 1384146951 9415116094
3305727036 5759591953 0921861173 8193261179 3105118548
0744623799 6274956735 1885752724 8912279381 8301194912
9833673362 4406566430 8602139494 6395224737 1907021798
6094370277 0539217176 2931767523 8467481846 7669405132
0005681271 4526356082 7785771342 7577896091 7363717872
1468440901 2249534301 4654958537 1050792279 6892589235
4201995611 2129021960 8640344181 5981362977 4771309960
5187072113 4999999837 2978049951 0597317328 1609631859
5024459455 3469083026 4252230825 3344685035 2619311881
7101000313 7838752886 5875332083 8142061717 7669147303
5982534904 2875546873 1159562863 8823537875 9375195778
1857780532 1712268066 1300192787 6611195909 2164201989
```

그림 4 원주율의 소수점 이하 숫자들

을 따서 '아르키메데스 상수'라고 불리는 이 수를 빅토르 위고(Victor M. Hugo)는 "초자연적인 수"라고 불렀다.[5]

데이터로 보이나 데이터라고 할 수 없는 이 수는 여러 가지 신비로운 특성을 가지고 있다. 소수점 이하로 전개되는 숫자는 동일한 패턴의 반복 없이 무한대로 뻗어 가나, 숫자들 하나하나는 사전에 완벽하게 결정되어 있다. 그 수가 특별히 누구에 의해 결정된 것은 아니다. 단지 결정된 시점이 137억 년 전 우주가 탄생한 빅뱅 이전이어야 한다는 논리적 추론이 있을 뿐이다.

역사적으로 원주율을 둘러싼 수많은 논의와 함께 많은 과학자가 이 수의 신비감을 파헤치는 데 일생을 바쳤다. 최대한 많은 자릿수를 밝혀내는 데에 일생을 건 사람도 있었다. 19세기 후반 영국의 수학자 윌리엄 섕크스(William Shanks)는 평생을 바쳐 소수점 이하 707자리까지 계산했으나, 불행히도 528자리에서 틀리고 말았다. 그러다 20세기 중반 디지털 컴퓨터가 등장하면서 원주율 계산에 일대 전기가 마련되었다. 이후 원주율 계산은 1973년에 이미 100만 자리 고지를 넘었고, 오늘날에는 10조 자리를 넘어섰다.[6] 숫자를 적어 나열하면 그 길이가 무한하여 우주 전체를 돌고 돌아도 그다음 숫자들이 끝없이 정해진 채 기다리고 있는 수, 그것이 바로 이 수의 실체다. 관찰이나 기록에 의해 달라질 수 없는, 이 우주에 단 하나만 존재하는 '아르키메데스 상수'는 영원히 그 전체를 드러내지 않을 태고의 신비다.

다음에 또 다른, 기호의 나열이 있다(그림 5). A, G, C, T 단 네 가지 기호만으로 구성된 엄청난 규모의 기호 집합은 다름 아닌 인간 유전체(genome)다. A, G, C, T의 기호는 유전체를 구성하는 염기로서 각각 아데닌(Adenin), 구아닌(Guanine), 시토신(Cytocine), 티민(Thymine)을 의미한다. 인간 유전체는 약 30억 개의 염기 서열로 구성되는데, 이를 정보량으로 환산하면 약 700메가바이트(Mbyte)에 달한다. 책 한 쪽에 1만 개의 염기 서열을 적는다 해도 1,000쪽짜리 책 300권에 달하는 분량이다.

인간 유전체는 자연계의 신비를 담고 있다는 점에서 원주율과 유사하다. 인간은 지구에서 자아의식을 가지고 있으면서 우주의 태동과 생명 탄생의 비밀을 궁금해하는 유일한 존재다. 인간의 정체성이 인간 유전체에 의해 결정된다면, 진화의 산물인 인간 유전체는 자연의 일부라고 할 수 있다. 그렇다면 인간 유전체의 염기 서열은 자연의 상수일까, 데이터일까?

현재 지구상의 인구 약 70억 명은 모두 서로 다른 유전체, 즉 DNA

```
ACGTTGCAAATTCAGTCGGTACTTTAACGTACGTACGGTACTGGTATTGTCAGGTTGTTCAACT
CATGACACTGACAGATAGACAGATTGTCGTGTTATVTGACTTGGAACTGTAGGCCCTTGAATCT
TGGCAGTCCCTACGTACCGTCGGTACTGGTAACGTGAGGTCAGGTTGTTCAACTCATCCAGGA
GAAATATCTCGGATAATTAACAGATACACACCCTTAGACCATTTAATCCCTGGGAAAGGCAACTA
CGTACCAGTCTTTCCAGGCACTGACAGATAGACAGATTGTCGTGTTATVTGACTTGGAACTGTA
GGCCCTTGAATCTTGGCAGTCGTAACGTACGTACGGTACTGGTAACGTGAGGTCAGGTTGTTC
AACTCATCGTGACTGATTACCAGGATCCTAGCGGATCCTACTGACCTGACGTACGTAATGCAGT
GGTCAGGTTGTTCAACTCGATGACTAGAATATATCCAGGAAAATCCCTGGGAAAAATTGGGCCC
TACGTGTCGTAACGTACGTACGGTACTGGTAACGTGAGCCAGGAAAATCCCTGGGAAAAATTG
GGCCCTATCGTGACTGATTACCAGGATCCTAGCGGATCCTACTGACCTGACGTACGTAATGCAG
TGGTCAGGTTGTTCAACTCGATGACTAGAATATATCCAGGAAAAAAAAATTGGGCCCTACGTGT
GTAACGTTGCAAATTCAGTCGGTACGTTTCCAGGCTACACATTGTCGTGTTATVTGACTTGGAA
CTGTAGCURLYHAIRGCCCTTGAATCTTGGCAGTCGTAACGTACGTACTGAGGTCAGGTTGTTC
AACTCATCCAGGAATGGGCCCTACGTACCGTAACGTTGCAAATTCAGTCGGTACGTTTCCAGG
CTACACACACACTGACAGATAGACAGATTGTCGTGTTATVTGACTTGGAACTGTAGGCCCTTGA
ATCTTGGCAGTCGTAACGTACGTACGGTACTGGTAACGTGAGGTCAGGTTGTTCATTACCAGGA
TCTACTAGAAGAAAAATTGGGCCCTACGTACCGTAACGTTGCAAATTCAGTCGGTACGTTTCCA
GGCTACACACACACTGACAGATAGACAGATTGTCGTGTTATVTGACTTGGAACTGTAGGCCCTT
GAATCTTGGCAGTCGTAACGTACGTACGGTACTGHEARTDISETGTTCAACTCATCCAGGAAAAT
CCCTGGGAAAAATTGGGCCCTACGTACCGTAACGTTGCAAATTCAGTCGGTACGTTTCCAGGC
TACACACACACTGACAGATAGACAGATTGTCGTGTTATVTGACAGGCTACACACACACTGACAG
ATGTAATGCAGTGGTCAGGTTGTTCAACTCGATGACTAGAATATATCCAGGAAAATCCCTGGGA
```

그림 5 인간 유전체의 염기 서열

를 가지고 있다. 인간 유전체는 인간이라는 하나의 종을 규정하는 정보인 동시에 70억 인구 개개인의 유전적 특성을 구분하는 정보다. 질병과 DNA의 연관성을 염기 서열에서 찾는다면, 인간 유전체에서 찾아낸 질병 유전자는 데이터임에 틀림없다. 1990년 약 30억 달러의 예산으로 시작된 인간 유전체 프로젝트(Human Genome Project)가 2003년 4월 종료된 이후 지금까지 1,800개 이상의 질병 유전자가 발견되었고, 암 치료 분야에서는 50가지 다양한 암에 대한 유전자적 이상 소견을 규명하는 작업을 진행하고 있다.[7]

그렇다면 원주율이나 인간 유전체와 같이 자연의 속성이 아니라, 인간이 일군 경제·사회·문화 활동에 대한 기록으로는 어떠한 예가 있을까? 역사 이래 인류 활동의 기록을 대표하는 것으로 유네스코 (UNESCO)의 세계 기록 유산을 들 수 있다. 전 세계적으로 금속 활자로 인쇄한 요하네스 구텐베르크(Johannes Gutenberg)의 성경을 포함해서 이미 300여 편을 넘은 세계 기록 유산이 존재한다. 그중에는 우리나라의 기록 유산인 《훈민정음(訓民正音)》, 《조선왕조실록(朝鮮王朝實錄)》, 《직지심체요절(直指心體要節)》, 《승정원일기(承政院日記)》, 《조선왕조 의궤 (朝鮮王朝 儀軌)》 등 13개 기록 유산이 포함되어 있다.

유네스코 세계 기록 유산은 인류가 남긴 수많은 기록물 중 극히 일부다. 인류 역사상 대를 이어 전달되어 온 기록, 즉 데이터의 양은 규모를 가늠하기 어려울 만큼 방대하다. 그 데이터는 광활한 우주, 지구 환경, 지구상에 존재하는 모든 생명체의 구조, 구성 요소, 변화 과정 및 행동 양식은 물론, 인류 역사상 전개된 인간 활동에 관한 모든 것, 즉 국제 정치와 국가 간 분쟁, 경제 구조와 거래 방식, 법·제도, 생산과 소비, 개인적 사회 활동 등을 포함한다.

그러나 인간이 기록한 데이터가 아무리 방대하더라도 데이터의 원천 자체와는 비교할 수 없다. 원주율을 예로 들어 보자. 인간이 컴퓨터의 도움을 받아 계산한 자릿수는 현재까지 수십조에 이른다. 그러나 그 수십조의 자릿수조차 원주율의 무한 수에 비하면 수학적으로는 0에 불과하다.

이로부터 우리는 데이터에 관한 두 가지 진실에 직면하게 된다.

첫째, 자연 현상이든 사회 현상이든 전체의 관찰은 원천적으로 불가능하므로 관찰과 기록에 의존하는 데이터는 어떠한 경우에도 부분일 수밖에 없다.

둘째, 관찰과 기록 과정이 갖는 본질적·기능적 한계 때문에 데이터의 수집 과정에서 인간의 주관적 관점과 선택이 개입될 수밖에 없다.

이 두 가지 엄연한 진실을 감안하면, '데이터는 어디에서 오는가?'라는 질문에 대한 대답은 분명해진다. 바로 '관찰자의 마음'이다. 관찰자가 가지고 있는 관찰 동기와 목적에 따라 현상이나 사건을 바라보는 관점이 달라지므로 우리가 접하는 모든 데이터는 관찰자의 마음에서 왔다고 해도 과언이 아니다. 데이터는 결코 객관적 개체가 아니며, 관찰자가 주관적으로 바라보고 싶은 세상의 단면일 가능성이 크다. 데이터가 객관적 타당성을 가질 거라고 속단한다면 당신은 데이터의 노예가 될 수밖에 없다.

빅 데이터 시대에 인간은 수동적 입장에서는 이미 수집·보관된 데이터를 접하고 그로부터 필요한 정보를 습득하면 그뿐이다. 하지만 우리 스스로가 빅 데이터 시대를 주도하고자 한다면 우리 주위에 수집·보관되고 있는 데이터가 누가 어떠한 관점에서 수집한 것인가를 파악해야 한다. 그래야 주도적 관찰자로서의 주관을 가질 수 있고, 그 관점에서 새로운 데이터를 발굴할 수 있으며, 이를 올바른 가치관에 따라 활용할 수 있다.

데이터의 원천이 '관찰자의 마음'이라는 인식은 매우 중요하다. 데이터는 사물이나 현상, 사건에 대한 주관적 관찰이라는 시각을 가지고 데이터 해석에 주체성을 확보하는 것이야말로, 데이터를 올바르게 인식하는 첫걸음이다.

데이터의 계층 구조와 불확정성

: 데이터의 수집 과정에는 불확정성 원리가 작동한다.

인류 역사상 가장 큰 전기는 아마 컴퓨터에 의한 디지털 혁명일 것이다. 그 혁명의 영향은 원주율 계산에 있어서 인간이 계산한 수백 자리 대비 컴퓨터가 계산한 수십조 자리의 차이만큼이나 크다. 디지털 혁명의 결과 인간의 데이터 수집·처리·보관 능력은 기하급수적으로 향상되었다. 우리가 지금 목격하고 있는 데이터 혁명은 컴퓨터가 없었다면 상상조차 할 수 없는 일이다.

2005년 구글(Google)은 구글 어스(Google Earth)를 발표했다. 당시 소문으로 소식을 접한 나는 바로 구글 어스 무료 버전을 내려받았다. 구글 어스를 구동하는 순간, 나는 우주에 떠 있는 느낌을 받았다. 화면상 지구가 그저 고정된 사진에 불과했다면 그런 느낌은 없었을 것이다. 구글 어스가 경이로움으로 다가온 이유는 줌(Zoom) 기능때문이었다. 마우스 스크롤을 굴리기 시작하자 나는 지상으로 점점 가까이 내려와 지구의 어느 장소든지 지상 수백 미터 상공을 유영할 수 있었다.

구글 어스가 지구의 모습을 데이터화한 기술은 가상화(virtualization)의 일종이다. 구글 어스는 가상 현실(virtual reality)을 가장 먼저 우리 생활 가까이 가져다주었다. 이제까지의 데이터가 그저 사물이나 현상, 사건에 대한 단편적 기록 조각들이었던 데에 반해, 구글 어스는

그림 6 구글 어스(왼쪽)와 스트리트뷰(오른쪽)로 본 한양대학교. 관점에 따라 수집되는 데이터는 달라진다.

관찰된 데이터 조각들을 연결하여 전체로 재구성한 하나의 가상 현실이었다. 이런 점에서 구글이 구현한 구글 어스는 데이터 구현 방식에 일대 혁명을 가져왔다.

지도 기반의 가상 현실로서 구글 어스는 이제 구글 스카이(Google Sky), 구글 스트리트뷰(Google Street View)로 확대되었다. 우주에 떠 있으면서 지구를 바라보던 인간의 눈이 다시 우주를 향해 방향을 틀어 구글 스카이를 완성했다. 그리고 지상 수백 미터 상공에서만 바라보던 거리의 모습은 구글 스트리트뷰 덕분에 이제 지상의 눈높이에서 3D의 모습으로 바라볼 수 있게 되었다. 이렇듯 3차원 공간상에서 인간의 관찰 시각을 어디로든 옮겨 다닐 수 있게 된 것은 가상화 기술 덕분이다.

데이터 표현에 가상화 기술이 도입되자, 사물을 바라보는 관점에 따라 수집되는 데이터가 크게 달라진다는 사실이 보다 분명해졌다. 예를 들어, 구글 어스의 첫 화면은 수만 킬로미터 상공에서 바라본 지구의 모습이나, 줌 인을 계속해서 도달한 마지막 화면은 지상 수백 미터 상공에서 바라본 거리나 주택의 모습이 된다. 바라보는 관점의 높이에 따라 관찰되는 모습은 판이하게 달라진다.

디지털화를 통해 가상화된 데이터가 갖는 이점은 해상도 범위 내에서 관점의 높이를 자유자재로 바꿀 수 있다는 점이다. 구글이 한때 추진했던 디지털 바디(digital body)를 예로 들면, 먼 거리에서는 인체 전체가 보이고 가까이 다가가면서 근육 계층, 뼈 계층, 내장 계층으로 내려가 그 관점을 극한까지 낮추면 인체를 구성하는 세포까지 보이는 식이다.

그런데 이러한 데이터의 계층 구조는 어디에서 오는 것일까? 가상화 모델에서 기인하는 것일까, 아니면 관찰 대상인 자연 자체에 내재하는 것일까? 답은 분명하다. 데이터의 계층 구조는 데이터의 속성이 아니라 관찰 대상인 사물, 현상, 사건 자체에 내재된 특성이다.

다계층 구조는 자연 현상에만 국한되는 것은 아니다. 경제·사회·문화 현상에서도 다계층 구조를 발견할 수 있다. 국가와 국가 간의 관계에 관한 묘사는 국가 내의 정부 조직과 부처별 활동에 관한 묘사보다 한 계층 위이고, 동일 정부 부처 내 산하 조직 간의 업무 제휴나 업무 규정은 정부 조직에 관한 묘사보다 한 계층 아래다.

우리나라의 세계 기록 유산 중에서는《조선왕조실록》이 가장 높은 계층의 기록인 반면,《훈민정음》이나《승정원일기》,《조선왕조 의궤》,《난중일기(亂中日記)》등은 상대적으로 낮은 계층의 기록에 해당한다.

상대적으로 어느 것이 높은 계층인지는 어느 기록이 다른 기록의 재료가 되었는지를 보면 된다. 《조선왕조실록》이 가장 높은 계층의 역사서인 까닭은 그것이 《승정원일기》를 비롯해 다른 사초(史草)를 기반으로 작성된 역사 기록이기 때문이다.

그렇다면 관찰 대상 자체에 내재된 계층 구조는 데이터에 대해 어떠한 의미를 시사하고 있을까? 우리는 사물과 현상의 계층 구조로부터 다음과 같은 명제를 도출할 수 있다.

첫째, 자연 현상이든 사회 현상이든 관점을 고정시키지 않고는 대상을 관찰할 수 없다.

둘째, 여러 계층에서 어느 한 계층으로 관점을 고정시켰다고 해서, 그 계층의 실체 전체를 파악할 수 있는 것은 아니다. 데이터는 계층 간에나 계층 내에서나 언제나 사물과 현상의 일부분일 뿐이다.

셋째, 동일한 사물이나 현상이라 해도 계층을 달리해서 관찰한 결과는 서로 판이하게 다르다.

인천대교 기념관에는 인천대교를 표현한 그림이 있다. 이 그림은 멀리서 보면 인천대교의 웅장한 모습이지만 그림에 가까이 다가가면 전혀 다른 모습이 나타난다. 인천대교의 건설에 피와 땀을 흘린 수많은 작업자와 엔지니어의 다양한 표정을 담고 있다. 힘든 얼굴 표정도 있고, 역사적 작업에 참여하는 데서 느끼는 보람과 긍지의 표정도 눈에 띈다. 바다 위를 건너는 전체 18킬로미터짜리 다리를 건설하는 일인데, 얼마나 많은 사람의 노고와 희생이 있었겠는가. 그들의 표정 하나하나를 담아 인천대교를 표현한 작품은 아무리 잘 찍은 사진도 절대로 담을 수 없는 강력한 메시지를 우리에게 전달하고 있다. 이 그림을 작업한 작가는 인천대교의 웅장함을 그림에 담아내면서도 동시에 그 작업에 투입된 수많은 작업자와 엔지니어의 피와 땀을 표현하려 했다. 이는 같은 사물이나 현상이라고 해도 우리가 보는 시각을 달리할 때, 얼마나 다른 진실에 직면하게 되는지를 비유적으로 보여준다.

거시 세계에서는 물체의 현재 위치와 그 위치에서의 속도를 동시에 파악하는 것이 어렵지 않다. 거시 세계에서는 물체의 운동을 정확히 기술할 수 있다. 태양계의 지구, 화성, 수성 등 행성의 위치를 언제나 정확하게 예측할 수 있고, 심지어는 수만 년 전 특정 날짜에 그들이 어느 위치에서 어느 속도로 움직이고 있었는지도 계산할 수 있다.

그러나 미립자 세계에서는 얘기가 다르다. 움직이는 입자의 위치를 정확히 측정하려면 할수록 운동량을 파악할 수 없게 되고, 운동량을 정확히 측정하고자 하면 정확한 위치의 파악이 불가능해진다. 이것이 베르너 하이젠베르크(Werner Heisenberg)의 불확정성 원리(Uncertainty Principle)다. 왜 그럴까? 입자를 관찰하려면 광자가 관찰 대상인 입자와 부딪친 후 반사되어 관찰자의 눈에 들어와야 한다. 그런데 관찰 과정에서 광자가 입자와 부딪치는 순간, 입자의 위치나 운동량이 변한다. 우리는 이를 '관찰 효과(observer effect)'라고 부른다.

불확정성 원리를 가장 쉽게 설명하는 방법이 관찰 효과다. 하이젠베르크도 초기에는 관찰 효과로 불확정성 원리를 설명했다. 그러나 불확정성의 진정한 원천은 따로 있다. 입자가 어떤 상태로 나타나는 것 자체가 확률적이기 때문에 불확정성이 발생한다. 우리가 관찰하는 것은 실체가 아니라, 현실로 드러난 실체의 단면일 뿐이다. 예컨대 주사위의 숫자를 관찰하고자 할 때, 주사위의 숫자는 1에서 6까지의 숫자 모두 같은 확률로 나타날 수 있는데, 현실에서 드러나는 주사위의 모습은 1에서 6 사이의 한 가지 수로 나타난다. 이렇게 실체 자체의 확률적 속성에서 비롯되는 관찰의 어려움을 간단히 '확률 효과'라고 한다.

비유하자면, 관찰 효과와 확률 효과는 양자역학의 미립자 세계뿐만 아니라, 인간 사회에도 영향을 미친다.

평소에 열심히 일하지 않던 부서가 언론의 주목을 받게 되자 열심히 일하는 모습을 보이는 것이나, 자연스럽던 우리의 표정이 사진기 앞에만 서면 긴장하는 것이 관찰 효과의 대표적인 예다.

마찬가지로 확률 효과도 사회 현상에서 흔하게 발생한다. 가령 당신이 정부의 정책 결정 메커니즘을 알고 싶다고 하자. 무엇을 관찰해야 할까? 메커니즘 자체는 보이지 않으니, 발표된 정책들, 즉 정책 결정 메커니즘의 '결과'들을 관찰할 수밖에 없다. 그런데 기대와 달리, 합리적이고 일관된 정책 결정 메커니즘 자체가 존재하지 않는다면 어떻게 될까? 관찰 과정에서 불확실성이 개입된 것이 아니라, 실체 자체에 불확실성이 내재되어 있다면 말이다.

불행하게도 불확실성의 원천은 여기에 그치지 않는다. 현상 자체의 계층 구조에서 비롯되는 제3의 불확실성이 존재한다. 관찰자로서 인간은 다섯 가지 감각 기관에 의존하여 대상을 관찰한다. 물론 기술 발전으로 그동안 수많은 관찰 기록 장치가 개발되었고 인간 감각의 한계를 훨씬 넘어서는 슈퍼 센서도 많이 나와 있다. 그렇다 하더라도 실체가 방대하기 때문에 관찰의 한계는 분명 존재한다.

인간이 기계의 도움으로 초정밀 전자 현미경의 시력을 가졌다고 하자. 그렇다면 자신의 손을 구성하는 세포는 볼 수 있겠지만, 동시에 자신의 몸 전체를 볼 수는 없다. 낮은 계층에서 정밀도는 얻었지만, 높은 계층에서 전체 구조나 맥락은 놓치게 된다. 여러 계층을 동시에 파악할 수 없는 한계, 즉 '계층 효과'가 존재한다는 얘기다.

결국 자연 현상이든 사회 현상이든 데이터의 수집 과정에는 불확정성의 원리가 작동한다. 그 불확정성은 세 가지 한계에서 비롯되는데, 관찰 행위의 간섭에 의해 나타나는 '관찰 효과', 관찰 대상 자체에 내재된 본원적 불확실성인 '확률 효과', 여러 계층을 동시에 관찰할 수 없는 구조적 한계인 '계층 효과'가 바로 그것이다.

존재하나 보이지 않고,
보여도 보이지 않는

데이터의 사각 지대

: 존재하나 보이지 않고 보여도 보지 못하는 것이 데이터다.

2003년 8월 25일 미국 케이프커내버럴 공군 기지에서 로켓이 발사되었다. 로켓에는 스피처(Spitzer)라는 8억 달러짜리 우주망원경이 실려 있었다. 스피처는 미국항공우주국(NASA)이 추진해 온 대형 망원경 프로그램(Great Observatories Program) 중 마지막 망원경으로서, 그전에 띄운 우주망원경과는 달리 지구와 함께 태양 궤도를 돌도록 설계되었다.[1]

스피처 망원경이 크게 주목받은 이유는, 파장이 긴 적외선을 이용하여 이제까지 보지 못하던 많은 별과 성운을 관측할 수 있었기 때문이다. 스피처는 우리 태양계 밖 항성을 공전하는 행성을 최초로 직접 관측했고, 2005년에는 용자리 근처에서 빅뱅 후 1억 년밖에 되지 않은 천체군을 발견하기도 했다. 스피처야말로 인간의 시각을 극적으로 확대해 준 망원경인 셈이다.

이러한 극한의 장치 덕분에 지금 우리는 가까이는 달에서부터, 멀리 우주 깊숙이는 136억 년 전의 천체의 모습까지 바라보고 있다. 인간은 밤하늘에서 빅뱅 후 1억 년부터 지금까지의 모든 우주 역사를 한눈에 볼 수 있게 된 셈이다. 지금도 빠른 속도로 팽창을 계속하고 있는 우주는 우리의 밤하늘을 우주 기록의 거대한 저장소, 즉 리포지터리(repository)로 만들고 있다.

우리 태양계가 속해 있는 은하는 1,000억 개 4,000억 개 정도의 별로 구성되어 있다. 그러한 은하가 우주에 약 1조 개가 있다. 은하 하나가 어림잡아 약 3,000억 개의 별로 구성되어 있다면, 우주에는 3,000억×1조 개의 별이 존재하는 셈이다. 그러나 우리 눈으로 볼 수 있는 물질이 우주 전체에서 차지하는 비중은 5퍼센트 이내고, 우리 눈에 전혀 보이지 않고 감지되지도 않는 암흑물질이 27퍼센트, 그리고 암흑에너지가 68퍼센트를 차지한다.[2] 분명 존재하나, 존재하는 것의 대부분을 우리는 보지 못하고 있는 셈이다. 그나마 눈으로 볼 수 있는 것들도 실제로 다 볼 수는 없다. 우리가 일반 망원경으로 관찰할 수 있는 것은 스스로 빛을 내는 항성뿐이다. 행성은 항성의 빛을 반사해 자신을 드러내는 경우에만 관측된다. 스스로 빛을 내지 못하는 대부분의 우주 물질은 분명 존재하나 보이지 않는다.

사회 현상도 마찬가지다. 기록하지 않은 역사적 사건, 기록했으나 비공개로 분류된 진실, 철저하게 감추어진 음모, 일부러 감추지는 않았으나 관찰하기가 매우 어려운 인간의 심리적 동기나 구매 의사 등이 실체의 대부분을 차지한다.

인간 사회에서 현실적으로 관찰이나 기록의 범위가 지극히 제한되는 이유는 한둘이 아니다.

첫째, 현상이나 사건 자체의 방대함 때문에 모든 걸 관찰하여 기록하는 것은 원천적으로 불가능하다. 70억 인구의 개별 행동을 관찰하여 기록하고 싶다 해도 그것이 가능하겠는가. 요즘은 스마트폰 덕분에 나의 생활 조각들, 즉 어디를 다녔는지, 누구와 통화했는지, 인터넷에서 무엇을 검색했는지, 모바일 상거래를 통해 무엇을 구매했는지 등을 관찰하여 기록할 수 있다. 그러나 스마트폰을 통해 아무리 많은 행위를 관찰한다고 해도, 그 기록으로 한 개인의 정체성을 온전히 재구성할 수는 없다.

둘째, 우리의 인지 능력 자체에 한계가 있다. 인지심리학에 '매직 넘버 4(The magical number 4)'라는 이론이 있다.[3] 이 이론은 인간이 동시에 시각적으로 인지할 수 있는 개체의 수가 네 개에 불과하다는 이론이다. 예컨대, 당신이 기숙사에서 다른 방의 문을 잘못 열었다가 다시 닫았다고 하자. 잠시 들여다본 방 안의 모습에서 당신은 과연 몇 가지 물건을 기억해 낼 수 있을까? 이 이론이 얘기하는 것은 짧은 시간 노출된 장면에서 당신이 식별하고 기억해 내는 사물은 고작 네 개 전후라는 것이다.

인간은 왜 이렇게 인지적 관찰 능력에 한계를 갖게 되었을까? 그 것은 우리의 시각, 청각, 미각, 촉각, 후각 등 감각이 가지고 있는 한계와 관련 있다. 우리의 두뇌가 시각적으로 처리할 수 있는 능력이 무한하지 않은 이상 한계를 가질 수밖에 없다.

시골의 평화로운 국도에서 시속 30킬로미터로 달리는 운전자는 전방에서 무엇을 볼까? 대개 전방의 아름다운 경치도 보고, 앞에 달리는 차의 차종이 무엇인지, 제조사가 어디인지, 때로는 몇 명이 타고 있는지, 심지어는 차의 색깔과 디자인에 대해 이러쿵저러쿵 떠들면서 여유롭게 운전할 것이다. 그런데 상황이 바뀌어 고속도로에 들어서면서 시속 200킬로미터로 달린다면 어떻게 될까? 과연 시속 30킬로미터로 달릴 때처럼 관찰할 수 있을까? 절대 그럴 수가 없다. 자신의 생명이 달려 있는 이상, 전방에 달리고 있는 차량의 움직임에 완전히 집중할 수밖에 없다. 때로는 그 차가 중형차인지 소형차인지, 국산차인지 외제차인지 구별하지도 못한다.

이러한 상황은 아프리카 초원에서 살아가고 있는 사자나 치타에게도 똑같이 나타난다. 넓은 초원에서 먹이가 될 만한 동물이 어디에 있는지를 찾을 때는 넓은 범위에 걸쳐 이른바 스캐닝(scanning)이라는 관찰 행위를 한다. 흐릿하지만 먹이 떼의 전체 분포를 보고 그들의 전반적 움직임과 방향을 파악하는 것이다. 그러다 그중 한 마리를 먹이로 지목하여 추격을 시작하면 포식자의 시각은 그 먹이에 집중된다. 쫓아가는 먹이 이외에는 아무것도 보지 않고, 먹잇감의 미세한 동작까지 포착하여 추적한다.

이로부터 우리는 데이터를 수집하는 관찰 행위 역시 인간의 한정된 감각 자원 내에서만 이루어짐을 알 수 있다. 즉 '관찰의 범위×관찰의 깊이=관찰 총량≤감각 자원'의 공식이 성립한다. 우리의 감각 자원이 무한하지 않은 이상, 우리가 관찰의 범위를 넓히면 관찰의 깊이가 얕아지고, 관찰의 깊이를 깊게 하면 관찰의 범위는 좁아질 수밖에 없다.

우리의 관찰 대상은 실질적으로 무한대에 가깝고 우리의 관찰 행위는 감각 자원에 의해 제한되므로 관찰 대상에 대한 관찰 총량의 비는 수학적으로 0에 가깝다. 자연 현상이든 사회 현상이든 우리가 아무리 열심히 관찰한다고 해도 관찰 행위로 드러나는 부분은 극히 일부이며 대부분은 우리가 보지 못해 모습을 드러내지 않은 영역으로 남아 있다. 데이터의 암흑물질이라고나 할까?

데이터와 예술, 그 흐릿한 경계

: 데이터는 전달 과정에서 창의적·인위적으로 표현되면 예술이 된다.

데이터는 '사물, 현상, 사건, 인간 관계에 관한 관찰 기록'이다. 그런데 기록을 위해서는 기호, 문자, 도형 등 기록 수단이 필요하다. 기록이라는 행위는 기록 수단을 가지고 관찰 대상을 표현하는 행위다. 따라서 데이터를 다르게 정의하면, '관찰 결과의 표현'이라 할 수 있다. 아래의 인용구는 그러한 표현의 한 예다.[4]

The woman sits markedly upright in a "pozzetto" armchair

with her arms folded, a sign of her reserved posture. Only her gaze is fixed on the observer and seems to welcome them to this silent look of communication. Since the brightly lit face is practically framed by much darker hair and shadows, the observer's attraction to her is brought out to an even greater extent. The woman appears alive to an unusual extent with no outlines in the figure. The soft blending creates an ambiguous mood mainly in two features: the corners of the mouth, and the corners of the eyes.

이 문단이 데이터라면, 이 데이터에 대응되는 실체는 무엇일까? 아마 영어를 이해할 수 있고 눈치가 있는 독자는 이 표현이 레오나르도 다빈치가 그린 모나리자 상에 대한 묘사임을 알아챘을 것이다. 그러나 영어를 이해할 수 있다 하더라도 모나리자 상에 대한 아무런 정보가 없는 사람, 한번도 모나리자 상을 본 적이 없는 사람이 이 묘사를 읽고 모나리자 상을 떠올리기는 불가능하다.

관찰자는 분명 모나리자 상을 보고 느끼고 인지했겠지만 완벽하게 표현할 수는 없다. 만일 모나리자 상을 보고 그 실체를 글로써 전달하자면 아마 책 한 권으로도 부족할 것이다. 색채나 구도, 명암, 배경, 터치, 색감, 조화 등 묘사할 것이 너무 많기도 하지만, 문자라는 기록매체가 가진 기능상의 한계 때문에 양을 아무리 늘려도 실체에 다가갈 수 없다.

그림 7 <모나리자(Mona Lisa)>, 레오나르도 다빈치, 파리 루브르미술관

여인은 유럽풍 의자의 팔걸이 위에 손을 살포시 겹쳐 놓은 채 앉아 있다. 그 자태에서 나는 아주 정숙한 여인의 모습을 본다. 정면을 응시하고 있는 그녀의 시선은 내게 무언가를 말하려 하는 듯하다. 밝은 얼굴 피부는 검은 머리와 턱 그림자에 둘러싸여 나의 시선을 빨아들이고 있다. 경계를 드러내지 않는 화법으로 그린 그림 속 여인은 마치 살아

있는 듯하다. 입가와 눈가의 부드러운 터치가 만든 몽환적 분위기 속에서 그녀의 신비한 미소가 나를 사로잡는다.

이 문단은 어떠한가? 우리말로 표현한 모나리자 상의 모습이다. 같은 실체에 대한 다른 언어로의 표현, 거기에서 우리는 과연 동일한 실체를 떠올릴 수 있을까?

여기에는 좀 더 복잡한 문제가 개입된다. 영어와 국어는 각자 고유한 역사와 문화 속에서 다르게 진화한 언어 구조와 문화 코드를 가지고 있기 때문에 영어와 국어로 쓴 표현이 거의 같은 내용을 담고 있어도 미국인이 느끼는 것과 한국인이 느끼는 것에는 현격한 차이가 있다.

데이터는 사용자에게 실체와 가장 가까운 모습을 전달할 때 현실적 가치를 가진다. 그 과정에는 '표현'이라는 기록 행위뿐 아니라 수집한 결과를 데이터 사용자에게 보내는 '전달' 행위가 개입된다. 전달 과정에서 언어가 바뀌거나 데이터가 가공·재해석되는 경우 최종 데이터는 과연 실체를 얼마나 정확히 반영하고 있을까?

인간은 사물을 인지할 때 전체의 모습과 맥락으로 확장하여 인지하는 경향이 있다. 일종의 '인지 확장'이라고나 할까. 코끼리 다리, 배, 귀만을 제각기 따로 만진 시각장애인들에게서 나타나는 공통된 현상은 이러하다. 우선 관찰한 부분을 확장해서 전체의 모습을 머릿속에 그린다. 그다음 확장 인지한 전체 모습을 다른 사람에게 전달한다. 부분을 전체로 인지해 코끼리가 '전봇대 같다', '오크통 같다', '양탄자 같다'고 표현한다.

결국 데이터는 표현 과정뿐 아니라, 전달 과정에서도 객관성과 정확성이 보존되어야 한다. 그 과정에서 인위적 조작이나 왜곡이 개입된다면 그 결과물은 데이터라기보다는 예술에 가깝다. 관찰, 사상, 생각의 사실적 표현은 데이터지만 그들의 창의적 표현은 예술이다.

고등학교 미술반 활동을 하던 시절의 얘기다. 당시 많은 친구가 그림 그리기에 몰두하여 하루가 멀다 하고 거리, 공원, 시장으로 나섰다. 그중에는 연간 300장 이상의 풍경화를 그려 내는 친구도 있었다. 나는 친구들이 매일 수채화에 담아내는 거리·공원·시장 풍경에 감탄하곤 했다. 수채화에 담긴 거리 풍경은 실제 거리 모습보다 훨씬 아름다웠다. 눈에 보이는 거리를 일탈의 이야기로 꾸며낸 것 같았다.

그런데 우연히 한 친구의 그림에서 변화를 발견했다. 그림의 색채가 붉은색과 검은색으로 변한 것이었다. 아름다운 풍경화는 그리지 않고 점점 어둡고 몽환적인 색채를 쓰면서 작품은 점점 '위대한 걸작'으로 승화하는 듯했다. 무언지 모를 심오한 정신세계의 분위기가 풍겼다.

그러던 어느 날 아침, 그 친구가 오른손 전체에 두꺼운 붕대를 두르고 나타났다. 깜짝 놀란 나는 "손은 왜 다쳤어?" 하고 물었다. 대답은 충격적이었다.

"정신적 고통을 참을 수 없어 손등을 칼로 찍었어."

"……." 잠시 뇌가 멈춘 듯했다. 다시 정신을 차렸을 때, 자신의 귀

한쪽을 칼로 베어 버린 빈센트 반 고흐(Vincent W. van Gogh)가 떠올랐다. 고흐는 미궁의 정신세계에 빠져들어, 그 세계에서 헤어나려 자신과 심하게 싸웠다. 우리가 그토록 걸작이라고 감탄하고 칭찬하던 어두운 색채의 그림은, 자신이 그토록 저항하며 빠져나오고 싶어 하던 정신세계를 표현한 것이리라.

그로부터 몇 주 뒤, 친구는 다시 그림을 그리기 시작했다. 그런데 수개월 동안 붉은색과 검은색의 세계로 치닫고 있던 그의 그림 세계는 이제 흔적조차 찾을 수 없었다. 그의 그림은 다시 예전의 아름다운 총천연색 풍경화로 바뀌어 있었다. 바뀐 그림에서 나는 그가 고통의 심연에서 벗어나 이제 자유를 되찾았다는 사실을 읽을 수 있었다.

1년쯤 지났을까? 미술반 선후배가 모두 참여하는 전시회가 열렸다. 여기에는 재학생들의 작품도 걸렸지만, 미대로 진학한 선배들의 작품도 초청되었다. 작품을 감상하던 중 작품 하나가 강렬하게 내 시야에 들어왔다. 미대에 재학 중인 어느 선배의 작품이었다. 그림은 대부분 붉은색과 검은색으로 채워져 있었다. 강렬하고 깊은 예술성이 느껴지는 순간, 데자뷰가 떠올랐다. 칼로 자신의 손등을 찍었던 내 친구가 기억 속에서 되살아났다.

감동이 데자뷰로, 데자뷰가 다시 불길한 생각으로 바뀐 것은 순간이었다. 혹시 이 선배 역시 심한 정신적 고통에서 헤매고 있는 게 아닐까? 그러나 불길한 생각은 걱정일 뿐, 내가 알지 못하는 선배에게 할 수 있는 일은 아무것도 없었다. 그리고 몇 달이 지난 어느 날, 나는 우연히 그 선배에 관한 소식을 듣게 되었다.

"아, 그 친구! 안타깝게도 정신 이상을 극복하지 못해 결국 정신 병원에 들어갔어."

실체를 사실적으로 표현하는 것이 데이터이나, 표현 과정에서 주관, 생각, 느낌이 개입되면 데이터는 종종 예술이 된다. 아이러니한 것은 사물의 가장 사실적 기록인 사진도 때로는 예술 작품이 된다는 사실이다. 가끔은 반대로 예술이 데이터가 되기도 한다. 붉은색과 검은색으로 점철된 선배의 예술 작품에서 내가 그의 정신세계를 읽었듯이 말이다. 데이터와 예술의 경계는 그래서 늘 흐릿하다.

인간은 140만 4,000킬로미터로 달리고 있다

: 불안정한 좌표로 인한 측정의 왜곡은 때론 데이터를 무의미하게 만든다.

지하철을 타면서 가끔 이런 경험을 한다. 나는 출입문 안 깊숙한 자리에 선 채, 달리는 지하철의 창밖을 바라보고 있었다. 깜깜한 창밖을 보고 있자니 순간 내가 정지해 있는 건지 달리고 있는 건지 헷갈렸다. 내가 달리고 있음을 확인할 수 있는 건 오직 객차의 덜컹거림과 선로에서 나는 시끄러운 마찰음뿐이다. 얼마나 지났을까? 지하철이 정거장에 접근하자 창밖은 밝아지고, 마침 반대 방향 선로로 들어오는 지하철이 보인다. 같은 시간에 정차한 두 지하철에서 많은 사람이 내리고 탔다. 이윽고 출입문이 닫히고 다음 정거장을 향해 출발하는 일만 남았다. 창 너머 반대편을 계속 지켜보고 있던 나는 한순간 내가 탄 지하철이 출발하고 있음을 느꼈다. 그런데 이상하게도 이번에는 덜컹거림이 없었다. 요즘 기술이 좋아져서 그러려니 했다. 출발 후 지하철이 점차 속도를 내는가 싶더니, 한순간 창밖 건너편 플랫폼에서 지하철을 기다리고 있는 사람들의 모습이 다시 눈앞에 나타났다. 알고 보니, 출발한 것은 내가 탄 지하철이 아니라, 반대편 지하철이었다.

현상을 관찰하여 측정할 때는 반드시 척도가 필요하다. 내가 탄 지하철의 움직임을 재려면 단위 시간당 움직인 거리, 즉 시속이라는 척도가 사용된다. 그 값이 0이면 정지해 있는 것이고, 0보다 크면 움직이고 있는 것이다.

그런데 생각해 보자. 만일 내가 탄 지하철이 아무런 기준점이 없는 우주 공간에서 달리고 있다면 움직임을 어떻게 판단해야 할까? 나는 정지해 있는데 반대편 지하철이 움직이고 있는 건지, 반대편 지하철이 정지해 있는데 내가 움직이고 있는지 어떻게 구별할 수 있을까? 평행선상에서 두 지하철이 같은 방향으로 같은 속도로 움직이고 있다면 지하철에 탄 사람은 지하철이 정지해 있다고 느낀다. 두 지하철이 서로 반대 방향으로 시속 50킬로미터로 달린다면 지하철에 탄 사람들은 자기가 탄 지하철이 시속 100킬로미터로 달린다고 느낄 것이다. 그런데 만일 비교할 지하철이 없다면 어떻게 될까? 내가 정지해 있는지, 움직이고 있는지, 움직이고 있다면 어느 방향으로 움직이고 있는지 어떻게 알 수 있을까?

물체의 움직임에 관한 이러한 근본적 질문 중 하나가 '지구는 얼마나 빨리 움직이고 있을까?'라는 질문이다. 이에 대해 레드포드 대학교의 렛 허먼(Rhett Herman) 물리학 교수가 계산을 했다. 문제의 핵심은 역시 '무엇을 기준으로 하는가?'이다. 지구 중심을 기준으로 하면 자전하는 지구의 표면에 서 있는 당신은 시속 1,609킬로미터로 움직이고 있다. 그런데 기준을 태양으로 옮기면 지구는 시속 10만 7,803킬로미터로 움직이며, 기준을 은하 중심으로 옮기면 지구가 속한 우리의 태양계는 시속 78만 8,410킬로미터로 움직인다.[5]

이게 끝이 아니다. 우리 은하 역시 우리로부터 1.5억 광년 떨어진 거대 중력원(Great Attractor)을 향해 빨려 들어가고 있기에, 궁극적으로는 '무엇이 지구의 움직임을 재는 절대적 기준이 될 수 있는가?' 하는 문제로 귀결된다. 그 절대적 지표를 찾는 물리학자들의 노력은 결국 우주 배경 복사(Cosmic microwave Background Radiation, CBR)로 모였다.

우주 배경 복사는 우주 전체에 퍼져 있으면서 모든 은하와 별의 배경이기에 우주 공간의 절대적 지표가 될 수 있다. 이 절대 기준을 지표 삼아 지구의 움직임을 최종 계산한 결과, 초속 390킬로미터, 즉 시속 140만 4,000킬로미터라는 수치가 나왔다. 절대적 우주 공간 속에서 지구는 시속 140만 4,000킬로미터로 달리고 있는 셈이다.

그런데 이 속도로 우주 속을 달리고 있음을 실제로 느낄 수 있는 사람이 있을까? 우리가 현실에서 관찰하고 느끼는 지구는 정지해 있다. 그것은 과거에도 그랬고 현재로 그러하며 미래로 그러할 것이다. 우리는 늘 지구와 함께 우주 속을 달리고 있기 때문이다.

한 국가가 만들어 내는 연간 부가 가치의 총액을 국내 총생산(Gross

Domestic Product, GDP)이라고 한다. 미국의 GDP 추이를 살펴보면 1953년에 3,897억 달러, 1983년에 3조 6,381억 달러, 그리고 2013년에 16조 6,632억 달러다. 1983년 GDP는 1953년 대비 9배, 2013년 GDP는 1983년 대비 4.6배 성장하여, 1953년부터 2013년까지 60년간 미국의 경제 규모는 약 43배 성장했다.

우리나라는 어떠할까? 우리나라의 GDP는 1953년에 477억 원, 1983년에 67조 5,092억 원, 그리고 2013년에 1429조 4,454억 원을 기록했다. 1983년의 GDP는 1953년 대비 1,414배 성장했고, 2013년의 GDP는 1983년 대비 21배 성장했다. 2013년의 GDP를 1953년과 비교하면, 2만 9,942배, 거의 3만 배에 육박한다. 60년 만에 3만 배의 경제 성장을 이룬 경우는 전 세계 어느 국가를 막론하고 역사상 전례가 없다.

그렇다면 이로부터 두 나라의 성장 속도를 비교해 보자. 1953년에서 2013년 사이에 미국은 43배, 한국은 2만 9,942배 성장했으니, 단순 비교하면 한국의 성장 속도가 미국의 696배다. 미국이 한 걸음 갈때, 우리는 696걸음을 갔다는 얘기다. 이로부터 1953년부터 60년 동안 우리 경제의 성장 역량은 미국의 696배였다고 할 수 있을까? '그렇다'고 대답했다면 당신은 지금 속은 것이다.

함정은 기준 시점이 1953년이라는 데에 있다. 1953년은 한국전쟁이 휴전된 해로서, 전쟁으로 인한 피해가 극심한 시기였다. 생산보다는 파괴가 컸던 시기를 기준점으로 삼았으니, 60년 만에 3만 배 성장이라는 계산이 나온 것이다. 당시 1달러가 200원이었다고 가정하면 미국의 GDP는 한국의 1,634배에 달한다. 1달러를 1,000원으로 상정하면 그 비는 8,170배로 늘어난다.

이렇게 계산한 성장 역량 차이는 외견상 맞는 것 같지만 사실과는 거리가 멀다. 기준을 보다 안정적인 시기인 1983년부터 2013년으로 옮기면 미국은 4.6배 성장했고, 한국은 21배 성장했다. 이 시기에 우리 경제의 성장 역량은 미국의 4배 정도가 된다. 두 국가의 성장 역량이 696배 차이라는 것과, 4배 차이라는 것 중에서 당신은 어느 것이 진실에 가깝다고 생각하는가? 이쯤 되면 아마 696배보다 4배가 보다 합리적인 비교치임을 간파했을 것이다.

그런데 한 번 더 생각해 보자. 우리는 우리나라를 기준으로 성장 속도를 측정했고, 미국은 미국을 기준으로 성장 속도를 측정했다. 따라서 비교의 기준과 단위가 달랐다. 동일한 기준으로 평가하려면 달러와 원화의 상대적 가치를 반영해야 한다. 편의상 미국의 GDP를 원화로 환산해 보자. 1983년의 달러 환율이 733원, 2013년의 달러 환율이 1,095원이니, 원화로 환산한 미국의 GDP는 1983년에 2,823조 원, 2013년에 1경 8,246조 원이 된다. 따라서 원화 가치로 보면 미국은 같은 시기에 4.6배가 아니라 6.5배 성장한 것이 되고 우리의 성장 역량은 미국의 4배가 아니라 3.2배라는 얘기가 된다.

지금까지 기간과 기준을 달리함에 따라 두 국가의 상대적 성장 역량이 696배에서 3.2배로 줄어드는 마술을 보았다. 불안정한 좌표에 따른 측정의 왜곡은 때론 데이터 자체를 무의미하게 만든다. 도심 속을 달리는 지하철이든, 우주 속에서 이동하는 지구든, 세계 경제 속에서 성장하는 한국 경제든 안정적인 좌표를 찾을 수 없을 때 현실적으로 얼마나 허망한 데이터가 만들어지는지 이 사례가 잘 보여 준다.

사람마다 하루의 길이가 다른 이유

: 인지가 곧 사실이고 진실이다. 따라서 인지 영역에서의 사실과 진실은 사람마다 다르다.

데이터 활용 측면에서 가장 유용한 데이터 소스는 단연코 사람이다. 우리가 경제 사회 현상을 이해하고자 할 때, 현상이나 사건의 주인공은 당연히 사람일 수밖에 없다. 그렇다면 구체적으로 사람의 어떠한 속성이 우리의 관심을 끌까? 연령, 성별, 직업, 소득, 결혼 여부, 건강 상태 등이 거론될 수 있다. 그러나 상업적 관점에서 더욱 큰 관심을 끄는 점은 개개인의 행동과 그 행동을 결정하는 인지적 요인들, 즉 가치관, 이념, 만족도, 기대감, 성격, 소비 성향, 선호도 등이다.

학술적으로 인지(perception)란 인간이 가지고 있는 다섯 가지 감각, 즉 시각, 청각, 후각, 촉각, 미각을 통해 주위 환경을 이해하는 방식을 일컫는다. 가을 풍경을 보고 아름답다고 느낀다거나 새로 나온 스마트폰을 보고 만지면서 매력적으로 느끼는 것도 모두 인지의 과정이다. 어둡고 칙칙하고 퀴퀴한 냄새가 나는 골목에서 느끼는 불길함, 생활 속에서 사람들과 만나고 교류하고 인정받으면서 느끼는 행복감도 모두 인지의 과정이다. 대선 후보자에 대한 호감이나 지지도는 유세장에서나 언론 매체에 비친 그들의 말과 행동, 모습에 대해 대중이 인지한 결과다.

여러 인지 과정 중에서 밝고 어두움이나 짜고 싱거움과 같이 원초적 감각에 가까운 인지일수록 객관적 측정이 쉽다. 예컨대 명암에 대한 판단은 눈에 들어오는 빛의 양, 즉 망막에 가해지는 자극의 강도에 의해 정해진다. 하지만 같은 시각에 의한 인지라고 해도 미모에 대한 판단은 얘기가 완전히 다르다. 미모에 대한 판단은 자극의 강도보다는 우리 두뇌가 시각 정보를 어떻게 처리하느냐에 따라 좌우된다. 이 경우 두뇌의 처리 방식은 사람마다 다르므로 미모에 대한 판단과 선호도는 사람마다 다를 수밖에 없다. 측정의 객관성을 확보하는 것이 매우 어렵다는 얘기다.

그런데 미모보다도 더 복잡하고 불분명한 인지 과정이 있다. 대표적인 예가 시간에 관한 인지이다. 인생을 달리 살고 있는 두 사람 중 누구의 시간이 더 빠르게 가는지 혹은 느리게 가는지 알고 싶다면 어떻게 해야 할까? 사실 이를 객관화하기란 거의 불가능하다. 그보다는 시간 인지(time perception)에 대한 오차가 어떻게 발생하는지를 체계적으로 살펴보고 그 오차를 줄이도록 노력하는 것이 훨씬 현실적이다.

시간의 흐름에 관한 표현 중에 "시간 가는 줄 모른다"라는 말이 있다. 시간에 관한 인지의 단면을 정확하게 짚어 낸 표현이다. 이 말의 뜻을 해석하면, 시간이 가는 것도 알아야 할 대상, 즉 두뇌의 인지 대상이라는 뜻이다. 어떠한 일에 몰두하느라 시간이 가는 줄 몰랐다면,

인지 시간은 가지 않았다는 말이다. 인지한 시간은 얼마 안 갔는데 물리적 시간은 한참 갔으니, 그 사람은 시간이 무척 빨리 지나갔다고 느낀다. 소설 속 이야기에, TV드라마의 흥미로운 전개에, 영화 속 신세계의 여행에, 휴대폰 게임에 우리가 푹 빠져 있을 때 이를 종종 경험한다.

이 현상으로부터 우리는 시간 인지에 대한 새로운 이론을 정립해 볼 수 있다.[6] "내가 인지하는 시간의 길이를 '인지 시간'이라고 할 때, 인지 시간은 '내가 단위 시간 동안 시간의 흐름을 인식 또는 인지한 횟수'와 비례한다"는 것이다. 여기서 시간의 흐름을 인식하는 행위는 예컨대 시계를 보고 물리적 시간을 확인하는 행위, 태양의 위치를 보고 몇 시쯤인지 짐작하는 행위, 주위 사람에게 "지금 몇 시쯤 되었어?" 하고 물어보는 행위, 또는 "왜 이렇게 늦었어?"와 같이 시간과 관련된 느낌을 갖는 행위 등을 말한다.

따라서 이 이론에 따르면, 내가 물리적 시간으로 하루 동안 시간의 흐름을 인식한 횟수가 5회라면 인지 시간은 5단위이고, 그 횟수가 100회라면 인지 시간은 100단위가 된다. 인지 시간으로 100단위는 5단위의 20배다. 똑같은 하루를 살아도, 인지 시간 100단위를 산 사람은 인지 시간 5단위를 산 사람보다 20배나 긴 하루를 느낀 셈이다.

두뇌는 많은 활동을 한다. 그런데 그 용량이 무한하지는 않아서 두뇌는 한정된 인지 용량 내에서 하루하루를 생활한다. 시간의 흐름을 인지하는 행위 역시 두뇌 활동의 일부이므로 하루 종일 아주 바쁘게 두뇌 활동을 한 사람은 시간의 흐름을 인지하는 활동에 두뇌 자원을 할애하지 못한다. 경우에 따라 인지 시간이 거의 제로에 가까워질 수도 있다. 이런 사람에게 물리적 하루가 인지적으로는 거의 찰나와 같다. 반면 하루 종일 너무나 한가해서 시간의 흐름과 관련된 인지 활동에 두뇌 자원을 모두 할애하면, 인지 시간은 매우 길어진다. 예컨대 하루가 1년 같이 지루하게 느껴지는 것이다.

결국 우리가 정립한 이론은 "인지 시간은 일정한 물리적 시간 동안 내가 시간의 흐름을 인지하는 데 할애한 두뇌 활동의 양에 비례한다"는 것이다. 그렇다면 이 이론으로 시간 인지에 관한 기존의 심리학적 주장들을 검증해 보자.

처음 찾아가는 장소를 갈 때, 갈 때는 멀게 느껴지던 길이 돌아올 때는 거리가 가깝게 느껴지는 경험을 누구나 한번쯤은 해 보았을 것이다. 거리가 멀다는 것은 오랜 시간 동안 간 느낌이고 거리가 가깝다는 것은 금방 왔다는 느낌이다. 우리 이론이 맞다면 갈 때는 시간 인지를 많이 하나, 올 때는 시간 인지를 적게 해야 한다. 실제 현실에서 우리는 가는 길을 모를 때 늘 도중에 어디쯤 왔는지, 얼마나 오래 왔는지를 자주 확인하는 경향이 있다.

반면 돌아올 때는 이미 왔던 길이므로 이러한 두뇌 활동을 자주 하지 않는다. 그 결과 모르는 길을 갈 때의 인지 시간은 이미 익숙해진 길로 돌아올 때의 인지 시간보다 훨씬 길다. 모르는 길을 갈 때 시간이 길게 느껴지고 아는 길로 돌아올 때 시간이 짧게 느껴지는 것은 바로 이러한 이유 때문이다.

젊은이가 느끼는 하루는 짧고 노인이 느끼는 하루는 길다고 한다. 이는 전반적으로 젊은이는 바쁘게 하루를 보내는 반면, 노인은 하루를 한가하게 보내기 때문이다. 그런데 하루를 길게 느끼는 노인이 왜 지난 세월은 그리 빨리 지나갔다고 얘기할까? 그것은 바로 뇌의 노화 현상 때문이다. 지난 세월에 대한 시간의 흐름을 되새길 때 인지할 수 있는 기억의 횟수를 세야 한다.

그런데 사람의 기억은 시간의 흐름과 함께 희미해지는 휘발성 메모리다. 인지할 수 있는 기억이 점점 휘발되면서 기억 속에 남아 있는 단위 시간당 시간을 인지하는 횟수가 과거로 갈수록 작아지게 된다. 인지하는 횟수가 작다는 것은 세월의 흐름을 빠르게 인지한다는 뜻이다. 그래서 어느 노인에게나 지나간 한평생은 쏜살같이 지나간 세월이 된다.

결국 인생을 살아가면서 사람이 느끼는 인지 시간은 나이, 환경, 상황에 따라서 사람마다 다를 수밖에 없다. 물리적 시간의 흐름은 객관적으로 정확하게 측정할 수 있으나, 인지 시간의 흐름은 사람마다 다르기에 객관적으로 측정할 수 없다. 인지 시간이 개입된 관찰로부터 도출된 데이터는 이러한 관점에서 사실과 다를 가능성이 크다. 같은 범죄 현장을 목격했다 해도 증인들 사이에 증언하는 내용이 서로 다른 것, 그리고 오래된 사건일수록 그 차이가 심해지는 것은 바로 이러한 이유 때문이다.

인지 영역에서는 시간의 흐름뿐 아니라, 사실과 진실도 주관적 관찰의 산물이다. 인지가 곧 사실이고 인지가 곧 진실이 된다. 인지 행

위가 개입된 관찰 활동을 통해 도출된 데이터를 해석할 때 각별한 주
의가 필요한 이유다.

양치기 데이터

통계학은 거짓말을 하지 않는다

: 통계학은 이론적으로 옳다.

2017년 5월 9일, 제19대 대통령 선거가 있었다. 선거 당일 저녁 투표가 종료되자 지상파 3사를 비롯한 각종 매체는 후보별 득표율 예상치를 쏟아냈다. 예상치는 크게 두 가지 자료에서 나왔다. 하나는 여론 조사 발표가 금지된 5월 3일 이후부터 선거일까지 실시된 여론 조사고, 다른 하나는 방송 3사가 선거 당일 시행한 출구 조사다. 시기적으로 보면, 여론 조사는 선거일 전 수일 동안 이루어졌고, 출구 조사는 선거 당일 투표한 유권자를 대상으로 이루어졌다. 그렇다면 이들은 실제 최종 득표율을 얼마나 정확히 예측했을까?

미디어 발표에 따르면, 리서치뷰가 시행한 여론 조사는 문재인 44퍼센트, 홍준표 22퍼센트, 안철수 18퍼센트, 유승민 6퍼센트, 심상정 6퍼센트 득표를 예상했다. 조사 방식으로는 휴대 전화 가입자 4,200

명을 대상으로 임의 걸기 방식이 사용되었다. 리서치뷰는 투표율을 77.5퍼센트로 추정한 뒤, 성별, 연령, 지역별 가중치를 부여하여 최종 득표율을 추정했다. 표본오차는 95퍼센트 신뢰 수준에서 ±1.5퍼센트포인트였다.[1]

리얼미터도 같은 시기에 유권자 2,539명을 대상으로 여론 조사를 실시했다. 무선 80퍼센트, 유선 20퍼센트 무작위 생성 표본틀과 통신 3사 가상번호 데이터베이스를 사용해 전화 면접, 자동 응답 혼용 방식으로 진행했다. 득표율은 문재인 42.7퍼센트, 홍준표 22.8퍼센트, 안철수 19.1퍼센트, 유승민 8.2퍼센트, 심상정 6.0퍼센트로 추정되었다. 표본오차는 95퍼센트 신뢰 수준에서 ±1.9퍼센트포인트, 비표본 오차는 ±1.0퍼센트포인트로서 총오차범위는 2.9퍼센트포인트였다. 최종 득표 예상치는 성별, 연령, 권역별 가중치와 투표 시점, 18대 대선 득표율 가중치로 보정했고, 부동층 분석도 추가 적용했다.

그렇다면 출구 조사 결과는 어떻게 나왔을까? 출구 조사의 예상 득표율은 문재인 41.4퍼센트, 홍준표 23.3퍼센트, 안철수 21.4퍼센트, 유승민 6.8퍼센트, 심상정 6.2퍼센트였고 신뢰도 95퍼센트 수준에서 오차범위는 ±0.8퍼센트포인트였다. 19대 대선의 실제 득표율이 문재인 41.1퍼센트, 홍준표 24.0퍼센트, 안철수 21.4퍼센트, 유승민 6.8퍼센트, 심상정 6.2퍼센트였던 점을 감안하면, 출구 조사는 매우 정확했다. 오차는 홍준표 후보에게서 최대 0.7퍼센트포인트였고 최소오차는 문재인, 유승민, 심상정 후보에게서 0.3퍼센트포인트였다. 후보별 오차를 모두 합쳐도 2.0퍼센트포인트에 불과했다. 이는 리서치뷰의 9.3퍼센트포인트, 리얼미터의 6.7퍼센트포인트에 비하면 매우 작은 값이다. 지상파 방송 3사의 출구 조사에 대한 언론의 찬사가 이어졌다.

이 현상을 우리는 어떻게 봐야 할까? 최소한의 통계 이론을 통해 알아보자. 선거에서 모집단은 유권자다. 편의상 이를 M이라고 표현하면, 19대 대통령 선거의 경우 M은 우리나라 19세 이상 인구, 4,248만 명이다. 이 중 특정 후보 지지자가 m명이라고 하자. 그러면 모집단 지지율 $\pi=m/M$이 된다. 이 값은 우리가 임의로 한 유권자를 뽑아 물었을 때, 그가 그 특정 후보를 지지할 확률과 같다. 이 값은 모집단의 특성을 규정한다는 점에서 '모집단 지지율'이라고 부른다.

여론 조사는 모집단으로부터 표본을 추출하여 계산한 표본 지지율을 가지고 모집단 지지율을 추정하는 작업이다. 어느 여론 조사에서 N명의 표본을 뽑아 조사했더니 그 중 n명이 특정 후보를 지지했다고 하자. 그러면 표본 지지율 $p=n/N$이 된다. 통계 이론의 묘미는 바로 이 표본 지지율의 기대치가 $E(p)=\pi$이고 표본 분산이 $Var(p)=\pi(1-\pi)/N$ 라는 데에 있다. 다시 말해, 표본 조사를 여러 번 반복할수록 표본 지지율의 기대치는 모집단 지지율 π에 가까워지고, 표본 분산은 모집단 분산 $\pi(1-\pi)/N$에 가까워진다는 것이다.

공식만 봐서는 어렵다. 예를 들어 보자. 여론 조사에서 표본 N=1,015명을 뽑아 조사한 결과 표본 지지율이 $p=0.468$로 측정되었다. 그러면 이론상 표본 지지율의 분산을 $0.468\times(1-0.468)/1,015$으로 추정할 수 있다. 이를 표준 편차로 환산하면 0.0157이다. 따라서 모집단 지지율이 95퍼센트 확률로 포함되는 95퍼센트 신뢰 구간은 [0.468-1.96×0.0157, 0.468+1.96×0.0157], 즉 [0.4372, 0.4988]이 된다. 여론 조사 기관의 표현을 빌리자면, 예상 득표율은 46.8퍼센트, 표본오차는 95퍼센트 신뢰 수준에서 ±3.07퍼센트포인트(=1.96× 0.0157×100)다.

지지율에 따라 다소 차이는 있으나, 유권자 4,000만 명 내외의 선거에서 1,000명 정도의 표본 조사만으로 오차범위를 ±3퍼센트포인트 이내로 정확히 추정한다는 것은 실로 놀라운 일이다. 유권자 한 명을 조사하는 데 1원이 든다고 해도 전수 조사에 4,000만 원이라는 큰돈이 든다. 단돈 1,000원, 비율로는 4만분의 1에 불과한 비용으로 오차범위 ±3.07퍼센트포인트 내에서 95퍼센트의 신뢰도로 모집단 지지율을 맞히는 통계학의 위력은 실로 대단하다.

이제 19대 선거에서 실제 시행된 세 가지 조사에 관한 이야기로 돌아가 보자. 이 중 둘은 여론 조사였고, 다른 하나는 출구 조사였다. 원리상 통계학은 거짓말을 하지 않는다. 그렇지만 두 여론 조사 기관의 오차 합은 각각 6.7퍼센트포인트와 9.3퍼센트포인트에 달했다. 출구 조사의 오차 합은 2.0퍼센트포인트에 불과했는데 말이다. 여론 조사의 적중률이 이렇게 나쁜 이유는 무엇일까?

첫째는 모집단 지지율의 변동성 때문이다. 엄격히 말하자면, 투표 전 투표 의향을 묻는 여론 조사와 투표 후 투표 결과를 묻는 출구 조사 사이에는 비대칭성이 존재한다. 누가 더 잘 맞히는지 내기를 한다면 출구 조사가 절대적으로 유리하다. 여론 조사는 아무리 투표 당일에 가깝다 하더라도 투표 의향을 묻는 조사에 불과하다. 투표 의향대로 투표를 하면 다행이지만 투표장에서 마음을 바꿀 가능성은 언제나 존재한다. 출구 조사가 고정된 표적을 맞히는 게임이라면 여론 조사는 움직이는 표적을 맞히는 게임이다.

둘째는 표본 추출 문제 때문이다. 표본 조사에 관한 통계 이론은 무작위 추출을 전제로 한다. 하지만 현실에서 조사 대상을 완벽하게 무작위로 추출하기가 결코 쉽지 않다. 유선 전화와 무선 전화 비율을 어떻게 할지, 전화 면접과 자동 응답 비율을 어떻게 할지 등에 대해서 심각하게 고민하는 이유다. 문제는 여기에 그치지 않는다. 각별한 노력으로 무작위 추출을 했다고 해도 결코 안심해서는 안 된다. 무작위로 선정된 조사 대상자 중 일부라도 의사 표명을 거부하는 경우에는 표본 수집의 무작위성이 손상되기 때문이다. 특정 후보자를 지지하는 유권자가 유독 여론 조사를 거부하는 경향을 보인다면 조사된 지지율은 실제 지지율보다 낮게 왜곡될 수밖에 없다.

세 번째는 바로 표본의 크기 N때문이다. 앞의 예에서 표본 수가 1,015명이 아니라 그 10분의 1인 102명이면 어떻게 될까? 또는 표본 수가 그 10배인 1만 150명이라면 어떻게 될까? 통계 이론에 따르면 표본 수가 102명일 때 오차범위는 ±9.68퍼센트포인트인 반면, 표본 수가 1만 150명일 때 오차범위는 ±0.97퍼센트포인트가 된다. 같은 지지율에 대해 ±10퍼센트포인트 내외의 오차를 허용한다면 표본 수를 100명 내외로 해도 좋으나, 오차범위를 ±1퍼센트포인트 내외로 줄이고자 한다면 표본 수를 1만 명 이상으로 늘려야 한다.

19대 대선에서 리서치뷰와 리얼미터의 여론 조사는 출구 조사에 비해 상대적으로 표본이 적었다. 오차가 상대적으로 클 수밖에 없었다. 그런데 이보다 더 불리한 조건이 하나 있었다. 모집단이 달랐다. 출구 조사는 투표에 참가한 유권자를 대상으로 하는 데에 반해, 여론 조사는 투표에 참가하지 않을 유권자도 포함된다. 19대 대선에서 총 투표자는 3,280만 7,908명, 전국 투표율은 77.2퍼센트였다. 투표율이 더 낮았다면 여론 조사의 정확도는 더 떨어졌을 것이다.

여론 조사에서 오차가 커지는 이유는 대개 통계 이론에서 외적 요인, 즉 움직이는 표적 문제와 모집단의 불일치 문제 때문이다. 통계 이론 자체는 결코 거짓말을 하지 않는다.

그러나, 통계는 거짓말을 한다

: 통계에도 신의·성실의 의무가 필요하다.

2016년 11월 8일은 미국 대선 투표일이었다. 하루 전에 실시된 최종 여론 조사는 힐러리 클린턴(Hillary R. Clinton)이 선거인단 275명을, 도널드 트럼프(Donald J. Trump)가 215명을 확보할 것으로 예상했다. 당선에 필요한 선거인단 수가 270명이니, 힐러리가 이길 가능성이 매우 크다는 예측이다. 당시 힐러리가 승리할 확률을 〈뉴욕 타임스(The New York Times)〉는 84퍼센트, 〈파이브서티에이트(FiveThirtyEight)〉는 65퍼센트, 그리고 〈허핑턴 포스트(HuffPost)〉는 98퍼센트로 예상했다.[2] 그런데 실제 투표 결과, 트럼프는 선거인단 289명을 확보해 218명을 확보하는 데 그친 힐러리를 제치고 미국 대통령에 당선되었다.

이를 두고, 대중의 반응은 두 갈래로 갈렸다. 숨어서 트럼프를 지지했던 백인 노동자 계층은 9회 말 투 아웃에서 역전 홈런을 친 기분을 느꼈지만, 전통적으로 힐러리를 지지했던 계층은 믿을 수 없는 역전패에 패닉 상태에 빠졌고 미디어를 맹비난했다. 그러면서 양쪽 모두 통계에 기반한 여론 조사나 출구 조사는 더 이상 믿을 게 못 된다고 확신했을 것이다.

이 상황을 제대로 이해하기 위해 통계 이론으로 되돌아가 보자. 지지율이 46.8퍼센트인 경우, 신뢰 구간 95퍼센트에서 계산한 예측오차는 표본 수가 102명일 때 ±9.68퍼센트포인트, 1,015명일 때 ±3.07퍼센트포인트, 그리고 1만 150명일 때 ±0.97퍼센트포인트였다. 이 계산에 의하면 오차범위를 ±1.0퍼센트포인트 이내로 줄이려면 적어도 1만 명 이상의 여론 조사가 필요한 셈이다.

미국의 선거 제도가 주별로 선거인단을 '승자독식'으로 가져가는 간선제임은 잘 알려져 있다. 2016년 미국 대선의 경우, 트럼프와 힐러리의 승패를 가른 세 경합 주의 트럼프 대 힐러리 득표율은 위스콘신 주 47.9퍼센트 대 46.9퍼센트, 미시간 주 47.6퍼센트 대 47.3퍼센트, 펜실베이니아 주 48.8퍼센트 대 47.6퍼센트였다. 이들 경합 주에서 트럼프와 힐러리의 모집단 지지율 차이가 최소 0.3퍼센트포인트에서 최대 1.2퍼센트포인트에 불과했기에 주별로 1만 명 이상의 표본을 확보하지 않고서는 여론 조사로 우열을 가리는 것 자체가 불가능했다. 이 사실을 간과하고 힐러리의 당선 확률을 최대 98퍼센트까지 장담했다면 이것은 신의·성실의 의무를 위반한 것이다.

여론 조사 기관들이 힐러리의 승리를 장담한 이면에는 또 다른 실체적 진실이 존재했다. 전국 득표수에서 힐러리가 트럼프보다 286만 표나 앞섰다는 사실이다.[3] 실제로 힐러리는 득표율 48.2퍼센트로 총 6,585만 5,610표, 트럼프는 득표율 46.1퍼센트로 총 6,297만 9,636표를 획득했다. 사전 여론 조사가 분위기상 힐러리에게 유리하게 나올 만한 여건이 매우 잘 마련되어 있었던 셈이다.

여기에 통계에 내재된 확률도 한몫했다. 예컨대 양자 대결의 선거에서 1,015명을 대상으로 사전 조사를 한 결과, 내 지지율이 46.8퍼센트 나왔다고 하자. 이미 계산한 대로 95퍼센트 신뢰 구간은 [0.4670, 0.4689]이다. 지지율로 보면 분명 내가 지는 게임이나, 확률적으로는 내가 50퍼센트 이상 득표할 확률도 전혀 없지는 않다. 표준 정규 분포표에서 이 값을 추정하면 약 2.1퍼센트가 된다. 미국 대선에서 〈허핑턴 포스트〉가 힐러리의 승리를 98퍼센트로 예상했음에도 힐러리가 패배한 상황과 유사하다.

통계에서 100퍼센트 확신이라는 것은 없다. 통계는 언제나 가능성을 예측한다. 기상청이 비가 올 확률을 90퍼센트라고 예보하면 열 번에 한 번은 틀릴 수 있다는 뜻이다. 현실에서는 열 번에 한번쯤 비가 오지 않을 수 있다는 얘기다. 그러나 실제 비가 안 오면 사람들은 기상청을 맹비난한다. 인간 사회에서 열 번 옳은 말을 해도 한 번 거짓말하면 거짓말쟁이가 되듯, 90퍼센트 확률의 예보도 거짓 예보로 매도된다. 무작위 추출을 엄격히 한 표본 조사에서도 이러한 인식은 예외 없이 적용된다.

그렇다면 무작위 추출의 전제조차 무너지면 어떻게 될까? 가상적 상황을 그려 보자. 펜실베이니아 주 유권자 중 보수주의자가 38퍼센트, 진보주의자가 62퍼센트다. 보수주의자의 트럼프 지지율은 65퍼센트, 힐러리 지지율은 29퍼센트인 반면, 진보주의자들의 트럼프 지지율은 39퍼센트, 힐러리 지지율은 59퍼센트다. 지지율을 합산하면 전체 유권자의 트럼프 지지율은 48.9퍼센트, 힐러리 지지율은 47.6퍼센트다.[4]

여론 조사에서 무작위 추출이 충실히 이루어지면 보수주의자 대 진보주의자 표본 비율은 38:62와 유사해야 한다. 그런데 드러내놓고 트럼프를 지지하지 않는 이른바 샤이 트럼프(Shy Trumph) 현상이 나타나면서 보수주의자 대 진보주의자의 표본 비율이 32:68이 되었다면, 어떻게 될까? 계산해 보면, 표본 지지율은 트럼프 47.3퍼센트, 힐러리 49.4퍼센트가 된다. 이로부터 힐러리가 트럼프를 이길 확률을 계산하면 82.4퍼센트가 된다. 모집단에서는 분명 트럼프의 지지율이 높은데도 불구하고, 샤이 트럼프 현상이 표본 추출을 왜곡하면서 클린턴이 이길 확률이 82.4퍼센트로 계산된 것이다.

표본 추출에서 왜곡이 더욱 심해져 보수주의자 대 진보주의자의 표본 비율이 28:72가 되면 어떻게 될까? 이 경우 표본 지지율은 트럼프 46.3퍼센트, 힐러리 50.6퍼센트가 되며, 이로부터 힐러리가 이길 확률은 97.4퍼센트까지 올라간다. 97퍼센트 승률을 가진 후보가 실전에서 지는 상황이 나타나는 이유가 여기 있다. 이 사례는 힐러리가 지는 펜실베이니아 주 선거에서 샤이 트럼프 현상이 어떻게 힐러리의 승리를 장담하게 했는지를 잘 설명하고 있다.

통계에서 신의·성실의 의무는 아무리 강조해도 지나치지 않다. 가장 기본적인 전제 조건, 즉 무작위 추출이 충족되도록 최선을 다해야 한다. 그러나 그것만으로는 부족하다. 도출된 확률적 예측에 대해서도 있는 그대로 받아들이는 겸허한 자세가 필요하다. 우리의 잘못된 인식과 비뚤어진 동기가 통계를 거짓말쟁이로 만든다.

보고 싶은 대로 보이는 데이터

: 데이터는 무색무취다. 그러나 우리의 마음은 무념무상이 아니다.

2011년 4월 25일, 국세청은 종합 소득세 신고자의 소득 분포에 관한 데이터를 공표했다. 이에 따르면, 2009년 종합 소득세 신고자의 총소득금액은 약 90.2조 원이었다. 이 중 상위 20퍼센트가 가져간 소득금액은 64.4조 원으로, 비중으로는 71.4퍼센트에 달했다. 상위 20~40퍼센트 소득자의 소득금액은 13.5조 원으로, 15퍼센트의 비중을 차지했다. 중간층인 상위 40~60퍼센트 소득자는 7.7퍼센트, 상위 60~80퍼센트는 4.3퍼센트를 차지했고, 하위 20퍼센트는 1.6퍼센트만을 차지했다. 여기까지는 명백한 사실이다.

문제는 이 데이터를 바탕으로 2009년 데이터를 1999년 데이터와 비교하면서 발생했다. 〈연합뉴스〉가 쓴 〈소득 통계로 드러난 '부의 양극화'〉 기사는 다음과 같이 적고 있다.[5]

25일 국세청에 따르면, 종합 소득세 신고자 중 상위 20퍼센트의 1인 당 소득금액은 1999년 5,800만 원에서 2009년 9,000만 원으로 10년 새 55퍼센트나 늘어 대부분 억대 수입을 바라보고 있다. 그러나 하위 20퍼센트 소득자의 1인당 소득금액은 같은 기간 306만 원에서 199 만 원으로 54퍼센트 급감했다. 10년간의 경제 성장의 과실을 전혀 누리지 못하고 오히려 소득이 크게 줄었다.

사회적으로 민감한 양극화의 이슈를 〈연합뉴스〉가 이렇게 제기하자, 〈조선일보〉와 〈동아일보〉 이슈가 불씨를 키웠다. 2011년 4월 26일 자 〈동아일보〉는 '상위 20퍼센트가 소득 71퍼센트 가져가……'20 대 80 사회' 현실화되나'라는 기사에서 한 단계 더 나아갔다.[6]

외환위기 직후인 1999년부터 한국은 위기 때마다 저력을 발휘해 1인 당 국내 총생산은 10년이 지난 2009년 두 배 가까이 뛰었다. 성장의 온기가 고루 퍼졌다면 자영업자든 월급생활자든 명목 소득이 두 배는 아니더라도 조금이라도 늘어나는 것이 상식이다. 하지만 현실은 그렇지 않다. 국세청의 자료에 따르면 소득 하위 20퍼센트의 자영업자와 급여생활자는 똑같이 명목 소득이 많게는 3분의 1가량 줄었다. 반면 상위 20퍼센트의 소득은 큰 폭으로 증가하면서 전체 소득에서 차지하는 비중이 커져 상위 20퍼센트가 전체 부의 80퍼센트를 가져간다는 '20 대 80'의 법칙이 지배하는 사회로 변해가고 있다. 그나마 이는 세금을 납부한 사람들을 기준으로 한 것이다. 급여생활자 중에서도 소득이 적어 세금을 한 푼도 내지 않는 사람이 2009년 575만 3,000명에 이르는 것을 감안하면 한국 사회의 '20 대 80' 현상은 상당히 진척돼 있을 것으로 추정된다.

이러한 보도가 나가자 국세청과 기획재정부는 "통계 자료 해석에 오류가 있다"며 반박 자료를 내놓았다.[7] 논지는 이러했다.

종합 소득세 신고자는 과표 양성화 추세에 따라 1999년 134만 명에서 2009년 357만 명으로 크게 늘었다. 이 과정에서 1999년의 하위 20퍼센트 소득 계층보다 더 하위 계층이 대거 납세자 대열에 편입되었기에, 2009년의 하위 20퍼센트 소득 수준은 1999년에 비해 낮을 수밖에 없다. 1999년의 하위 20퍼센트와 2009년의 하위 20퍼센트는 서로 다른 집단이기에 같은 집단에서 소득이 줄었다는 해석은 크게 잘못된 것이다. 또한 상하위 20퍼센트의 소득 비율은 1999년 19배에서 2009년에 45.4배까지 증가했으나, 2006년에 이미 44.3배까지 증가했기에 2006년부터 2009년까지의 증가 폭은 미미했다.

이 반박은 논리적으로 옳다. 그렇다면 이것만으로 모든 오류가 바로잡혔다고 할 수 있을까? 답은 '아니다'이다. 현상을 보다 객관적으로 바라보기 위해 2013년, 2014년 경제협력개발기구(Organization for Economic Cooperation and Development, OECD)의 소득 불평등 통계를 살펴보자.[8] 이 통계는 전혀 다른 진실을 보여 준다.

우선 우리나라의 상하위 20퍼센트의 소득 비율은 5.4로서 OECD 평균 5.5와 비슷하다. 우리나라의 소득 불평등 수준은 사회 복지 수준이 높다고 알려진 덴마크 3.6, 핀란드 3.7, 네덜란드 4.3, 노르웨이 3.8, 스웨덴 4.2 등 북유럽 국가보다는 못하지만, 호주 5.7, 캐나다 5.5, 일본 6.1, 영국 6.0, 미국 8.7에 비해서도 매우 우수한 수준이다. 같은 OECD 국가인 칠레 10.6, 멕시코 10.4에 비해서는 월등히 우수하다. 이는 다른 불평등 지표인 지니 계수(Gini coefficient)를 통해서도 입증된다. 우리나라의 지니 계수는 0.302로서 OECD 평균 0.318보다 낮을 뿐 아니라, 호주 0.337, 캐나다 0.322, 이탈리아 0.325, 일본 0.330, 뉴질랜드 0.333, 에스파냐 0.346, 터키 0.393, 영국 0.358, 미국 0.394에 비해서도 낮다.

데이터가 '현상에 관한 관찰 기록'이라면 진실에 관한 해석의 차이가 왜 이렇게 크게 나타날까? 상하위 20퍼센트의 소득 비율만 보면 신문 기사는 차치하고 국세청이나 기획재정부조차 45.4배를 소득 편차로 인정하고 있는 분위기다. 그런데 OECD 통계는 그 지표의 올바른 수치는 5.4배라고 하고 있다. 혹자는 두 값의 기준 연도가 다르지 않느냐고 이의를 제기할 수 있다. 그러나 〈동아일보〉는 2009년 이후 불평등은 더욱 확대되어 갈 것이라고 하지 않았던가? 그렇다면 2013년, 2014년의 값은 5.4배가 아니라, 45.4배보다도 훨씬 큰 값이어야 맞지 않겠는가?

　이쯤 되면 우리는 '종합 소득세 신고자의 소득 격차가 전체 소득자의 소득 격차보다 훨씬 크다는 사실'을 깨닫게 된다. 실제 데이터도 이를 잘 입증하고 있다. 2009년 상위 20퍼센트가 가져가는 소득 비율이 종합 소득세 신고자의 경우는 71.4퍼센트인 데에 반해 근로 소득세 신고자의 경우는 41.6퍼센트였다. 또한 하위 20퍼센트의 경우, 종합 소득세 신고자는 1.6퍼센트인 반면, 근로 소득세 신고자는 8퍼센트였다.

　종합 소득세에서 편차가 이렇게 크게 나타난 것은 종합 소득세야말로 소득 최고위 계층과 최하위 계층이 함께 내는 세금이기 때문이다. 연예인, 변호사, 개인 병원, 추가 소득이 있는 근로 소득자와 같은 최상위 소득 계층이 수시로 개업과 폐업을 반복하는 최하위 영세 사업자와 한 집단 속에서 비교되니, 소득 격차가 커 보이는 것은 지극히 당연하다.

　조작하지 않는 한, 데이터는 거짓말을 하지 않는다. 그러나 우리는 우리가 보고 싶어 하는 데이터를 통해 현상을 보려 하기에 그 선택 과정에서 커다란 왜곡이 발생한다. 인간은 수억 년의 진화 과정에서 공정성, 형평성, 불편부당성과 같은 형이상학적 가치 이전에 생존에 유리하게 현상을 바라보는 기회주의적 기질을 체화했다. 어찌 보면 데이터를 올곧게 바라보는 것은 인간의 본성이 아닐지도 모른다. 그것은 인간 본성의 한계를 극복하려는 인간 의지의 문제다.

왜곡의 유혹

: 데이터 영역에도 '보이지 않는 손'이 존재한다.

- 4. 18 한미 쇠고기 협상 타결
- 5. 2 '미 쇠고기 수입 반대' 1차 촛불 집회(경찰 추산 1만 명)
- 5. 6 '광우병 위험 미국 쇠고기 전면 수입을 반대하는 국민긴급대책
  회의' 출범
- 5. 24 촛불 집회 참가자들 첫 도로 점거 밤샘 시위
- 5. 31 주말 대규모 촛불 시위(경찰 추산 4만 명 참가). 경찰, 촛불 시위대
  에 물대포 첫 분사. 228명 연행. 시위대-경찰 청와대 인근 곳곳에서
  밤샘 대치
- 6. 5~8 국민대책회의 '72시간 릴레이 국민 행동' 개최(경찰 추산 12만
  명 참가)
- 6. 10 국민대책회의 '6·10 100만 촛불 대행진' 개최(경찰 추산 서울 8
  만 명, 전국 14만 명, 주최 측 추산 서울 70만 명, 전국 100만 명). 경찰, 세종로
  사거리에 '컨테이너 벽' 설치

1장에서 인용했던 이 일지는 2008년 4월 18일 한미 쇠고기 협상
이 타결된 이후 촉발된 광우병 사태와 주말 대규모 촛불 집회에 관한
기록을 담고 있다. 이런 종류의 기사나 보도를 보면 예외 없이 참가
자 수에 관한 추산이 나온다. 흥미롭게도 추산의 주체가 누구냐에 따

라 참가자 수가 널뛰기를 했다. 2008년 6월 10일 개최된 '6·10 100만 촛불 대행진'에 대해 경찰은 참가자 수를 서울 8만 명, 전국 14만 명으로 추산한 반면, 주최 측은 서울 70만 명, 전국 100만 명으로 추산했다. 같은 행사인데도 기록된 참가자 수가 열 배 가까이 차이가 나는 이유는 무엇일까?

우리는 현상을 관찰 기록하는 과정에서 종종 데이터 왜곡의 유혹에 부딪힌다. 왜곡의 유혹은 여러 가지 동기에 의해 일어나지만 정치적 의도가 가장 강하다. 촛불 대행진의 경우 주최 측은 촛불 집회 참가자 수 목표를 애초부터 100만으로 잡았던 것 같다. 그렇지 않았다면 행사 개최 전에 정했을 행사명이 '6·10 100만 촛불 대행진'일 수가 없다. 행사 참가자 수가 100만이었으면 좋겠다는 주최 측의 강렬한 소망이 담겨 있었던 것이리라. 의도가 강하면 강할수록 현상은 의도대로 보이고 또 그렇게 기록된다. 서울 70만 명, 전국 100만 명은 그렇게 나온 수치다.

경찰은 주최 측과 달리 집회 참가자 수를 서울 8만 명, 전국 14만 명이라고 했으니, 이를 보도하는 매체가 서로 다른 추산치에 대해 문제를 제기하고 바로 잡을 만도 했다.

그러나 매체는 바로 잡기보다 타협을 선택했다. 경찰 추산과 주최 측 추산을 함께 기록하고 양쪽 모두를 정당화할 묘책을 찾았다. 경찰은 가장 많이 참가한 시간대의 참가자 수로, 주최 측은 그날 그 장소에 한 번이라도 다녀간 사람의 누계로 참가자 수를 추산했다고 보도했다. 사실 추산은 추산일 뿐, 입증할 길이 없는 수치는 강하게 주장하는 쪽이 이기는 법이다. 정치화된 데이터의 일그러진 단면이다.

의도하든 의도하지 않든 데이터가 왜곡되는 사례는 많다. 그중 대표적인 것이 수치를 왜곡해 해석하도록 유도하는 것이다. 앞서 다루었던 종합 소득세 데이터에 기초한 소득 양극화 기사는 "하위 20퍼센트 소득자 1인당 소득이 1999~2009년 사이에 306만 원에서 199만 원으로 54퍼센트 급감했다"고 썼다.[9] 이 기사에서 54퍼센트는 35퍼센트의 잘못된 계산이고, 사실 여부에 관계없이 '급감했다'는 표현이 정확한 표현이라고 하기에는 무리가 있다.

같은 기사는 근로 소득세에 대한 데이터도 다루고 있는데, 그 일부를 인용해 보자.

> 2009년 근로 소득세를 납부한 연말정산자의 총급여액은 315.7조 원이었다. 이 중 상위 20퍼센트 소득자의 급여액은 131.1조 원으로, 총급여액의 41.6퍼센트를 차지했다. 상위 20퍼센트가 소득의 절반 가까이 가져간 셈이다.

이 기사에서 "41.6퍼센트가 절반에 가깝다"고 인지한 것 역시 매우 의도적으로 보인다. 더욱 재미있는 기사는 하위 20퍼센트의 소득에 관한 부분이다.

> 하위 20퍼센트 소득자 급여액은 25.2조 원으로 총급여액의 8퍼센트에 지나지 않았다. 상위 20퍼센트의 소득이 갈수록 높아지는 현상도

두드러진다. 월급쟁이 상위 20퍼센트가 차지하는 소득은 2005년 38.6 퍼센트에서 2009년 41.6퍼센트로 불과 4년 새 3퍼센트포인트 높아졌다. 개인 사업자 상위 20퍼센트의 소득 비율도 1999년 63.4퍼센트에서 2009년 71.4퍼센트로 10년 새 무려 8퍼센트포인트나 높아졌다.

이 기사의 진위 여부는 차치하고 같은 8퍼센트포인트에 대해 때로는 "8퍼센트에 지나지 않은" 작은 수치로, 때로는 "무려 8퍼센트포인트나 높아진" 큰 수치로 해석되었다. 4년 동안의 3퍼센트포인트 증가가 때로는 '불과 4년 새 3퍼센트포인트 높아졌다'가 될 수도 있고, 때로는 '4년 동안 3퍼센트포인트 높아지는 데 그쳤다'가 될 수도 있다.

데이터를 왜곡했는데 그 의도가 적나라하게 보이면 어떤 일이 일어날까? 아마 그 데이터의 신뢰도에 대해 대중적 의심이 증폭할 것이다. 따라서 정치적 의도를 가지고 여론을 조작하는 데에 아주 능한 선수는 데이터를 절묘하게 왜곡시켜 아무도 그 사실을 감지하지 못하게 한다. 현장에서 어떠한 일들이 발생하고 있는지, 그 양상은 어떻게 전개되고 있는지 한번 살펴보자.

사례 1. 2014년 지방 선거에서 일어났던 일이다. 시장 선거 공천 대상자 선정을 위한 여론 조사를 앞두고 예비 후보자 A씨는 146개 유선 전화 회선을 신규 개설하여 이를 자신의 선거 사무소나 휴대 전화로 착신 전환을 시켰다. 반영 비율을 높이기 위해 상대적 가중치가 높은

20~30대 연령으로 가장했고, 1인당 2회에서 9회에 걸쳐 □□□당 □□시장 공천 대상자로 예비 후보자 A씨가 적합하다고 응답했다.[10]

사례 2. 대한의사협회 국민의학지식향상위원회는 2010년 10월 27일 제1차 의학기사심의회의를 열고 지난 6월 29일부터 10월 5일까지 KBS·MBC·SBS를 비롯한 공중파와 주요 일간지를 통해 국민에게 보도된 의학 기사를 평가했다. 심의 결과 총 55건의 기사 가운데 53퍼센트에 달하는 29건이 '문제있음'이라는 평가를 받았다. 기사의 의학적 타당성이나 국민 지식 유효성 등에서 '문제없음'이라고 합격점을 받은 기사는 29퍼센트(16건)였으며, 심층적인 평가를 위해 전문가 의뢰가 필요한 기사는 18퍼센트(10건)였다. '문제있음'이라는 평가를 받은 문제 있는 기사의 대부분은 정확성이나 객관성이 생명인 기사가 아닌 성형외과, 피부과 등에서 언론사에 광고비를 지불하고 자신의 병원이나 의료 기술을 홍보하는 '기사성 광고'였다.[11]

사례 3. "이게 기사야, 광고야. 국내에서는 일종의 '낚시성 광고'로 인식돼 온 '기사형 광고'가 향후 광고 시장 주류로 성장한다." 웹사이트 비즈니스인사이더(Business Insider)는 시장 조사 업체인 비즈니스인텔리전스(Business Intelligence, BI)의 조사 보고서를 인용, 23일 이같이 보도했다. 보고서에 따르면, 지난 2013년 47억 달러에 불과했던 미국 내 네이티브 광고(native advertising, 기사형 광고를 말한다)의 시장 규모는 오는 2018년까지 지금보다 5배 이상 커져 246억 달러에 이를 전망이다. 광고 플랫폼이 종이 등 오프라인에서 디스플레이 중심으로 온라인·디지털화됨에 따라 기존 기사와 광고 간 경계가 모호해진 것이 가장 큰 이유다. 소비자가 네이티브 광고를 스마트폰 등 모바일 플랫폼에서 접할 경우, '광고'라는 선입관 없이 정보를 인식하는 속성이 강해 향후 기사성 광고 시장은 지속 성장할 것이라는 게 비즈니스인사이더의 분석이다.[12]

정도의 차이는 있으나, 데이터 왜곡은 언제 어디서나 있어 왔다. 진솔한 데이터보다 왜곡된 데이터로 사람들은 훨씬 많은 사적·집단적 이익을 얻으려 하기 때문이다. 현상을 관찰하면서 늘 유혹을 극복하려는 의지가 필요한 이유다.

데이터가 가치를 가지려면

실체를 규명한다는 것, 그 어려운 도전

: 아무리 많이 알아도 전혀 모를 수 있고, 조금만 알아도 다 알 수 있다.

데이터를 통해 실체 또는 진실을 규명하는 작업은 매우 어려운 일이다. 우리가 알고 싶어 하는 진실은 너무 많고 복잡한 데에 반해, 우리가 수집할 수 있는 데이터는 한계가 있다. 혹자는 19대 대선에서 유권자의 4만분의 1에 불과한 표본 조사만으로도 당선자를 맞추었는데 무엇이 어렵냐고 할 수도 있다. 그러나 반대로 1만 명이 넘는 표본 조사를 해도 승패를 장담할 수 없었던 2016년 미국 대선도 있지 않은가.

데이터는 전수 조사를 하지 않는 한 '사물이나 현상에 대한 부분적 관찰'일 수밖에 없다. 그래서 우리는 부분으로 전체를 재구성하는 이른바 '일반화'의 과정을 밟게 된다. 시각장애인들이 제각기 코끼리의 다른 일부를 만져 보고 확장해서 코끼리의 모습을 그려내는 현상이나, 한정된 주식 투자의 경험으로 '주식 시장은 이렇게 움직인다'고 확신하는 투자자의 모습에서 우리는 일반화의 함정을 본다.

실체를 규명하는 일이 얼마나 어려운 일인지, 힉스 보손(Higgs boson)에 관한 설명을 인용해 보자.[1]

> 힉스 보손은 입자물리학 표준 모형의 기본 입자다. 1964년 영국의 이론물리학자 피터 힉스(Peter W. Higgs)가 관성과 관성 질량을 만들어 내는 '자발적 대칭성 깨짐(spontaneous symmetry breaking, '힉스-앤더슨 메커니즘The Anderson-Higgs Mechanism'이라고도 한다)'을 설명하기 위해 도입한 개념이다. 그동안 물리학에서는 모든 물질과 힘이 16개 입자와 이 모든 입자에 질량을 부여하는 힉스 보손으로 구성되어 있다는 가설이 있었다. 16개 입자는 모두 실험을 통해 입증되었지만, 이 힉스 보손만은 50년이 넘도록 입증되지 못하고 있었다. 그러던 중 유럽입자물리연구소(European Organization for Nuclear Research, CERN)가 2013년 3월 14일, "우리가 힉스 보손을 발견한 것 같은데 맞는지 확인하는 중"이라고 공식 발표했다. 그리고 마침내 2013년 10월 6일, 이 입자가 힉스 보손임을 확정 발표했다. 무려 50년 넘게 물리학의 숙제였던 힉스 보손의 존재가 드디어 입증된 것이다.

CERN은 세계에서 가장 큰 입자 가속기로 힉스 보손을 추적해 왔다. 가속된 하전 입자끼리 초당 수천만 번 반복해 충돌시켜 이때 생겨나는 입자를 관찰했다. 이를 수없이 반복, 수십억 번의 충돌을 진행하던 중 단 한 번 힉스 보손의 모습이 관찰됐다. 그러나 불안정하고 즉시 분열하는 힉스 보손의 특성상 그 순간을 직접 센서가 감지할 수 없었다. 결국 수조 번의 충돌 이후에나 통계적으로 의미가 있는 힉스 보손의 흔적을 찾아낼 수 있었다. 힉스 보손의 존재가 유의한 통계적 데이터로 입증된 것이다.[2]

힉스 보손은 기본적으로 발생 빈도가 워낙 작아 실체 규명이 어려운 사례다. 이러한 어려움은 힉스 보손과 같은 미립자 세계에서뿐만 아니라, 현실 세계에서도 어렵지 않게 찾을 수 있다. 데이터를 기반으로 급발진 사고의 원인을 추적하여 입증하는 것, 갤럭시 노트 7의 발화 원인을 데이터로 추적하여 밝혀내는 일, 모두 발생 확률이 매우 작은 현상에서 부딪히는 어려움이다.

순간적으로 판단해야만 할 경우에도 실체 규명에 어려움이 발생한다. 당신이 한밤중에 한적한 고속도로를 시속 120킬로미터로 달리고 있는데 50미터 전방에서 갑자기 산돼지가 도로로 뛰어들었다고 하자. 당신이 충돌을 피할 수 있는 여유 시간은 얼마일까? 시속 120킬로미터는 초당 33.3미터이므로 여유 시간은 1.5초뿐이다. 1.5초 동안 당신은 산돼지의 출현을 감지하고 대응책을 판단한 후 실행에 옮겨야 한다. 브레이크를 밟을 수도 있고, 핸들을 돌릴 수도 있다. 얼마나 빨리, 효과적으로 대응하느냐에 따라 충돌을 피할 수도 대형 사고로 이어질 수도 있다. 인간은 눈으로 감지한 상황에 대해 두뇌에서 판단한 후 대응 동작을 실행한다. 처리 알고리즘은 수많은 반복 학습을 통해 우리 몸과 머리에 후천적으로 체화된 것이다. 그 알고리즘은 거의 반사적으로 작동하므로 잘하면 우리는 위기 상황을 모면할 수 있다.

그러나 같은 상황이 자율 주행 자동차의 주행 과정에서 발생한다면 어떻게 될까? 전방의 급박한 상황은 광학 센서를 통해 상황 판단을 위한 데이터로 변환되는데, 이 단계에서 데이터화가 잘못되면 돌이킬 수 없는 사고로 이어진다. 2016년 5월 7일 플로리다 주 윌리스턴에서 테슬러 모델 S가 자율 주행 모드로 시속 200킬로미터로 달리고 있었다. 교차로에 접근하는 순간 테슬러의 광학 센서는 회전하던 트럭 트레일러의 흰색을 '밝게 빛나는 하늘'로 착각해 잘못된 데이터를 중앙 제어 장치로 전송했다. 그 결과 테슬러 모델 S는 트레일러와 충돌했고, 자동차에 타고 있던 죠수아 브라운은 현장에서 즉사하고 말았다. 단 한 번의 오류나 실수가 바로 사망으로 이어지는 이런 급박한 상황에서 실체를 정확히, 그것도 순간적으로 규명하는 일은 얼마나 어렵겠는가?

힉스 보손의 사례에서 우리는 실체를 제대로 규명하기 위해 엄청난 양의 정확한 데이터가 필요하다는 사실을 살펴보았다. 그리고 주행 중 발생한 돌발 사고와 같이 데이터의 정확성뿐만 아니라 즉시성이 요구되는 상황도 있음을 알게 되었다. 최고 수준의 엄정성을 요하는 상황에서 데이터로부터 실체에 접근하는 것이 얼마나 어려운 일인지 우리는 이 두 가지 사례를 통해 절실히 깨닫는다.

빅 데이터 : 왜곡에서 자유로워지다

: 빅 데이터는 데이터 우주를 밝히는 우주망원경이다.

인구 통계 조사는 가장 오랜 실체 규명의 역사를 가지고 있다. 최초의 공식적인 인구 조사는 고대 이집트에서 피라미드 건축에 동원할 사람 수를 헤아리기 위해 실시되었다.[3] 그런데 그로부터 수천 년이 흘러 우리는 최첨단 디지털 시대에 살고 있건만, 가장 기본적인 인구 통계 조사에서조차 실체를 완벽하게 규명하지 못하고 있다.

인구 통계는 국민연금, 건강 보험, 고용 보험 등 국가의 사회 안전망을 가동하고 각종 복지 제도를 운영하는 토대다. '기본 중의 기본'이다. 인구 통계는 조사 대상과 조사 방법에 따라 주민등록 인구, 센서스 인구, 추계 인구 세 가지로 나뉜다. 주민등록 인구는 주민등록상 신고된 인구수, 센서스 인구는 5년마다 통계청 조사원이 가가호호 방문해 조사하는 인구수, 그리고 추계 인구는 센서스 인구로부터 연도별로 추산한 인구수다. 문제는 이 세 가지 통계가 일치하지 않는다는 것이다. 예컨대 2005년의 수치는 이 세 가지 집계 추산 방식에 따라 최대 174만 명의 차이를 보였다.[4]

오차의 부작용은 작지 않다. 2010년 10월 12일 〈연합뉴스〉는 국제통화기금이 발표한 한국경제전망 자료를 인용해 우리나라의 1인당 소득이 2011년에 구매력 기준으로 3만 달러를 넘어설 것이라고 보도했다.[5] 그런데 국제통화기금이 계산에 사용한 인구수는 4,880만 명이었다. 2009년 말 한국의 주민등록 인구가 5,000만 명을 돌파할 것이라는 정부의 추산치보다 작은 값이다. 1인당 소득이 달라질 수 있는 문제다. 이처럼 인구 통계는 다른 영역에도 영향을 미친다.

인구 통계의 부정확성을 줄이고자 미국 인구통계국(Census Bureau)은 특단의 대책을 세웠다. 2020년 센서스 때는 인터넷과 스마트폰을 활용하겠다는 것이다.[6] 조사원들이 일일이 집을 돌아다니며 나이, 인종, 집 소유 여부 등을 조사하던 과거 방식과 다르게 주민이 인터넷에서 응답하고, 스마트폰으로 조사 현황을 관리하는 방식으로 보완하기로 했다. 인구 통계 조사에서, 출생했으나 신고되지 않은 아이, 사망했으나 보고되지 않은 노인, 주민등록상으로만 존재하는 해외 거주 이중 국적자, 국내에 불법 체류 중인 외국인 등은 실체 규명을 어렵게 한다. 그러나 디지털 기기나 장치의 도움으로 이들의 현 주거 상황을 상시적으로 알 수 있다면 분 단위 수준의 실시간 인구 통계 자료를 얻을 수 있을 것이다. 여기에 가족 구성원의 사진과 직업, 주소는 물론 유전자 지도와 의무 기록, 사회 활동, 심지어 카카오톡과 페이스북과 같은 SNS상의 대화 기록도 수집할 수 있다면 어떻게 될까? 인간 대신 기계가 데이터를 수집하는 빅 데이터 시대, 데이터 영역에서의 혁명적 변화를 기대할 수 있다.

그렇다면 빅 데이터로 인해 달라지는 점은 무엇일까? 그리고 그로부터 우리는 삶에 어떠한 변화를 기대할 수 있을까?

빅 데이터는 해상도 높은 TV로 세상을 보는 것과 유사하다. TV 해상도가 UHD 수준으로 높아지면서 화면 속 연예인의 얼굴에서 잡티나 작은 상처, 심지어 화장 자국까지 볼 수 있게 됐다. 연예인들은 이 상황이 반갑지만은 않겠지만 시청자는 화면 속 배우의 까칠한 피부에서 진정한 삶의 모습을 읽을 수도 있다. 마찬가지로 빅 데이터는 표본 추출 없이 고해상도 카메라로 보듯 현상을 그대로 보여 준다. 그래서 우리는 빅 데이터로 과거에 보지 못했던 것을 새로이 본다. 존재하나 과거에 볼 수 없었던 세상의 모습이 우리에게는 새로운 세상으로 다가온다.

제품을 연속적으로 생산하는 공정을 예로 들어 보자. 전통적으로 우리는 표본 추출을 통해 품질 검사를 해 왔다. 무작위로 추출한 표본에서 불량품이 발견되면 기계 운전을 잠시 멈추고 공정 과정에서 불량품을 만들어 낸 원인을 찾는다. 그런데 이 방식은 부분 부분 추출한 표본으로 품질 검사를 진행하므로 불량품이 발견되더라도 불량품이 얼마나 많이 생산됐는지는 알려주지 않는다. 운이 좋아 불량품을 가릴 수는 있어도 불량률을 제어할 수는 없다.

2016년 8월 출시된 갤럭시 노트 7은 배터리 불량으로 곤혹을 치렀다. 삼성전자는 2017년 1월 23일 갤럭시 노트 7의 발화 원인 조사 결과를 발표했다.[7] 제품 20만 대, 배터리 3만 대가 동원된 실험에서 완제품과 배터리에서 각각 불이 나 부서지는 현상이 비슷한 비율로 발생했다. 원인 조사에 이렇게 많은 제품과 배터리가 동원되는 이유는 무엇일까? 대규모 재현 실험에서 집계된 배터리 불량률은 삼성 SDI 0.025퍼센트, ATL 0.023퍼센트였다.[8] 1만 대에 두세 대의 불량품이 나타나는 확률이다. 이렇게 작은 불량률은 빅 데이터로 접근하지 않고서는 규명해 내기 어렵다.

빅 데이터는 대개 기계나 장치에 의한 실시간 모니터링의 결과물이다. 예를 들어, 카카오톡의 서버에는 수천만 가입자의 대화가 실시간으로 기록된다. 조사자가 개입하지 않으므로 특정 대화만 선택되는 일은 없다. 모든 대화가 기록되므로 대화가 스스로 '자기 선택(self-selection)'을 한다고 봐도 무방하다. 통계 이론이 개입할 소지도, 표본 추출 과정에서 데이터가 왜곡될 소지도 없다. 누군가 대화를 도청하고 있다고 의식했을 때 대화를 가장하는 '관찰 효과'는 있을 수 있지만 이런 이유로 카카오톡 대화를 인위적으로 연출하는 경우는 매우 드물다. 인간 유전체 데이터로부터 병의 유전적 원인을 찾아내는 것, 움직이는 수만 명의 군중 속에서 테러 용의자를 찾아내는 것, 각종 온라인 대화 기록에서 인간의 감추어진 속마음을 읽어 내는 것, 엄청난 양의 재무 데이터 속에서 회계 부정을 찾아내는 것, 우주와 생명의 기원을 찾아내고 그 메커니즘을 이해하는 것, 이들은 모두 빅 데이터로 인해 가시화되는 새로운 가능성이다.

미국항공우주국(NASA)은 2017년 1월 초질량 블랙홀과 중성자별을 관측하기 위한 새 우주망원경을 2020년 내에 발사할 예정이라고 밝혔다.[9] NASA의 폴 허츠(Paul H. Hertz) 박사는 "블랙홀은 빛까지 빨아들이기 때문에 보이지 않는다. 그러나 고에너지 엑스선 방출과 같은 블랙홀의 흔적을 새 우주망원경으로 찾을 수 있다면, 우리는 우주에 관한 새로운 창을 열 수 있다"고 했다. 흔적만으로도 존재를 입증해 낼 수 있다는 뜻이다. 새로운 세상의 단서를 포착하는 빅 데이터는 데이터 우주를 밝히는 우주망원경인 셈이다.

데이터 짝짓기 : 데이터는 모든 것을 알고 있다

: 데이터 짝짓기가 데이터를 값진 정보로 바꾼다.

우리 몸에 밀착해 쉼 없이 데이터 값을 계산하고 갱신하는 일꾼이 있다. 스마트폰에 내장된 지피에스(global positioning system, GPS) 센서 이야기다. 이 GPS 센서가 지구 궤도를 도는 여러 개의 GPS 위성으로부터 신호를 수신하면 내장 프로세서가 지구상의 나의 위치를 3차원으로 계산한다. 그렇게 계산된 값이 GPS 데이터다.

114455.532, 3735.0079,N, 12701.6446,E,……, 48.8,M,……

GPS 데이터의 조각이 각각 무엇을 나타내는지 한번 살펴보자. 우선 114455.532는 그리니치 표준시로 11시 44분 55.532초를, 3735.0079,N은 위도로서 북위 37도 35.0079분을, 12701.6446,E는 경도로서 동경 127도 1.6446분을 나타낸다. N과 E는 북위와 동경, S와 W는 남위와 서경을 지칭한다. 마지막으로 48.8,M은 해발 48.8미터를 뜻한다. 결국 이 GPS 데이터는 내가 표준시로 11시 45분에 북위 37.5도, 동경 127도, 해발 49미터에 위치함을 표시하고 있다.

스마트폰이나 자동차의 내비게이션 단말기는 모두 GPS 센서를 내장하고 있어 나의 GPS 위치를 상시로 추적한다. 차량용 내비게이터가 나를 지도상의 목적지로 안내할 수 있는 건 GPS 센서 덕분이다. GPS 센서가 계산한 나의 위치를 디지털 지도상의 좌표에 실시간으로 매칭시키면 이동 중인 나의 위치가 지도상에 나타나는 것이다. 결국 내비게이션 기능은 두 가지 데이터, 즉 GPS 위치 데이터와 디지털 지도상의 좌표를 정확하게 매칭시킴으로써 구현된다. 내비게이션 소프트웨어는 지도상의 최단 경로를 계산해 나를 목적지로 안내한다. 나는 내 자동차를 그 경로를 따라 이동시키면 된다. 이때 최단 경로는 도로상의 혼잡도와는 상관없이 실제 지도상의 물리적 거리로 가장 가까운 경로다.

그런데 최근 내비게이션 서비스는 최단 경로뿐 아니라, 교통 체증까지 고려한 최소 시간 경로도 찾아 준다. 내비게이션은 어떻게 최소 시간 경로를 찾아낼까?

이를 위해서는 도로 구간별 이동 예상 시간을 추정해야 하는데, 쉬운 일이 아니다. 도로 상황이 시시각각 변한다는 것도 문제지만 기본적으로는 구간별 혼잡도에 관한 정보를 어떻게 수집하느냐가 더 큰 문제다. 도로상에 CCTV 카메라를 설치하여 교통량을 측정해 교통 체증을 추정하는 방법도 있고, 정보 수집 장치를 장착한 정기 노선 버스나 택시를 이용해서 수집할 수도 있다. 그러나 이 방법의 가장 큰 문제는 정확성을 담보할 만큼 충분한 데이터를 수집하기가 매우 어렵다는 것이다. 이를 해결하는 방법으로 2008년 이스라엘에서 벤처 기업으로 시작해 2013년 구글에 의해 9억 7,000만 달러에 인수된 웨이즈(Waze) 서비스는 크라우드 소싱(crowd sourcing) 방식을 택했다. 모든 웨이즈 가입자가 현재 GPS 위치와 이동 속도를 중앙 서버에 보고하면, 중앙 서버는 이들 정보를 모아서 각 도로 구간의 혼잡도와 예상 이동 시간을 계산하여 내비게이션 단말기로 되돌려 주는 방식이다. 그러면 내비게이션 알고리즘은 이 구간별 예상 이동 시간을 가지고 이용자가 지정한 목적지까지의 최소 시간 경로를 찾아낼 수 있다.

데이터 활용 측면에서 내가 어느 위치에서 어느 속도로 움직이고 있는지에 관한 정보는 매우 중요하다. 아침부터 저녁까지 나의 이동 경로를 살펴보자. 아침에 차를 타고 움직이는 경우, GPS 위치는 내가 사는 아파트에서 시작된다. 내비게이션이 안내해 준 경로대로 동작대교를 건너 강북 강변을 따라 이동해 학교에 도착했다 하자. 내 GPS는 30여 분에 걸쳐 내 차의 위치와 이동 속도를 추적했고 학교 주차장에 도착한 이후에는 교내에서 걷고 있는 나의 위치와 이동 속도를 추적한다. 물론 내가 수업 중이라면 GPS 센서는 내가 정지해 있음을 알아차리고 있을 터다. 이러한 위치 정보의 활용은 내비게이션 기능에 한정될 수도 있다. 그런데 이동한 위치 정보가 지도상의 상세한 목적물, 즉 아파트, 각종 가게, 학교, 공공 기관, 주유소 등의 위치 정보와 결합하면 어떤 일이 생길까? 당신이 지도상에서 나의 이동 경로를 며칠 동안 관찰했다면 당신은 나에 대해 무엇을 파악할 수 있을까?

우선 내가 저녁 시간에 이동을 멈추고 밤새도록 머문 장소는 나의 집일 가능성이 크다. 당신은 내 이동 경로만으로 내가 어디에 사는지 알 수 있다. 그 다음 내가 아침 7시에서 9시 사이에 도착하여 이동 속도가 뚝 떨어진 장소는 십중팔구 나의 직장일 것이다. 당신은 내 위치만으로 내 직업을 파악할 수도 있다는 얘기다. 다만 내가 낮 시간의 대부분을 보내는 장소가 대학교더라도, 나를 교수로 단정짓기는 쉽지 않다. 그리고 나의 퇴근 경로에 백화점이나 쇼핑 센터가 자주 포함된다면 당신은 나를 여자로 파악할 가능성이 크다.

조금 더 자세히 들여다보면 어떨까? 내가 주로 움직이는 경로가 지하철역과 구간을 포함한다면 나는 지하철 이용자일 것이고, 주로 도로로 이동하는 경로를 포함한다면 나는 차를 타고 출퇴근하는 사람일 것이다. 퀴즈를 하나 내 보자. 내가 차를 타고 시속 30킬로미터 이상으로 이동하다가 잠시 멈춘 뒤 다시 시속 5킬로미터 이하로 걷기 시작했을 때, 잠시 멈춘 뒤 이동 속도가 전환된 위치는 무엇을 의미할까? 잘 생각해 보면 그 위치가 바로 내가 주차한 장소임을 알 수 있다.

구글은 최근 스마트폰 구글 검색창 아래쪽에 개인화된 위치 기반 서비스를 제공하기 시작했다. 내 위치에서의 현재 날씨, 기온 등 정보도 있지만, 내 주차 위치도 지도상에 표시된다. 집까지의 예상 도착 시간도 보인다. 구글이 내 GPS 위치 정보를 실시간으로 파악하고 이를 디지털 지도상의 정보와 연결함으로써 나에 대해 얼마나 잘 알고 있는지, 이를 통해 내게 어떤 서비스를 제공할 수 있는지 상상하는 것은 어렵지 않다. 조금 더 나아가, 내가 저녁에 주로 주차하는 위치를 더욱 자세히 파악해서 내가 아파트 단지 몇 동에 사는지도 알수 있다면 어떻게 될까? 아파트 동별 평수 정보를 참조해서 나의 소득 수준도 추정할 수 있지 않을까? 같은 방식으로 직장 건물의 위치를 정확히 알 수 있으면 내가 공대 소속인지 경영대 소속인지 알아낼수 있고, 교내에서의 이동 경로까지 잘 분석하면 교수인지 직원인지를 구분해 낼 수도 있을 것이다.

우리가 내비게이션 서비스를 이용하여 최소 시간 경로로 다닐 수있는 것은 수만, 수십만의 이용자가 동시에 업로드해 만들어 내는 빅데이터, 즉 도로 구간별 실시간 교통 정보 덕분이다. 그러나 내 이동정보를 상세 디지털 지도와 연결해서 내 생활을 속속들이 들여다볼수 있는 건 데이터 연계 덕분이다. 내가 어디에 살고, 어디에서 일하며, 일주일에 차를 몇 번 정도 타고, 어느 백화점을 주로 이용하는지, 그리고 그러한 생활 패턴으로 봐서 나의 소득 수준이 얼마나 되는지는 데이터만 잘 연결하면 쉽게 파악할 수 있다.

빅 데이터가 같은 종류의 데이터 수백만 개를 수집하여 하나로 합치는 덧셈 작업이라면, 데이터 연계는 10과 10을 연결해서 100을 만들어 내는 곱셈 작업이다. 물론 이를 위해서는 서로 다른 데이터 간정교한 매칭 작업이 필요하다. GPS 센서가 여러 위성 신호로부터 계산한 나의 위치를 디지털 지도상의 특정 장소와 매치할 수 있는 것은좌표라는 키(key) 또는 식별자(identifier) 때문이다. 아무리 값어치 있는두 개의 데이터 세트가 있어도 이들을 개체 단위로 정확하게 매치시키는 키가 없다면 가치를 창출할 수 없다.

수집과 연계는 데이터 처리상 가장 기본적이면서도 중요한 작업이다. 수집이 양을 늘려서 정확도를 향상시키는 작업이라면, 연계는 데이터에 내재된 잠재 가치를 겉으로 끌어내 새로운 가치를 창출하는 작업이다. 아무리 많이 알아도 전혀 모를 수 있는 것이 데이터의 일면이지만, 때로는 조금만 알아도 모두 알 수 있는 것이 데이터의 또 다른 일면이다.

연금술 : 개방이 가치를 생산한다

: 연금술은 금을 못 만들었지만 데이터 연금술은 데이터 금을 만들 수 있다.

2007년 12월 샌프란시스코 북쪽 세바스토폴에 인터넷 활동가 30명이 모였다. 이들이 모인 목적은 오픈 데이터(open data) 개념을 정립하고 미국 대선 주자로 하여금 이를 공약에 반영하도록 하기 위해서였다. 이 자리에는 오픈 소스(open source)와 웹 2.0을 정의하고 여러 인터넷 운동을 주도한 팀 오라일리(Tim O'Reilly)와 이른바 CCL(Creative Commons License)을 창시한 스탠포드 대학교 법대 교수 로렌스 레식(Lawrence Lessig)도 있었다.[10]

이들은 이 자리에서 "공공 데이터는 공유 자산"이라는 사상에 입각해서 세 가지 혁신 방향으로 개방, 참여, 협력을 설정했다. 그로부터 1년쯤 흘렀을까? 이들의 기대를 뛰어넘는 사건이 일어났다. 버락 오바마(Barack Obama) 대통령이 취임과 동시에 개방형 정부(open government)를 선언하면서 오픈 데이터를 핵심 정책 중 하나로 채택한 것이다. 그리고 정책 방침으로 투명, 참여, 협력을 제시했다. 세바스 토폴 모임의 기대가 현실화되는 순간이었다.

세바스토폴 모임에서는 개방형 정부의 근간인 오픈 데이터에 관한 여덟 가지 원칙을 도출한 바 있다.

첫째, '완전성'으로, 공공 데이터는 사생활 보호, 보안에 구속되지 않고 누구에게나 제공되어야 한다. 둘째, '원천성'으로, 모든 공공 데이터는 합산되거나 수정되지 않은 원천 데이터 그대로여야 한다. 셋째, '적시성'으로, 필요한 때 바로 제공되어야 한다. 넷째, '접근성'으로, 원하는 사람이면 누구든 접근 가능해야 한다. 다섯째, '컴퓨터 처리 가능'으로, 즉각 컴퓨터에 의한 처리가 가능한 포맷이어야 한다. 여섯째, '비차별성'으로, 누구나 별도의 등록 절차 없이 사용 가능해야 한다. 일곱째, '표준성'으로, 데이터를 포맷할 때 비표준적 요소가 없어야 한다. 여덟째, '라이센스 면제'로서 지적 재산권, 특허 등 데이터에 규제 요소가 없어야 한다.[11] 이 원칙이 추구하는 바는 매우 분명했다. 기본적으로 공공 데이터와 공공 데이터, 공공 데이터와 민간 데이터 간 연계를 통해 데이터의 가치를 높일 수 있는 환경을 조성하자는 것이다.

오바마의 개방형 정부가 출범한 지 3년 반쯤 지난 2012년 7월 11일, 우리나라 대선에 출마한 박근혜 후보는 새로운 국정 운영 패러다임으로 '정부 3.0' 구상을 발표했다. 이 구상은 2013년 신정부 출범과 함께 세 가지 모습으로 구체화되었다. 첫째, '투명한 정부'를 추구해 정부가 가진 정보와 데이터를 국민에게 개방 공유하고, 둘째, '유능한 정부'를 추구해 부처 간 장벽을 없애 제대로 일하는 정부를 만들며, 셋째, '서비스 정부'를 추구해 국민 한 명 한 명에게 행복한 맞춤형 서비스를 제공한다는 것이다. 정부 3.0은 개방, 공유, 소통, 협력 방침을 제안했는데, 이는 4년 전 세바스토폴 모임에서 도출된 혁신 방향과 크게 다르지 않았다. 새로운 데이터 패러다임이 미국에서 한국으로 이식된 것이다.

공공 부문의 데이터 개방 및 연계 노력은 하나둘씩 결실을 맺으면서 공공 데이터 포털(www.data.go.kr)로 가시화되었다. 2018년 4월 2일 현재 데이터 개방 현황을 보면, 개방 기관 696개, 파일 데이터 2만 2,336개, 오픈 API(application programming interface) 2,517개, 표준 데이터 58개를 기록하고 있다. 공공 데이터 활용 사례 등록 건수는 교육(69), 국토관리(92), 공공행정(105), 재정금융(41), 산업고용(108), 사회복지(43), 식품건강(29), 문화관광(402), 보건의료(120), 재난안전(33), 교통물류(203), 환경기상(129), 과학기술(53), 농축수산(71), 통일외교안보(10), 법률(10) 등 총 16개 분야에 걸쳐 1,520건에 달했다.[12] 이 외에 대표적 활용 사례 중 하나인 '지하철 내비게이션 – 마이메트로' 앱은 서울특별시가 제공하는 API 중 '지하철 최단 경로', '호선별 역사 경유 정보', '환승 정보', '실시간 도착 정보', '실시간 열차 위치 정보', '노선별 지하철역 검색'을 연계하여, 탑승 중인 나의 실시간 위치, 지하철역 정보와 운행 열차 현황 등 실시간 지하철 안내 서비스를 스마트폰으로 제공하고 있다.

데이터 개방과 연계를 통한 가치 창출 시도는 민간 부문으로도 확산되고 있다. 국내 최대 포털 네이버는 빅 데이터에 관한 수요자 관점을 강조하면서, 2016년 1월 빅 데이터 유통 플랫폼인 '데이터랩'을 오픈했다. 이는 구글 트렌드(Google Trends)와 같이 특정 키워드를 검색한 횟수를 지수화해서 보여 주는 서비스다. 이 서비스를 통해 지역별·시간별로 특정 검색어의 검색 건수 추이를 분석하면 매우 유익한 정보를 산출할 수 있다. 예컨대, 식당의 경우 타깃 고객층을 설정하고 그에 맞는 메뉴를 개발하기 위해 자신의 식당에 관련된 요일, 시간, 성별, 연령대별 검색 빈도와 추이를 분석해서 시장의 니즈를 정확하게 파악하는 것이다.[13]

빅 데이터 세상에서 네이버의 역할에 대해 고민하면서 데이터랩을 기획했습니다. 데이터랩은 네이버 내부 데이터와 공공 민간 분야 외부 데이터의 융합과 확산에 초점을 맞춰 발전시켜 나가겠습니다.

네이버가 데이터랩을 오픈하면서 던진 이 말은 데이터랩이 무엇을 지향하고 있는지를 잘 지적하고 있다.

중세 시대의 연금술사들은 여러 가지 금속 재료를 녹여 융합시킴으로써 금을 만들 수 있다고 믿었다. 비록 중세의 연금술사들은 금을 만드는 데 실패했지만, 오늘날의 데이터 연금술사들은 다양한 데이터 간 연계와 융합을 통해 '데이터 금'을 만들어 낼 수 있다. 현장에서 값어치가 높은 '데이터 금'을 만들려면 제조 과정에 많은 노력과 정교한 가공이 필요하다. 중세의 연금술사들은 비록 금을 만들지는 못했으나 다양한 시도를 통해 현대 화학의 기초를 마련, 화학 공정 분야에서 더 큰 가치를 창출해 냈다. 수많은 데이터를 수집하고 연계하고 통합·가공하는 데이터 연금술은 최종 산출물인 '데이터 금'뿐만 아니라, 그 과정에서 더욱 값진 데이터 공정 기술을 발전시켜 나갈 것이다.

데이터의 진정한 가치는 데이터 속 깊이 감춰 있는 값진 비밀이 제 모습을 드러낼 때 비로소 현실화된다. 데이터 자체도 중요하지만 그 속에서 의미와 쓰임을 발견하지 못한다면 데이터는 그저 값싼 원재료에 머물 수밖에 없다. 채굴, 혼합, 가공, 조립 등 데이터 공정 기술이 부가 가치 생산 과정에서 가장 중요한 이유가 바로 여기에 있다. 데이터 수집과 개방, 연계는 새로운 가치 창출의 미래 세상을 빠르게 열어 가고 있다.

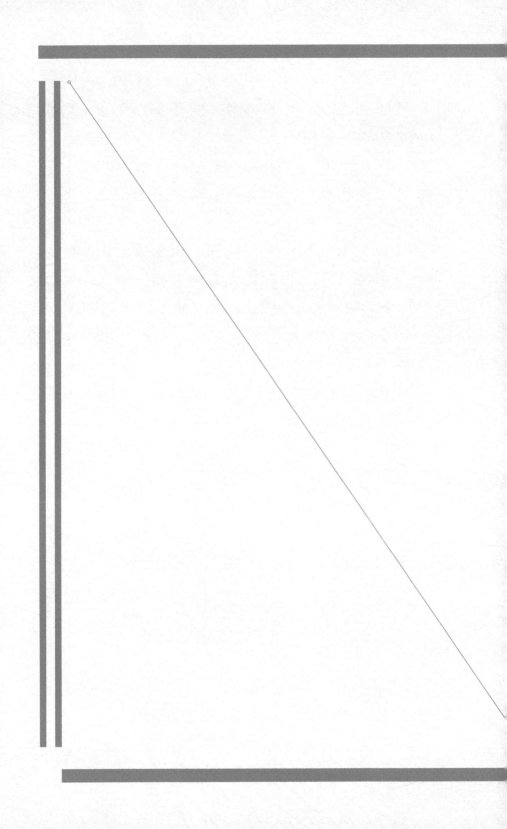

2부

정보의 지도
데이터가 힘이 되려면

5장

이 정보는 얼마인가요?

정보(information)란 무엇일까? 데이터와는 어떻게 다를까? 개념 정의상 데이터는 '잘 정리되지 않은 원천 자료로서 처리 대상이 되는 기록'인 반면, 정보는 '가공 처리하여 유용한 형태로 잘 정리된 것'이라고 정의된다. 그렇다면 "어제 서른아홉 살 에마뉘엘 마크롱(Emmanuel Macron)이 프랑스 새 대통령에 당선됐다"는 뉴스는 데이터인가, 정보인가?

개념 정의와는 다르게 현실에서 데이터와 정보를 구별하기는 쉽지 않다. 특정 기록이나 수치가 원천 자료인지 가공된 것인지를 구분하는 것도 어려울뿐더러 정리된 것과 되지 않은 것의 구분도 쉽지 않기 때문이다.

따라서 데이터와 정보는 유용성을 기준으로 구분하는 것이 훨씬 현실적이다. 그 뉴스가 내게 쓸모 있는 소식이라면 정보, 그렇지 않다면 데이터라고 보는 것이다. '이렇게 생긴 데이터는 데이터고, 저렇게 생긴 데이터는 정보다'라는 판단은 탁상공론(卓上空論)이다. 이제 '유용성의 의미와 실체가 무엇이냐'는 본질적 질문으로 넘어가 보자.

아는 것이 힘이다

: 아는 것이 힘이다. 그런데 정도와 깊이에 따라 힘의 크기는 천차만별이다.

"아는 것이 힘이다." 영국의 철학자 프랜시스 베이컨(Francis Bacon) 이 한 말이다.[1] 베이컨은 이 말을 통해 "자연을 상대하는 존재로서 인 간의 힘은 지식, 즉 아는 것에서부터 나온다"는 메시지를 전하고자 했다. 다시 말하면, "과학과 기술의 증대가 결국 자연에 대한 인간의 지배력을 증대시킨다"는 주장이다.

그러나 본래 의미와는 달리, 현실에서 "아는 것이 힘이다"라는 표 현은 때로는 정치공학적으로, 때로는 상황적으로 심리적 우위를 갖 게 하는 원리로도 인용된다. 가벼운 이야기를 빌려 그런 상황을 한번 그려 보자. 퀴즈 하나. '초등학교 동창 철수와 기철은 길을 지나가다 가 우연히 서로 만났다. 그날 저녁 값은 누가 냈을까?'

이야기는 이렇게 전개된다. 길을 걷다가 두 사람이 마주치게 되었 다. 둘 사이의 거리가 점차 가까워지자, 철수가 먼저 기철을 알아보 았다. "야! 이게 누구야? 기철이구나! 참 오랜만이다. 그래, 요즘 뭐하 고 지내?" 말소리에 놀란 기철은 그가 누구인지 몰라 잠시 머뭇거렸 다. 그러고는 머리를 열심히 굴렸다. "이 친구가 도대체 누구지? 얘기 하는 걸로 봐서는 동창인 것 같은데……." 순간 자신을 빤히 쳐다보 며 반응을 기다리고 있는 그의 표정이 눈에 들어왔다. 긴급 방어 기제가 작동했다. 우선 아는 체는 하고 기회를 봐야겠다고 생각했다. "어? 아, 그래……. 응, 반갑다……." 일단 위기모면용 멘트를 날렸다. 그러고는 다시 '아……. 이 친구가 누구더라?'라고 생각하며 뇌의 해마 깊이 잠재된 기억을 떠올리려 애쓰고 있었다. 그 순간, 머뭇거림을 눈치챘는지, "야, 임마! 나야, 철수! 우리 초등학교 4학년 2반, 같은 반에서 앞뒤로 앉았었는데, 나 기억 안 나냐? 자식!"

상황 종료. 기철은 철수를 기억해 내는 데 실패했고, 그 사실마저 들켰으니 남은 것은 미안해하는 것밖에 없었다. 이후에 전개될 상황은 대충 뻔하다. 기철은 미안한 마음에 저녁이나 먹자고 제안했을 것이고, 그것은 저녁을 내겠다는 의사 표시다. '그날 저녁 값은 누가 냈을까?'라는 퀴즈의 답은 이제 분명해 보인다. 상대방 이름을 기억하지 못한 기철이다. 만약 기철과 철수가 예정된 동창 모임에서 만나기로 되어 있었고 기철이 옛날 기억을 되살리려 졸업 앨범을 한 번쯤 보고 갔다면 이런 불상사는 발생하지 않았으리라.

다른 사례를 살펴보자. 1986년 어느 날 나는 강남 지역에서 운전을 하고 있었다. 당시 내 차는 연식이 오래된 중고차였기에 차에 대한 신뢰가 매우 부족한 상태였다. 신뢰감 부족은 차에 대한 걱정으로 이어져 내 머리를 늘 지배하고 있었기에 나는 언젠가 문제가 생길 거라는 불길한 예상을 하고 있었다. 아니나 다를까, 교차로 신호등 앞에 정차해 있던 내 차는 신호가 바뀌었는데도 꿈쩍하지 않았다. 시동이 꺼져 버린 것이다.

내 뒤에 서 있던 다른 차들은 처음에는 '빵빵' 하며 경적을 울려대

더니, 바로 뒤에 있던 차부터 하나둘씩 차선을 바꿔 나를 지나쳐 가기 시작했다. 예외 없이 나를 째려보면서. 짐작컨내 그들은 모두 운 나쁘게 줄을 잘못 섰다고 투덜대며 그 자리를 떠났을 것이다. 잠시 당황했던 나는 상황의 심각함을 깨닫고 내 뒤쪽의 차들이 모두 떠난 뒤, 해결책을 찾기 시작했다. 차에 비상등을 켜둔 채, 가까운 정비소를 찾아 나섰다. 다행히 멀지 않은 곳에서 정비소를 발견하고 거기에서 구세주를 데려올 수 있었다. 보닛을 열고 안을 들여다본 그 구세주가 내게 던진 말. "제가 차를 고쳐드리면 얼마 주시겠습니까? 5,000원 주시겠습니까?"

사실 말이 5,000원이지, 1980년대에 5,000원은 결코 적은 돈은 아니었다. 그러나 차가 꼼짝하지 않는데, 5,000원이 아니라 5만 원이라도 줘야 할 것 같았다. 생각할 겨를도 없이 나는 주겠다고 했고 그것은 지극히 당연하고 합리적인 의사 결정이었다. 내 말이 떨어지자마자, 그는 엔진룸 속으로 손을 넣었다가 바로 빼곤 시동을 걸어 보라고 했다. 시동이 걸렸다. 뭐가 문제였냐고 물어봤다. 그의 짤막한 대답. "연결신 하나가 빠졌네요. 다시 꼈습니다." 싱거운 상황 해결에 허탈했지만 나는 약속대로 5,000원을 그에게 줄 수밖에 없었다. 안다는 것의 힘을 실감한 사건이었다.

"아는 것이 돈이다?" '경영 정보 시스템'이라는 정보 기술 기반의 새로운 경영 패러다임이 태동할 즈음인 1980년대 초반 얘기다. 애플 (Apple) 컴퓨터가 시장에 등장한 이후 이를 그저 두고 보면 안 되겠고 판단한 IBM이 울며 겨자 먹기로 개인용 컴퓨터를 시장에 내놓았다. IBM이 개방형 아키텍쳐(open architecture)를 채택하면서 개인용 컴퓨터 가격은 매우 저렴해졌고, 기업이 이를 비즈니스에 활용할 수 있는 기회는 크게 늘어났다.

미국의 어느 소형 백화점은 개인용 컴퓨터가 시장에 나타나자 활용 방안을 고민했다. 그러다가 자사 제품을 구매한 고객의 생일을 컴퓨터에 저장해 두었다가 생일을 맞은 고객에게 생일 축하 카드를 보내자는 아이디어를 떠올렸다. 이 행사는 자사 제품을 사 준 고객에게 고마움을 표시하자는 가벼운 생각에서 시작한 이벤트였다. 사전에 계획한 심오한 전략적 의도는 전혀 없었다. 어떤 가시적 변화가 일어날 것이라는 기대 역시 없었다. 그런데 행사가 지속되자 생각지 않던 변화가 나타나기 시작했다. 고객의 재구매율이 높아지면서 매출이 눈에 띄게 늘어난 것이다. 이를 인지한 백화점은 도대체 고객들에게 무슨 일이 일어났는지 살펴보기로 했다. 어느 50대 성인 남성 고객의 경우다.

오늘은 내 생일이다. 정오가 지나고 있는데, 아무 연락이 없다. 타지로 나간 자식들이야 그렇다 하더라도 적어도 아내는 내 생일을 기억하고 있을 텐데……. 출근할 때 아내에게서 아무런 얘기가 없던 것이 불안하긴 하다. 설마……. 저녁에 나를 깜짝 놀래 주려고 모른 척 연기한 거겠지. 아마 지금쯤 나와 함께 할 저녁 생일 파티를 준비하고 있지 않을까?

이런 기대 속에 오후 시간을 보낸 그는 저녁에 퇴근하여 집에 도착해 집 앞 우체통에 와 있는 우편물부터 챙겼다. 다음을 상상하면서. "아내가 내 생일 파티로 깜짝쇼를 준비했다면 어떤 표정을 지어야 할까? '어! 오늘이 내 생일이었어?' 하면서 모른 척 시치미를 떼 볼까? 그러고는 크게 감동한 표정을 지어야겠지?" 한껏 부푼 기대 속에 그는 집안으로 들어섰다. 그러고는 곧 크게 실망하고 말았다. 눈앞에 펼쳐진 집안의 모습은 다른 날과 다르지 않았다. 자존심 때문에 내색할 수는 없었다. 표정을 감추고자 일단 방으로 자리를 피했다. 그 순간 손에 든 우편물 더미 속에서 백화점이 보낸 예쁜 생일 카드를 발견했다. 가슴속 깊은 곳에서 울컥 북받쳐 오르는 느낌을 받았다. '슬픈 감동'이라고나 할까? 어쩌다 들른 백화점이었지만 나를 기억하고 내 생일을 기억해 준 '그'가 너무나 고마웠다. 가족보다 더 낫다는 생각에 일종의 가족애까지 느낀 순간이었다.

비즈니스 세계에서 고객 관계 관리(customer relationship management, CRM)가 정립된 것은 그리 오래되지 않았다. 고객의 생일이나 결혼기념일을 챙겨 주는 것과 같은, 개인 정보에 기반한 맞춤형 서비스를 제공하기 시작한 것은 컴퓨터가 보급된 이후다. 생일 카드 사례에서 보듯, 고객의 개인 정보는 고객과 회사의 관계를 바꿀 힘을 가지고 있다. 물론 정보를 가진 측이 협상에서 우위를 점한다. '아는 것이 곧 협상력, 즉 힘이 된다.' 그런데 고객의 마음을 사로잡은 그 협상력의 증대는 바로 백화점의 매출 증대로 이어지므로 아는 것은 힘일 뿐만 아니라, 때로는 돈도 된다.

이제까지 예로 든 정보의 힘은 비교적 낭만적이었다. 법정에서는 정보가 이보다 훨씬 결정적 역할을, 때로는 치명적인 역할을 하는 경우가 많다. 범죄를 밝혀내는 데 힘을 갖는 정보는, 하나는 증거, 다른 하나는 알리바이다. 증거는 사건 현장에 용의자가 있었다거나 불법 행위를 직접 저질렀다는 사실을 입증하는 단서다. 대표적인 예가 불법 행위를 찍은 CCTV 영상과, 용의자가 남긴 지문이나 현장에서 발견한 머리카락으로부터 추출한 DNA 정보 등이다. 이들 정보는 용의자를 범죄자로 확정 짓기에 결정적이다.

반면 알리바이는 용의자를 범죄 혐의에서 벗어나게 한다는 의미에서 결정적이다. 범죄 혐의를 받는 어떤 용의자가 혐의에서 벗어나기 위해서는 자신이 사건이 일어난 시각에 사건 현장에 없었다는 것을 증명해야 한다. 바로 알리바이를 입증하는 것이다. 당신이 아무런 연관이 없는 어떤 범죄에 누명을 쓰고 형사 고발되었다고 하자. 그런데 당신의 알리바이를 증명해 줄 사람이 아무도 없고 설사 있다 하더라도 찾을 길이 막막하다면 어떻게 할 것인가? 당신은 고민에 고민을 거듭하다가 한 가지 아이디어를 떠올리게 될지 모른다. 스마트폰의 GPS 센서가 해당 시간에 내 위치를 추적하고 있었을 테니, 이 정보를 찾아서 제출하면 될 것이라는 생각이다.

당신은 곧장 당신의 위치 데이터를 가지고 있을 법한 업체를 찾아나선다. 구글은 내 실시간 위치 정보를 가지고 있을 듯하나 내줄 것 같지 않고, 국내 통신사도 관련 정보를 가지고 있을 법한데 기지국 기반의 위치 정보라서 정확도가 떨어질 것이 걱정된다. 당신은 스마트폰 내의 앱 중에서 GPS 위치 정보를 상시 추적하고 있는 앱 공급 업체를 어렵사리 찾는 데 성공한다. 그러고는 그 업체를 찾아가 특정 시각에서의 내 GPS 위치 정보를 제공해 달라고 요청한다. 그런데 이 업체는 대가 없이 정보를 내줄 수 없다며 비용을 요구한다. 당신은 얼마까지 지불할 용의가 있는가? 사실의 기록뿐인 데이터라도 때에 따라 큰 가치를 갖는 정보가 될 수 있다.

승자는 불확실성을 통제하는 자

: 정보가 있어서 우리는 불확실성에 대비할 수 있다.

무기라고는 창과 칼과 방패가 유일했던 옛날 옛적 이야기다. 적군과 아군 사이에 며칠간 계속된 전투는 오후가 되자 잠시 소강 국면에 접어들었다. 정신을 차리고 판세를 살펴보니, 적군은 골짜기에 자리 잡아 진지를 구축하고 있었고 아군은 적군에게 쫓겨 양쪽 산등성이로 양분된 상태였다. 지난 며칠 동안의 처절한 전투 때문에 양측의 인적 손실은 매우 커 현재 생존병은 적군 80여 명, 아군 100여 명이다. 수적으로는 아군이 우세하나 불행하게도 아군은 골짜기를 끼고 양쪽 산등성이에 50명씩 나뉘어 있다.

엎친 데 덮친 격이라고나 할까? 밤이 되자 저 멀리 적군의 지원병이 구축한 진지의 불빛이 눈에 들어온다. 60여 명 규모로 보이는 지원 병력은 동이 트면 골짜기 아래의 적군과 합류할 것임에 틀림없다.

식량은 이미 바닥난 상황이지만 아군 대장 팀 워커는 아직 반격 기회가 남아 있음을 직감한다. 아군이 수적으로 우세한 내일 새벽까지 양쪽 산등성이에 나뉘어 있는 아군이 동시에 적군을 공격할 수만 있다면 승산이 있다는 계산이었다.

자정이 되자 팀 워커는 연락병을 한 명 선발해 "내일 새벽 3시 정각에 적군을 공격한다"는 메시지를 건너편 산등성이의 아군에게 전달하도록 명령한다. 연락병을 보내고 난 뒤, 팀 워커는 전 병력을 소집하여 새벽 3시의 공격 계획을 알렸다. 그 순간 뭔가 불길한 생각이 뇌리를 스쳤다.

'만약 연락병이 적진을 뚫지 못하고 메시지 전달에 실패하면 어떻게 되지? 건너편 아군은 안 움직일 테고 우리만 새벽에 적진으로 내려갔다가 80:50의 수적 열세로 몰살하고 말 것 아닌가?'

공격 계획을 공표하기는 했으나, 막상 실행하려니 여간 고민되는 것이 아니었다.

'가만히 있으면 목숨은 확실하게 부지할 수 있는데, 굳이 몰살의 위험을 안고 공격을 해야 하나?'

워커가 고민에 빠져 있는 동안 연락병은 적진을 뚫고 건너편에 도착했다. 그리고 부대장 칼 스미스에게 워커의 공격 계획을 전달했다. 스미스는 전 병력을 소집하여 새벽 3시의 공격 계획을 알린다. 잠시 후 스미스도 무언가 찜찜한 느낌이 든다. 가만히 생각해 보니, 연락병이 도착한 사실을 모르고 있는 워커가 실제 공격에 나서지 않을지도 모른다는 의심이 드는 것이다. 결국 스미스는 연락병 한 명을 차출하여, "내일 새벽 3시 정각에 적군을 공격한다는 메시지를 잘 전달 받았습니다"라는 메시지를 워커에게 전달토록 명령한다.

그리고 스미스는 다시 생각한다. '내 연락병이 워커에게 잘 도착하면 다행이지만 만일 적진을 건너다가 들키기라도 한다면? 그러면 워커는 아무것도 알 수 없어 결국 공격을 포기하지 않을까? 잘못하면 우리만 새벽에 내려갔다가 몰살하겠는걸. 확신이 안 서는 상태에서 공격했다가 몰살당하느니, 차라리 가만히 있는 게 더 낫겠네.'

스미스가 이 생각에 빠져 있는 동안 그가 보낸 연락병은 워커에게 무사히 도착한다. 그러고는 "내일 새벽 3시 정각에 적군을 공격한다는 메시지를 잘 전달받았다"는 메시지를 전달한다.

워커는 이제 마음을 놓는다. 그러나 그것도 잠시뿐, 자신이 보낸 연락병의 도착 사실을 모를 스미스가 과연 내일 새벽 3시에 실제로 공격을 감행할까 의심이 들기 시작했다. 스미스의 기회주의적 행위를 막으려면 스미스 연락병이 이쪽에 잘 도착했다는 메시지를 다시 스미스에게 전달해야 했다. 그래서 다시 연락병 한 명을 차출하여 "내일 새벽 3시 정각에 적군을 공격한다는 메시지를 잘 전달받았다는 메시지를 잘 전달 받았다"는 메시지를 전달하도록 한다.

이렇게 연락병을 차출하여 보내기를 수차례, 워커와 스미스는 자대의 안전을 확신하지 못해 결국 새벽의 공격 기회를 놓치고 만다. 연락병의 왕복이 반복될수록 건너편 아군 진영이 실제 공격을 감행할 확률은 높아지나, 그렇다고 실제 공격을 감행한다는 것을 100퍼센트 확신할 수는 없다. 정보 전달 채널의 불완전성은 전쟁의 승패를 가르기도 한다.

이 연락병 이야기는 불완전한 전송 채널로 연결된 컴퓨터 통신망에서 데이터 패킷(data packet)의 확실한 전송을 보장하는 통신 규약(communications protocol)을 설계하는 일이 얼마나 어려운 일인지를 설명한다. 정보는 늘 그렇듯 누군가가 전달한 것이다. 정보 뒤에는 늘 정보 매개자가 존재한다. 불완전한 정보 전달 채널은 전달 과정에서 불확실성을 야기해 정보의 가치를 크게 떨어뜨린다.

불확실성이 경제 사회 전반에 미치는 영향은 매우 크다. 그 메커니즘은 이 이야기만큼 그리 단순하지 않다. 정보는 늘 다른 많은 정보와 연결되어 서로 입장을 달리하는 이해관계자들의 다양한 대응 행위를 유발하기 때문이다. 2015년 미국 연방준비제도이사회(Federal Reserve Board, FRB)의 금리 인상 사례를 살펴보자.

2008년 9월 금융 위기 이후 미국은 양적 완화(Quantitative Easing) 정책을 시행해 왔다. 그 결과 미국 경제는 서서히 회복했고, 2013년 5월 FRB 의장인 벤 버냉키(Ben S. Bernanke)는 양적 완화 정책을 점차 축소한다는 일명 테이퍼링(tapering) 계획을 발표했다. 테이퍼링은 2013년, 2014년에 걸쳐 진행될 예정이고 그것이 끝나는 2015년 이후부터 점진적 금리 인상이 이어질 것이라는 내용이었다. 다음은 2015년 4월 어느 증권 분석가가 미국 경제 정책에 따른 우리나라의 시장 변화를 전망한 기사다.[2]

미국의 금리 인상은 2015년 9월쯤 이뤄질 것으로 예상한다. 2015년 5

월부터 미국 금리 인상 시기에 대한 논쟁이 격화되면서 9월까지는 증시가 박스권 흐름을 이어갈 것이다. 미국이 금리 인상을 실행한 이후에는 증시가 상승세를 탈 것으로 전망한다.

2015년 증시 상황은 미국의 금리 인상 이전과 이후가 다를 것이다. 4월까지는 증시가 강세를 보이지만 5월부터 미국 금리 인상 시기에 대해 각종 논쟁이 치열하게 전개될 것이고, 9월까지는 증시가 조정 국면에 들어서면서 약세로 돌아설 수 있다. 미국의 기준 금리 인상은 경기 회복을 의미하기 때문에 증시도 2016년까지 강세를 보일 수 있을 것으로 전망한다. 미국의 기준 금리가 인상되면 정책보다는 경기 상황에 따라 증시가 움직이게 될 것이다.

미국 기준 금리 인상이 국내 증시에 악영향을 미칠 것이라는 전망은 미국 기준 금리 인상 이후 달러화 가치가 상승하고, 달러화 자산 투자를 위해 신흥국 증시에서 자금 유출이 발생할 수 있다는 논리에 기초한다. 그러나 과거 사례를 분석해 보니 미국 금리 인상 이후 오히려 달러화 가치는 소폭 하락했다. 금리 인상 이전에 이미 달러화 가치가 크게 오르기 때문이다. 금리 인상이 단행되면 불확실성이 사라지면서 달러화 가치가 오히려 내려가게 된다. 반면 우리나라는 경상 수지 흑자 지속 등으로 원화 가치는 당분간 강세를 보일 것이다. 미국 금리 인상 이후에도 심각한 자금 유출은 없을 것이다.

경제 이론에 따르면, 미국의 기준 금리가 인상되면 달러화 가치는 상승하고, 달러화 자산 투자를 위해 국내 증시로부터 자금이 유출되어 국내 주식 가격은 하락해야 한다. 그런데 여기에 불확실성이 개입되면 시장은 전혀 다른 방향으로, 심지어 거꾸로 움직이기도 한다. 이 전망 기사에 따르면, '계획 발표'와 '논쟁 격화'는 불확실성을 증가시키고, '기준 금리 인상'과 같은 정책 실행은 불확실성을 감소시킨다. 그 결과 미국의 기준 금리 인상이 계획 단계일 때는 불확실성이 증가해서 달러화 가치는 상승하면서 국내 증시가 약세를 보이나, 막상 금리 인상이 실행되면 불확실성이 감소하면서 달러화 가치는 하락하고 국내 증시는 견고한 장세를 유지한다는 것이다.

불확실성은 우리 세계를 지배하는 가장 큰 요소 중 하나다. 정보의 역할은 기본적으로 불확실성을 줄임으로써 세상의 움직임을 정상적인 궤도로 옮겨 놓는 것이다. 정보를 이용해 불확실성을 잘 통제할 수만 있다면 우리는 전쟁에서 승리를 장담할 수도 있고, 주식 시장에서 돈을 벌 수도 있으며, 국가 경제를 보다 효율적으로 운용할 수도 있다. 기본적으로 불확실성은 해로운 것이다. 정보가 이로운 것은 정보야말로 불확실성을 줄이는 유일한 수단이기 때문이다.

〈윤식당〉으로 알아보는 정보와 생산성의 상관관계

: 정보는 미래 사회에서 생산 활동의 핵심이다.

인간이 하는 활동 중에서 생산만큼 숭고한 것은 없다. 인류의 생존과 번영은 전적으로 생산 활동의 양과 질에 의해 좌우되기 때문이다. 생산의 반대 개념으로 파괴를 얘기하지만 장기적 관점에서 보면 파괴도 다음 세대의 더 나은 삶을 위한 과정이다. 그렇다면 근본적으로 생산이란 어떠한 활동이며 무엇을 목표로 해야 할까?

생산 활동의 기본은 자원이다. 자원은 대개 자연적으로 지구 시스템 내에 존재하는 물질과 동식물, 그리고 지구 외부로부터 공급되는 에너지를 말한다. 생산은 이 자원을 처리, 가공해서 인류가 살아가는 데 필요한 재화, 서비스, 정보와 지식을 만들어 내는 활동이다. 우리는 생산 활동에 쓰이는 각종 자원을 총칭해서 투입(input)이라 하고, 결과물로 만들어지는 재화, 서비스, 정보와 지식을 총칭해서 산출(output)이라 한다.

순수한 의미의 자원 관점에서만 보면, 지구는 하나의 닫힌 시스템(closed system)이다. 즉 지구 시스템 내의 물질이 지구 밖에서 들어오거나 지구 밖으로 나가는 일은 없다. 혹자는 간혹 별똥별이 떨어지지 않느냐고, 그리고 지구에서 우주로 보내는 우주선이나 위성이 있지 않느냐고 항변할지도 모른다. 그러나 그 양은 거의 무시할 수준이어서 지구를 하나의 닫힌 시스템으로 보는 데 무리는 없다.

반면, 에너지 관점에서 보면 지구는 열린 시스템(open system)이다. 지구는 태양으로부터 매시간 일정량의 에너지를 공급받고 있고, 지구로 오는 태양에너지의 일부는 반사되어 다시 우주로 날아가기 때문이다. 적어도 에너지 관점에서는, 지구가 지구 밖 외계 시스템과 교류하고 있기 때문에 지구를 하나의 열린 시스템으로 보는 것은 타당하다. 주의해야 할 것은, 열린 정도가 일방적으로 단위 시간당 일정한 태양에너지를 공급받는 수준이지, 지구에서 에너지 수요가 증가하면 지구 밖으로부터의 에너지 공급이 증가한다는 식의 상호 작용은 존재하지 않는다는 것이다. 열린 시스템이기는 하나 외부로부터의 에너지 공급이 일정량으로 제한된 시스템이다.

지구가 보유하는 자원이 한정되어 있고 지구 밖에서 공급되는 단위 시간당 에너지양이 일정할 때, 생산 활동을 어떻게 해야 할까? 인류의 생존과 번영이 궁극적 목표라면 거기에 필요한 산출은 정해지는 것이고, 우리가 할 수 있는 최선은 필요한 산출을 얻기 위해 투입되어 소모되는 자원의 양을 최소화하는 것이다. 그래야 지구 시스템의 지속 가능성을 유지할 수 있다. 우리가 투입 대비 산출, 즉 생산성의 극대화를 추구하는 것은 지구 시스템의 수명을 연장하기 위한 필수조건이다.

1928년 경제학자 찰스 코브(Charles Cobb)과 폴 더글러스(Paul Douglas)는 1899년부터 1922년까지 미국 경제 성장을 설명하는 모형으로서 코브-더글러스 생산 함수(Cobb-Douglas production function)를 발표했다.[3] 그들은 생산 활동에 투입되는 핵심 요소로 인력과 설비에 주목했고, 그렇게 해서 도출된 생산 함수는 $P=bL^aK^\beta$의 형태를 띠었다. 즉 총생산(P)은 투입 요소인 노동(L)과 자본(K)에 각각 적정 지수를 씌운 후 이들을 곱한 값으로 나타난다는 것이다.

당시의 관심은 총생산이 투입 요소의 변화에 어떻게 반응하는지, 즉 총생산의 요소 탄력성을 파악하는 것이어서, 관심은 온통 노동 탄력성 a와 자본 탄력성 β에 쏠려 있었다. 이러한 경향은 이후 생산 함수에 에너지, 원재료, 서비스 등 투입 요소들이 추가되어도 크게 변하지 않았다. 그러나 20세기 후반에 들어서자 관심은 투입 요소별 탄력성에서 계수값 b로 옮겨 가게 된다. 계수값 b가 국가 간에 크게 다름을 발견하고 그 이유를 따지다가, 단순 계수로만 알았던 값 b가 바로 경제 단위 전체의 생산성을 나타내는 총요소생산성(total factor productivity)임을 깨닫게 된 것이다. 사실 코브-더글라스 생산 함수를 다시 고쳐 쓰면 $b=P/L^aK^\beta$가 되며, b가 총생산(P)을 총투입(L^aK^β)로 나눈 값, 즉 생산성 지표(productivity index)임을 쉽게 알 수 있다.

코브-더글러스 생산 함수 상에서 총요소생산성은 노동과 자본 이외의 다른 모든 유무형 생산 요소의 영향을 반영하고 있어서 단적으로 어느 한 요인이 국가 간 차이를 설명한다고 보기에는 무리가 있다. 기본적으로 노동과 자본의 투입 비율도 다르고, 같은 노동이라도 숙련도가 같지 않으며, 같은 설비라 하더라도 운용 방법은 천차만별이다. 그런데 2000년 이후 글로벌 인터넷 경제가 심화되면서 총요소생산성에 결정적 영향을 미치는 제3의 요인이 나타났다. 바로 정보다.[4]

그 원리를 설명하기 위해 2017년 봄 국내에서 방영된 예능 프로그램 〈윤식당〉을 예로 들어 보자. 인도네시아 발리 근처의 작은 섬에서 문을 연 '윤식당'은 우선 자본으로서 식당 건물을 시간당, 사용 면적당 일정액을 지불하는 방식으로 임차했다. 그리고 노동으로서는 셰프 윤여정과 정유미, 바리스타 이서진, 그리고 알바생 신구를 투입했다. 이들은 매일 재료를 구입하여 불고기 라이스·누들·버거, 그리고 과일 주스를 만들어 관광객에게 판매했다.[5]

시즌1에서 윤식당은 20일 동안 장사를 했고, 그로부터 축적한 데이터를 가지고 시즌1의 생산 함수를 추정했다고 하자. 그 결과 총요소생산성 $b=0.6$, 노동 탄력성 $a=0.5$, 자본 탄력성 $\beta=0.5$를 얻었다. 식당의 임차료는 사용 시간에 관계없이 하루에 1만 원/평이다. 생산 함수에서, 종속 변수인 산출은 시간당 부가 가치, 독립 변수인 투입 자본 K는 시간당 총임차료, 그리고 투입 노동 L은 시간당 투입 인원이다.

여기서 퀴즈 하나. 어느 날 윤식당의 종업원 4명이 모두 나와 16평 규모의 식당에서 오전 11시부터 오후 3시까지 총 4시간 동안 장사를 했다 하자. 당신은 그날 윤식당이 얼마를 벌 것으로 예상하는가?

생산 함수 $P=0.6\times4^{0.5}\times16^{0.5}$로부터 시간당 부가 가치 $P=0.6\times2\times4=4.8$(만 원/시간)이다. 윤식당은 그날 4시간 장사를 했으므로 총부가 가치는 $4.8\times4=19.2$만 원으로 추정된다. 이 금액은 윤식당이 생산 활동을 통해서 버는 순수 부가 가치다. 만일 그날 총재료비로 50만 원이 들어갔다면 '부가 가치=매출액－재료비－임차료'이므로 당일 매출액은 $50+16+19.2=85.2$만 원이 되어야 한다. 즉 당일 윤식당이 가게 면적 16평을 임차해서 50만 원어치의 재료를 조리하여 4시간 장사를 하면 총 85.2만 원의 매출이 예상된다는 것이다. 그런데 여기에서 원가에 해당하는 임차료 64만 원과 재료비 50만 원을 제하면 순수 부가 가치는 19.2만 원이 된다.

시즌1에서 윤식당은 처음 식당을 운영해서 그런지 많은 시행착오를 겪었다. 시즌1에서 가장 어려웠던 문제는 매일 재료를 얼마나 준비해야 하는지를 결정하는 것이었다. 어떤 날은 손님이 많이 올 것으로 예상해서 60만 원 어치의 재료를 준비했는데, 45만 원어치만 소진하고 15만 원어치의 재료는 남아서 버려야 했다. 또 어떤 날은 재료를 50만 원어치 준비했더니, 손님이 너무 많이 몰려와 10명의 손님을 되돌려 보내야 했다. 시즌1이 끝나고 상황을 자세히 분석해 보니 전체 20일 중 10일은 재료가 남았고, 나머지 10일은 손님을 되돌려 보냈다. 재료가 남은 날 버린 재료는 평균 6만 원어치였고, 재료가 부족한 날 손님을 돌려보내서 발생한 기회 손실은 평균 10만 원이었다.

이를 개선하기 위해 〈윤식당〉은 시즌2에서 예약제를 도입하고 동시에 시즌1의 요일별 실적을 가지고 보다 정확히 수요를 예측하기로 마음먹는다. 이를 통해 시즌2에서는 남아서 버리는 재료를 없애고, 손님을 돌려보내는 일도 없애는 데 성공한다면 시즌2의 생산 함수는 어떻게 될까? 시즌1과 같이 하루 4시간 장사할 때, 남아서 버리는 재료는 일평균 3만 원, 손님을 돌려보내서 발생하는 기회 손실은 일평균 5만 원으로 줄었다고 가정해 보자. 그럴 경우, 같은 상황에서 순수 부가 가치는 하루 영업 시간 4시간 동안 8만 원, 시간당 2만 원이 증가한다고 예상할 수 있다. 따라서 시즌2의 총요소생산성은 $4.8+2 = b \times 4^{0.5} \times 16^{0.5}$로부터 $b = 0.85$가 된다. 윤식당은 시즌2에서 예약제의 도입과 수요 예측을 통한 수요 정보의 확보만으로 자신의 총요소생산성을 0.6에서 0.85로 42퍼센트 증가시킬 수 있다.

이 〈윤식당〉 사례를 통해서 우리는 매우 중요한 사실을 깨닫게 된다. 현실의 경제 시스템에서 생산성은 생산 함수에서 L이나 K와 같이 명시적으로 나타나는 것이 아니라, 그 내부 메커니즘이 전혀 보이지 않는 계수 b, 즉 총요소생산성에 숨어 있다. 그리고 생산성을 좌우하는 요인 중에서 가장 큰 역할을 하는 것이 바로 보이지 않는 정보라는 사실이다. 만약 시즌2에서 셰프인 윤여정과 정유미가 다른 식당에서 디저트로 빙수가 잘 팔린다는 정보를 입수하여 메뉴에 추가함으로써 이익을 더 많이 남기는 데 성공한다면, 이것 역시 정보가 총요소생산성의 증가에 기여하는 사례가 된다.

〈윤식당〉 사례를 통해 우리는 우리 눈에 보이지 않는 정보가 어느 생산 요소보다도 더 중요한 역할을 함을 알 수 있었다. 우리는 앞서 생일 카드 사례를 통해서 고객에 관한 정보의 활용이 어떻게 매출을 증가시키는지 살펴보았다. 이외에 요즘 전자 상거래 사이트에서 연관 상품 추천을 통해서 매출을 증대시키는 것이나 관광지에 특색 있는 스토리를 입혀서 관광객을 많이 모집하는 것도 정보를 활용해서 생산성을 증가시키는 또 다른 사례다.

인간 활동 중에서 생산만큼 숭고한 것은 없다. 그 숭고한 활동에 가장 큰 기여를 하는 것이 정보이기에, 정보의 투입을 늘려 생산성의 획기적 증대를 꾀하는 것이야말로 생산 활동의 핵심이라고 할 것이다. 정보가 보이지 않는 제3의 생산 요소인 이유는 바로 여기에 있다.

나비 효과

: 정보 없는 자율 조종은 없다.

'자율 조종', 일상에서 잘 쓰지 않는 말이다. 그러나 이것은 우리 주위에 늘 존재하는 시스템들의 특성 중 하나다. 당신이 무더운 여행지의 어느 호텔 방에 들어섰다 하자. 들어서자마자 당신은 실내 온도를 쾌적한 섭씨 24도로 맞추어 놓는다. 외부 온도가 섭씨 30도에 육박하는 여름, 당신이 머무는 그 호텔 방은 어떠한 자율 조종 시스템으로 실내 온도를 섭씨 24도 내외로 조절할까?

그러자면 우선 방에 에어컨이 있어야 한다. 그리고 온도계가 필요하다. 온도를 조절하려면 현재 온도가 몇 도인지를 알려주어야 한다. 자율 온도 조절 시스템의 작동 원리는 매우 간단하다. 온도계가 측정한 실내 온도가 섭씨 24도보다 높으면 에어컨을 켜고 섭씨 24도보다 낮으면 에어컨을 끄면 된다.

이 자율 조종 시스템에서 온도계가 온도 정보를 전달하는 주기가 달라지면 온도는 어떻게 변할까? 우선 호텔 방의 단열재 덕분에 방이 데워지는 속도는 매우 더뎌 1도 올라가는 데 4분, 즉 0.25도 올라가는 데 1분이 걸린다. 반면, 에어컨의 성능은 매우 좋아 1도 낮추는 데 2분, 즉 0.5도 낮추는 데 1분이 걸린다. 호텔 방이 실내 온도를 10분마다 측정하여 제어 시스템을 운용한다고 할 때 호텔 방의 온도 변화를 한번 살펴보자.

당신이 방에 들어가서 목표 온도를 24도로 맞춘 시각은 오후 1시 정각이고, 그 시각의 실내 온도는 28도다. 온도계가 그 정보를 시스템에 전달하면 바로 에어컨이 작동된다. 목표가 24도이니, 에어컨이 실내 온도를 목표 온도까지 낮추는 데는 8분이 소요되어 정확히 1시 8분에 24도가 된다. 그런데 온도계가 10분마다 실내 온도를 측정하므로 1시 8분에 실내 온도가 24도까지 내려가도 시스템은 이를 인지하지 못한다.

1시 10분이 되자 비로소 온도계는 실내 온도가 23도임을 보고한다. 시스템은 실내 온도가 목표 온도보다 낮음을 알고 에어컨 가동을 중지시킨다. 그러자 실내 온도가 다시 서서히 올라간다. 온도계가 다시 온도를 측정하는 1시 20분, 실내 온도는 2.5도 올라서 25.5도에 도달한다. 실내 온도가 목표 온도보다 높아 에어컨이 다시 가동되자 1시 30분 실내 온도는 20.5도까지 내려간다. 에어컨 가동은 다시 중지되고 1시 40분에 실내 온도는 23도가 된다. 여전히 실내 온도가 목표 온도보다 낮아 에어컨은 켜지지 않고 1시 50분까지 실내 온도는 25.5도로 올라간다.

이런 방식으로 실내 온도는 계속 제어되어 오후 1시 이후 매 10분

단위로 실내 온도는 28도, 23도, 25.5도, 20.5도, 23도, 25.5도, 20.5도, 23도, 25.5도, ……로 변한다. 온도 조절 기능의 정확도는 많이 떨어져서 실내 온도는 목표 온도 24도를 사이에 두고 20.5도와 25.5도 사이를 왔다 갔다 한다. 실내 온도의 변동폭이 5도나 된다는 얘기다.

그렇다면 온도계의 측정 주기를 2분으로 줄이면 어떻게 될까? 2분이면 온도 상승 시 0.5도 오르고, 온도 하강 시 1도 내려간다. 같은 방식으로 추론하면, 오후 1시 이후 2분 단위로 실내 온도는 28도, 27도, 26도, 25도, 24도, 24.5도, 23.5도, 24도, 24.5도, 23.5도, 24도, 24.5도, 23.5도, ……로 변한다. 온도 측정 주기가 10분에서 2분으로 줄어듦에 따라 실내 온도의 변동폭이 5도에서 1도로 감소한다. 자율 조종 시스템에서 정보를 측정하여 전달하는 주기에 따라 시스템 조종의 정확도가 크게 달라졌다.

그러면 상황을 조금 변화시켜 온도계가 온도를 측정할 때 오차가 발생하는 상황을 가정해 보자. 온도계의 온도 측정 오차가 ±2도 발생한다면 어떻게 될까? 실제 온도는 23도인데 25도로 잘못 측정해서 에어컨이 작동하고 그 결과 실내 온도가 18도까지 떨어지는 일도 발생할 것이다. 혹은 실제 온도가 25도인데 23도로 잘못 측정해서 실내 온도가 27.5도까지 상승하는 일도 발생할 것이다. 정보의 보고 주기가 길어짐과 동시에 정보의 정확도 자체가 떨어지면 조종의 부정확도와 편차는 그만큼 배가된다.

우리 주변에는 자연적이든 인공적이든 매우 많은 자율 조종 시스템이 작동하고 있다. 경제 사회 시스템은 이른바 '보이지 않는 손'에 의한 시장 조절 기능, 즉 수요 공급 메커니즘이 작동하는 자연적인 자율 조종 시스템이다. 이런 시스템은 제어의 부정확도가 커질수록 불안정해져서 때로는 시스템 붕괴로 이어질 수도 있다. 자동차는 말할 것도 없고, 드론과 같은 비행체는 매우 정교한 제어를 요하는 인공 자율 조종 시스템이다.

스마트폰으로 원격 조종하는 경주 드론을 예로 들어 보자. 당신은 드론으로부터 최대 500미터 떨어진 장소에서 드론을 조종하고 있다. 드론이 실시간으로 촬영하는 전방 영상이 당신의 스마트폰으로 전달되는 데 0.1초가 소요되고 당신이 조종간을 움직였을 때 그 명령이 드론에 반영되는 데 0.2초가 걸린다고 하자. 그런데 드론의 비행 속도가 초당 20미터라면 드론의 제어 편차는 지연 시간 0.3초(=0.1초+0.2초) 동안 움직이는 거리, 약 6미터다. 경주가 벌어지는 장소가 숲속이어서 나무 사이 간격이 3미터에 불과한 경우도 있다면 당신의 드론은 경기 도중 장애물에 부딪혀 추락하고 말 것이다. 초당 20미터를 움직이는 드론의 제어 편차를 1미터 이내에서 통제하려면 정보 전달 지연 시간은 0.05초 이내여야 한다. 이러한 정보 전달 지연 시간을 전문 용어로 '레이턴시(latency)'라고 한다. 요즘 점점 더 짧은 레이턴시를 요구하는 응용 사례가 늘어남에 따라 이동 통신에서 5G 네트워크의 필요성이 점차 증가하고 있다.

이렇듯 실시간 자율 조종 시스템이 요구하는 정보는 정확성과 지연 시간 면에서 매우 엄격한 요건을 충족시켜야 한다. 호텔 방 사례에서 온도 편차를 1도 이내로 유지하려면 최소 2분마다 온도가 정확하게 측정되어야 하며, 초속 20미터로 비행하는 경주 드론의 경우 지연 시간 0.05초 이내로 정확하게 제어되어야 한다. 그렇지 못하면, 호텔은 고객이 요구하는 서비스 수준을 충족하지 못해서 고객의 불만을 살 것이며, 경주 드론은 추락의 위험을 감수해야 한다.

그러나 예로 든 두 가지 사례는 조종의 부정확도가 높다 하더라도 우리 삶에 치명적 영향을 줄 정도는 아니다. 호텔 방의 온도 조절 시스템이 엉망이라고 해서 호텔이 곧 망하지는 않을 것이고, 경주 드론이 정보 전달상의 지연으로 인해 제어가 잘 되지 않아도 경기에서 지면 그뿐이다. 그러나 그것이 우리가 살고 있는 지구촌 경제 사회의 기반 구조라면 얘기가 달라진다.

2003년 8월 14일 오후 4시 미국 북동부에서 대규모 정전 사태가 발생했다.[6] 일부 지역에서는 7시간 만에 전기가 다시 들어왔으나, 많은 지역에서 이틀 이상 정전이 계속되었고 외곽 지역에서는 1주일가량 정전이 지속된 경우도 있었다. 대규모 정전으로 미국 북동부 8개 주에서 4,500만 명, 캐나다 온타리오에서 약 1,000만 명이 고통을 겪었고, 경제적 피해액은 64억 달러, 우리 돈으로 환산하면 약 7.7조에 달했다.[7]

사고의 발생과 전개 과정은 이랬다. 8월 14일 정오, 인디애나 주 전력 회사인 마이소(Midwest Independent System Operator, MISO)의 전력 감시 장치 내의 전력계측기 하나가 고장났다. 마이소는 바로 계측기를 수리했으나 수리 후 전력 감시 장치를 켜는 것을 깜박 잊고 말았다. 오후 1시 반, 오하이오 주 전력 회사인 퍼스트에너지(FirstEnergy)가 소유한 발전소 하나가 멈추고, 오후 2시에는 같은 회사 관제 센터의 경보 시스템이 고장났다. 오후 3시가 지나자 오하이오 북서부의 34.5 만 볼트 전선 하나가 과부하로 늘어지면서 나무에 닿아 합선이 일어났다. 합선으로 전압이 떨어지자 시스템은 그 전력선을 자동 차단했고 차단된 전기는 다른 34.5만 볼트 전력선으로 우회되었다. 그런데 우회된 전기는 다시 우회 전력선에 추가의 부하를 주게 되었고, 이후 우회 전력선이 늘어져서 나무에 닿는 일이 연쇄적으로 일어났다. 4시에는 연쇄 반응이 파급되어 북쪽 클리블랜드로 가는 34.5만 볼트 전력선 세 개에 과부하가 걸렸다. 이러한 과부하는 2기가와트(GW) 고전압선으로 옮겨 가 전압 하강을 유발했고, 4시 10분이 지났을 때 전압 하강에 따른 전력 차단은 북동부 전역으로 확대되었다. 매우 빠른 속도로 일어난 이 연쇄 반응은 4시에 시작에서 4시 13분까지 약 13분에 걸쳐 일어났고, 그 사이에 256개의 발전소가 전력선으로부터 격리 조치되었다. 아이러니한 것은 연쇄 반응의 대부분은 발전기를 보호하도록 설계된 자동 통제 시스템에 의해 일어났다는 사실이다.

사태를 수습한 후 미국과 캐나다는 합동으로 조사위원회를 조직, 원인을 조사하여 2004년 2월 조사 결과를 발표했다. 위원회는 그 원인으로 다음 네 가지를 지목했다.

- 퍼스트에너지의 관제 시스템은 전압 불안정에 대해 제대로 작동하지 않았다.

- 퍼스트에너지는 자사의 전력 감시 장치가 고장 났을 때 어떠한 파급 효과가 일어나는지에 대한 인식이나 이해가 전혀 없었다.
- 퍼스트에너지는 자사의 전선이 지나가는 지역에서 자라는 나무에 대해 전혀 정보가 없었다.
- 수십 개의 전력 회사와 발전소가 상호 연결하여 운용하는 전력 그리드(power grid)가 실시간 상황 변화에 효과적으로 대처하도록 관리하는 조직과 프로세스가 없었다.

결국 전선이 지나가는 길에 있는 높은 나무를 평상시에 잘 잘라 주었거나, 전압 불안정에 대해 충분히 유연하게 반응하도록 관제 시스템을 잘 설계했거나, 퍼스트에너지 오하이오 관제 센터의 경보 시스템 내에 소프트웨어 버그가 없었거나, 이 중 한 가지만 충족되었어도 7.7조 원에 달하는 피해는 막을 수 있었다. 이 중 첫 두 개는 현실적으로 어렵다 하더라도, 마지막 요인인 경보 시스템만 제대로 작동했어도 운용 요원이 상황의 심각성을 제대로 인지했을 것이다. 그랬다면 정전 사태를 작은 지역 내에서 통제할 수 있었다. 이 사례는 전력 그리드와 같은 대규모 자율 조종 시스템에서 정보 전달이 원활하지 못할 때 그것이 얼마나 큰 경제적 손실로 이어질 수 있는지를 잘 보여 준다.

정보의 부족이나 차단이 경제 사회 시스템에서 큰 손실로 이어지는 사례는 그밖에도 많다. 2008년의 세계 금융 위기도 따지고 보면 미국의 '비우량 주택 담보 대출'을 기반으로 연쇄적으로 판매한 파생 상품에서 비롯되었다. 그 규모가 알 수 없을 만큼 커졌음에도 불구하고, 그에 내재된 위험을 외면하고 방치해서 일어난 일이었다. 시장 위험을 제대로 모니터링하지 않아 정보가 없는 상태에서, 투자 은행들이 단기 이익 추구에 눈이 멀어 앞뒤 따지지 않고 달려든 것이 화근이었다.

유사한 국내 사례로는 한진해운 사태가 있다. 한진해운은 2015년 매출액 7.7조를 달성, 2016년 현재 국내 1위, 세계 7위의 해운사였다. 그러나 2008년 세계 금융 위기 이후 심한 불경기를 겪으면서 부채 비율이 847퍼센트에 달할 정도로 부실해졌다. 누적된 적자를 더이상 견딜 수 없었던 한진해운은 2016년 8월 30일 법정 관리를 신청했다. 이후 회생 절차 마련에 실패하여 결국 2017년 2월 17일 법원으로부터 최종 청산 선고를 받았다.

사실 수출 비중이 높은 우리나라에서 한진해운이 가지고 있던 전략적 가치는 매우 컸다. 2015년 매출 7.7조 원에서 만들어 낸 순이익은 30억 원에 불과했지만, 한국선주협회가 추산한 한진해운 생태계의 가치는 17조 원을 넘었다. 선박 관리, 보험, 터미널, 항만, 예·도선, 환적 화물 처리, 무역업 파급 등에 걸쳐 추산한 이 금액은 한진해운이 청산되는 순간 청산 손실로 이어진다. 반면 회생 절차를 진행하기 위해 필요한 자금은 당시 약 1조 2,000억 원으로 추정되었는데, 선사와의 용선료 조정, 산업은행의 보증, 한진해운의 유상 증자, 채권단의 추가 지원을 전제로 한 계산이었다.[8] 정리하면, 이해관계자 간의 협상을 통해 지원금 1조 2,000억 원을 마련해 회생 프로그램을 잘 실행하면 해운 생태계가 전반적으로 입을 17조 원의 피해를 피할 수 있다는 것이었다.

손해가 나더라도 더 큰 손해를 막기 위해 투자하는 경우를 학술 용어로는 '전략적 필요(strategic necessity)'라고 한다. 일상 용어로 번역하면 '울며 겨자 먹기'쯤에 해당한다. 그렇다면 전략적 필요에 따라 1조 2,000억을 투자해서 17조의 피해를 예방할 수 있다면 분명 타당하고 바람직한 투자인데, 왜 현실에서는 청산이라는 매우 극단적인 선택을 하게 되었을까?

그 이유는 1조 2,000억 원을 손해 보는 주체와 17조 원의 피해를 보는 주체가 서로 다르기 때문이다. 1조 2,000억 원은 의사 결정자, 즉 회사, 채권단, 투자자에게 직접 발생하는 손해인 반면, 17조 원은 제3자 영역에서 발생하는 피해다. 이런 경우에 의사 결정자는 자신의 손해만을 계산해서 선택을 하지, 생태계 전체적 관점에서 손익 계산을 할 리 만무하다. 이러한 상황이라면 '합리성에 반하는 시장의 역선택'을 피하기 위해 정부가 보다 적극적으로 나서야 했다. 그러나 당시에 과연 누가 정부에 17조 원에 달하는 사회적 비용의 발생 가능성을 제대로 경고했을까?

관점을 돌려 한진해운 사태의 원인을 내부에서 찾아보면, 한진해운이 직접 책임져야 할 매우 타당한 다른 이유를 찾을 수 있다. 전문가들의 분석에 따르면, 한진해운은 해운업이 호황이던 2000년대 전반에 매우 비싼 용선료를 지불하는 장기 계약을 선사와 체결했다. 남의 배를 빌려 해상 운송 사업을 하면서 배를 비싸게 빌리면 수익성이 떨어지는 것은 당연했다. 시장이 계속 호황이었다면 높은 용선료를 감당할 수 있었겠으나, 2008년 이후 시장은 불황기로 접어들어 높은 용선료를 감당하지 못했다. 만일 한진해운이 장기 예측을 통해 시장 수요 변화에 유연하게 대응토록 용선료 계약을 체결했다면 어쩌면 회사가 영구적으로 청산되는 사태는 피할 수 있었을지도 모른다.

경제 사회 기반 구조인 전력망이나 산업 생태계는 한번 무너지면 상당 기간 회복이 지연되거나 경우에 따라서는 회복 자체가 불가능하다. 미국 북동부 대규모 정전 사태와 국내 한진해운 사태는 그 사실을 잘 보여 준다. 그런데 그러한 자율 조종 시스템의 붕괴를 가져오는 원인이 일시적 정보 부족이나 차단인 점을 감안하면 정확한 정보를 적시에 제공하는 일이 얼마나 중요한 일인지를 깨닫게 된다. 경제 사회 시스템에서 정보의 중요성은 아무리 강조해도 지나치지 않다.

6장

정보의 지도를 그리는 법

'나'는 어디에 서 있는가

: 세상은 어디에서 바라보느냐에 따라 전혀 다르게 보인다.

이제까지 정보의 중요성에 대해 살펴보았다. 그러면 그렇게 중요한 정보를 어떻게 하면 체계적으로 탐색할 수 있을까? 우선 두 가지를 명확히 해야 한다. 하나는 탐색 대상, 다른 하나는 관점이다. 정보를 탐색할 때 탐색 대상 전체를 조사할 수도 있으나, 범위를 좁혀 조사할 수도 있다. 정보 탐색 대상의 특정 범위를 정하는 것은 정보 탐색의 표적을 설정하는 과정이다.

대상을 정하고 나면 그 다음에는 관점이 필요하다. 대상을 바라보는 관점은 사람마다 다르다. 우리가 사는 세상이 정보 탐색의 대상이라면, 관점은 우리의 세계관이다. 사람마다 세상을 바라보는 관점, 즉 세계관이 다르기에 세상의 모습은 사람마다 다르게 비친다. '데이터는 어디에서 오는가?'라는 질문에 '관찰자의 마음'이라 답한 것도 사실은 이 때문이다. 정보 탐색에 있어서 표적을 정하는 것은 비교적 쉬우나, 관점을 통일하는 것은 그래서 매우 어렵다.

내가 우주에 관심이 있다고 하자. 그러면 가장 먼저 정보 탐색의 대상을 정해야 한다. 그 대상이 우주 전체인지, 우리가 살고 있는 은하인지, 은하에 속하는 태양계인지를 분명히 해야 한다. 우주가 1,000억 개의 은하로 구성되어 있고, 각 은하는 다시 수천억 개의 항성으로 구성되어 있다면, 정보 탐색의 대상을 정하는 것은 우주의 계층 구조에서 특정 계층을 지목하는 것과 동일하다. 계층 구조를 갖는 세상에서는 특정 계층을 지목함으로써 정보 탐색의 범위를 정할 수 있다. 예컨대 은하 계층을 지목한다는 것은 관찰 대상이 은하라는 것을 의미한다.

그런데 '그 우주를 어떠한 관점에서 바라볼 것인가?'로 넘어가면 문제가 복잡해진다. 우리가 은하 계층을 관찰 대상으로 정했다 해도 은하가 어떻게 생겼는지 구조적 관점에서 볼 수도 있고, 은하를 구성하는 항성과 행성의 탄생, 소멸과 같은 진화적 관점에서 볼 수도 있으며, 은하를 구성하는 물질의 질량과 에너지의 분포와 같은 통계적 관점에서 볼 수도 있다. 같은 은하라고 해도 보는 관점에 따라 전혀 다른 모습의 은하를 보게 된다. 이러한 관점들은 대상을 바라보는 내용을 규정한다는 점에서 내용적 관점이다.

내용적 관점과 대비되는 것으로 형식적 관점이 있다. 관찰 주체로서의 '나'의 정체성을 바라보는 것이 형식적 관점이다. 형식적 관점에 해당하는 '나'의 정체성은 정보 탐색의 대상을 정하면서 결정된다. 은하를 바라보는 '나'와 사회생활 속에서 직장인으로서의 '나'는 엄연히 다르다. 직장인으로서의 '나'는 소설가로 활동하고 있는 친구와 다르나, 은하를 바라보는 '나'와 소설가의 친구인 '나'는 크게 다르지 않다. '나'에게는 수많은 정체성이 있어서, 인류로서의 '나'도 있고, 대한민국 국민으로서의 '나'도 있으며, 교수로서의 '나', 아빠로서의 '나'도 있다. 은하를 바라보는 나는 인류로서의 '나'일 가능성이 높고, 인류로서의 '나'의 정체성은 바로 은하를 바라보는 나의 형식적 관점이다.

결국 정보를 탐색하고자 할 때, 서로 연관된 세 가지를 명확히 하고 출발하는 것이 좋다. 첫째는 정보 탐색의 대상을 정하고, 둘째는 정보 탐색의 관점을 정하며, 셋째는 이를 결정할 주체로서의 '나'를 정의하는 것이다. 이 세 가지는 서로 밀접하게 얽혀 있어, 어느 한 가지도 따로 떼어낼 수 없다. 은하를 바라보는 '나'는 사색하는 동물로서의 '보편적 인간'이며 자연의 비밀을 탐구하고자 하는 호기심을 가지고 은하를 바라본다. 그렇기에 그가 특별히 대한민국 국민일 필요도 없고, 교수라는 특별한 직업을 가질 이유도 없다. 우리가 정보 탐색의 대상을 은하로 정하는 순간, 그 대상을 바라보는 인간의 정체성과 정보 탐색의 형식적 관점이 동시에 결정되는 것이다.

그러면 우리가 살고 있는 경제 사회 시스템을 한번 살펴보자. 우리가 경제 사회 구조를 바라볼 때, 가장 크게 나누는 구분은 거시와 미시다. 이 이분법적 계층 구분은 다분히 상대적이다. 지구촌은 인간에게 거시 세계임에 틀림없으나, 우주적 관점에서 지구 시스템은 극히 작은 미시 세계에 불과하다. 반면 낙동강 하구의 어느 풀밭은 정말로 보잘것없는 미시 중에 미시 세계인지는 몰라도 그 속에서 생활하는 개미나 박테리아에게는 그야말로 거시 중에 거시 세계일 수도 있다.

그렇다면 의문이 생긴다. 이렇게 구분이 유동적이라면 도대체 거시와 미시를 구분하는 이유는 무엇인가? 거시와 미시를 구분해서 뭐 하냐는 불만을 제기할 수도 있다. 그래서 거시와 미시를 구분하는 기준으로서 관점이 필요하다. 예를 들어, 나의 형식적 관점이 회사라면 내가 개인이라 할지라도 나는 우리 회사를 대표한다. '나'는 곧 '나의 회사'라는 말이다.

나의 형식적 관점, 즉 정체성이 결정되면 미시 세계는 쉽게 정의할 수 있다. 미시 세계란 나와 상호 작용을 하는 개체들로 구성된 세계를 말한다. 내가 KT 소속이라면 KT와 거래하거나 경쟁하는 기업이나 조직은 모두 미시 세계의 구성원이다. 반면 거시 세계는 그 미시 세계의 구성원들에게 공통적으로 영향을 미치는 외부 세계를 지칭한다. KT가 한국 시장에서 SK텔레콤, LG유플러스와 경쟁을 하는데, 4차 산업 혁명의 도래가 이들 모두에게 영향을 미친다면 4차 산업 혁명의 도래는 이들에게 거시 세계라는 말이다.

여기서 한 가지 더 중요한 개념이 필요한데, 바로 자율 의지 또는 통제권이다. 미시 세계와 거시 세계를 바라보는 '나'는 세상을 바라보는 주체이면서, 동시에 자율 의지를 가지고 나 자신에 대해 통제권을 행사하는 주체다. 내가 KT 소속이라면 나는 KT를 둘러싸고 있는 미시 세계와의 상호 작용을 결정하는 자율 의지를 가진 주체라는 것이다. 미시 세계에서 나와 상호 작용하는 상대방을 직접 조종할 수는 없지만, 상호 작용을 어떻게 할지는 스스로 결정할 수 있다. KT 소속인 내가 SK텔레콤이나 LG유플러스의 상품 가격을 직접 결정하지는 못하지만, 그들의 상품 가격 변화에 대응해서 내 상품 가격을 자율적으로 조정할 수는 있다.

그림 8은 이러한 관점에서 우리의 경제 사회 시스템을 '나'와 미시 환경, 거시 환경으로 계층화하여 도식화한 것이다. 이 그림에서 정보 탐색의 주체인 나는 기업이고, 나와 상호 작용하는 미시 환경에서의 플레이어는 공급자, 고객, 경쟁자, 신규 진입자, 대체재다. 미시 환경에서의 플레이어는 관점에 따라 다를 수 있으나 여기에서는 편의상 경영 전략의 권위자인 마이클 포터(Michael Porter)가 제시한 다섯 가지 경쟁 세력 모형(five forces model)을 준용했다.[1]

공급자는 내게 부품이나 자원이나 기술을 공급하는 업체들이고, 경쟁자는 나와 같은 고객을 두고 상호 경쟁하는 사업자들이다. 신규 진입자는 아직 시장에 진입하지 않았으나 조만간 진입하여 나와 경쟁할 것이 예상되는 잠재적 사업자다. 대체재는 장기적으로 나와 나의 경쟁자가 활동하는 시장 자체를 대체할 이종 제품이나 서비스의 출시 가능성을 말한다.

그러면 미시 환경의 플레이어들에게 공통적으로 영향을 미치는 거시 환경은 무엇일까? 가장 많이 언급되는 거시 환경으로 STEEPLE가 있다.[2] 이는 사회(Society), 기술(Technology), 경제(Economy), 환경

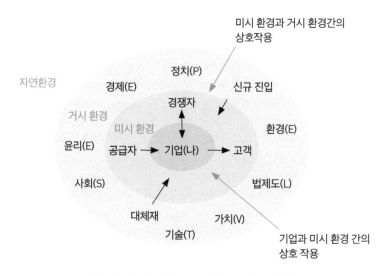

그림 8 나, 미시 환경, 거시 환경으로 구성된 경제 사회 시스템 모형

(Environment), 정치(Politics), 법제도(Law), 윤리(Ethics) 요소를 총칭한다. 윤리는 간혹 가치(Value)의 동의어나 유사어로 해석되며 사회 전반에 퍼져 있는 가치 규범을 지칭하기도 한다. 이를 모두 포함해 거시 환경을 총칭하면 'STEEPLEV'가 된다.

그렇다면 거시 환경 외부에는 무엇이 존재할까? 우리의 경제 사회 시스템을 둘러싸고 있는 자연환경이 여기에 해당한다. 결국 그림 8은 우리의 경제 사회 시스템을 크게 네 계층으로 인식한 것으로서 최상위 계층에 자연환경, 그 아래 거시 환경, 그 아래에 미시 환경, 그리고 가장 하위에 기업으로서의 '나'를 배치하고 있다. 상호 작용은 계층 간에 이루어져 나와 미시 환경 사이에, 그리고 미시 환경과 거시환경 사이에, 더 나아가서는 거시 환경과 자연환경 사이에 일어난다.

재미있는 것은 계층의 경계에서 일어나는 상호 작용이 방향성을 갖는다는 사실이다. 상위 계층에서 하위 계층으로 작용하는 상호 작용은 제약 조건이고, 하위 계층에서 상위 계층으로 작용하는 상호 작용은 영향이다. 즉 미시 환경에서 공급자, 경쟁자, 고객, 신규 진입자, 대체재의 존재와 행위는 나에게 하나의 주어진 제약 조건이고, 그에 대응하는 나의 행동은 다시 그들에게 영향을 미친다. 한 계층 위로는 거시 환경의 STEEPLEV가 미시 환경의 플레이어들에게는 주어진 조건 또는 제약 조건이지만, 그 조건하에 미시 환경의 플레이어들이 함께 만들어 내는 성과는 위로 거시 환경에 영향을 미친다.

이쯤에서 일부 독자는 모르는 사이에 바뀌어 버린 용어를 인지했을지 모르겠다. 언제부턴가 '미시 세계', '거시 세계'라는 용어가 갑자기 '미시 환경', '거시 환경'으로 바뀐 것 말이다. 이미 언급했듯이 세상을 바라보는 관점에서 가장 중요한 것은 내가 어떠한 형식적 관점을 가지고 세상을 보느냐다. 내가 기업이라는 형식적 관점을 가지고 바라볼 때, 미시 세계의 플레이어인 공급자, 경쟁자, 고객, 신규 진입자, 대체재는 각자 자율 의지를 가진 개체들이다. 따라서 나는 그들의 의사 결정이나 행위에 반응할 뿐 그들을 직접 통제할 수는 없다. 우리가 직접 통제하지 못하고, 단지 주어진 조건으로 받아들여야 하는 대상을 학술 용어로 '환경'이라고 한다. 미시 세계, 거시 세계가 하나의 주어진 조건으로 인지되는 순간 그들은 미시 환경, 거시 환경이 된다.

내가 국내 통신 시장의 법제도와 게임 규칙을 결정하는 과학기술

정보통신부의 장관이라고 가정해 보자. 장관이 바라보는 통신 시장은 통신 사업자가 바라보는 통신 시장과 전혀 다르다. 통신 시장은 통신 사업자들에게는 서로 경쟁하는 해야 하는 주어진 미시 환경이지만, 과학기술정보통신부 장관에게는 건강하고 활력있는 경쟁 여건을 보장해야 하는 설계 대상으로서의 비즈니스 서식지다. 이 경우, 과학기술정보통신부 장관에게 그림 8의 미시 세계는 어느 정도 자신의 정책 통제권 내에 들어오게 되고 거시 환경인 STEEPLEV는 미시 환경으로 바뀐다. 경제 사회 시스템을 바라보는 형식적 관점, 즉 나를 어느 계층을 대표하는 자율적 존재로 규정하느냐에 따라 생태계의 각 계층은 '나' 자신이 될 수도 있고 나를 제약하는 환경이 될 수도 있다.

'나'는 어떤 경쟁 관계를 맺고 있는가

: 마이클 포터의 경쟁 세력 모형은 미시 환경을 바라보는 좋은 관점이다.

환경은 늘 그렇듯 우리의 핵심적 관심 대상이다. 나의 생각과 행위를 구속하는 조건이기 때문이다. 내가 정보를 탐색하고자 한다면 내가 접촉하고 거래하며 때로는 내 생활에 깊이 관여하고 있는 상대, 즉 미시 환경에서의 플레이어들이 일차적 관심 대상이 된다. 골목에서 장사를 하는 소상공인에게 동네에 대형 마트가 새로 들어올 것이라는 소문은 매우 위협적인 정보다. 또한 삼계탕 가게를 하는 나에게 시장에서 파는 닭의 가격이 최근 품귀 현상으로 인해 오를 것이라는 뉴스는 나에게 신속한 대응을 요구한다.

이미 설명한 바와 같이 비즈니스를 영위하는 기업이 가장 보편적으로 맞닥뜨리는 시장 환경, 즉 미시 환경의 플레이어들을 포터는 다섯 가지 경쟁 세력(five forces), 즉 고객, 공급자, 경쟁자, 신규 진입자, 대체재로 파악했다. 우선 고객은 나에게 무언가를 요구하는 사람들이다. 그 요구에 맞춰 원하는 것을 그들에게 제공함으로써 나는 대가를 받는다. 고객의 욕구를 미리 잘 파악할수록 나는 더 큰 시장 성과를 낼 수 있다. 고객의 욕구와 행동은 내 비즈니스의 성패를 좌우하는 소중한 정보다.

고객의 욕구에 관한 정보가 내 매출을 좌우한다면, 내게 재료를 공급하는 공급자는 내가 장사를 통해 남기는 이익을 좌우한다. 좋은 품질의 닭을 싸게 공급받을 수 있는 공급처를 만난 삼계탕 가게는 이익이 늘어나고, 장기적으로는 손님도 늘어난다. 좋은 공급자를 만나 장사를 잘하면 서로에게 좋은 일이므로 공급자는 내게 비즈니스 파트너다.

경쟁자는 같은 고객을 두고 경쟁하는 업체다. 경쟁자가 내놓는 제품이 품질도 좋으면서 값이 쌀 때도 그렇고, 자기네 제품이 우리 제품보다 훨씬 싸고 좋다고 광고하는 것을 볼 때 심기가 뒤틀린다. 경쟁자가 품질을 높이거나 가격을 낮추면 내 매출에 직격탄이 되기에 그렇고, 경쟁자가 호객 행위를 열심히 하면 내 손님이 줄어들기에 그렇다. 나는 늘 경쟁자의 행위에 신경 써야 한다. 그렇지 않으면 언제

내 손님을 다 빼앗아 갈지 모를 일이다. 경쟁자는 내가 늘 긴장을 늦추지 말고 정보 탐색을 해야 할 상대다.

소상공인인 나는 동네에 24시간 편의점을 열었다. 그런데 문을 연지 채 1년도 되지 않아 옆 공터에 건물이 하나 올라서더니, 지하에 대형 편의점이 입주했다. 그럭저럭 장사를 잘 할 수 있었던 기간은 고작 1년. 대형 편의점이 장사를 시작한 이후 나는 적자를 면치 못했다. 이를 사전에 알았더라면 나는 그 장소에 편의점을 열지 않았을 것이다. 미시 환경에서 신규 진입자는 늘 예고없이 나타난다. 그 가능성을 열어 놓고 꾸준히 정보 수집을 하지 않으면, 뒤늦게 큰코다치기 십상이다.

내가 개업한 동네 편의점은 아파트 단지를 끼고 있어서 사람들 왕래가 잦다. 그래서인지 한동안 수익이 짭짤했다. 그런데 언제부턴가 장사가 시들해지기 시작했다. 지나다니는 사람은 많은데, 들어오는 사람이 없다. 수입이 조금씩 줄더니 이제는 손익 분기점까지 떨어질 상황이다. 얼마 안 있으면, 적자로 돌아설 태세다. 그 이유를 찾던 중 먼 거리 대형 마트들이 동시에 온라인 주문 배달 서비스를 시작했음을 알았다. 이제는 반찬거리도 배달해서 먹는 시대가 되었다. 한탄해봤자 별 소용이 없었다. 나의 장사 기반을 잠식하는 대체재는 보이지 않아서 더 무섭다.

포터가 제시한 경쟁 세력 모형은 미시 환경을 정의하는 하나의 관점이다. 앞서 지적했듯이 '나'를 어떻게 정의하느냐에 따라 포터의 경쟁 세력 모형은 국가 단위에서 구성할 수도 있고, 계층을 낮추면 산업 단위, 그 이하 기업 단위, 그 이하 조직 단위로도 구성할 수 있다. 일상생활을 하는 개개인의 입장에서 포터의 경쟁 세력 모형은 먼 얘기일 수 있다. 그러나 사실은 개인 차원에서 구성하는 경쟁 세력 모형이야말로 개인적으로는 훨씬 더 흥미로울 뿐 아니라 사회생활을 하는 데 유용하다.

개인 차원에서 고객은 나에 대해 무언가를 기대하는 사람들이다. 나는 물질적·정신적인 무언가를 제공하는 상대고, 나는 그들에게서 물질적·정신적 대가나 보상을 받는다. 그들의 기대를 충족시켜서 얻는 경제적 보상은 말할 것도 없고 인기나 칭찬이나 보람도 분명한 정신적 보상이다. 그 상대가 나의 직장 상사일 수도 있고, 내 부모일 수도 있고, 내가 가르치는 학생일 수도 있다. 관점에 따라 사회생활을 하면서 만나는 모든 사람이 잠재적인 내 고객일 수 있다.

반면 공급자는 내가 필요로 하는 자산이나 지식이나 역량이나 기회를 제공해 주는 사람이나 기관이나 조직이다. 공급자는 내가 가치 있는 일을 수행하는 과정에서 필요하거나 아쉬운 것을 내게 제공해 주는 상대다. 내가 사용하는 컴퓨터, 내가 받는 교육, 내가 구입한 책, 내가 다니는 체육 센터 등이 예가 될 수 있다. 속된 표현으로는 내 장사 밑천이 될 수 있는 것을 제공하는 상대는 모두 내 공급자라는 말이다. 그들과 잘 협력하면서 살아갈 때 나의 경쟁력은 커진다.

사람은 살아가면서 늘 경쟁에 직면한다. 내가 원하는 것을 똑같이 원하는 사람이 있는 한, 경쟁은 불가피하다. 입시도 취업도 결혼 상대를 만나는 것도 모두 경쟁이다. 비교와 선택이 있는 곳에 늘 경쟁이 있기 마련이다. 상대와 경쟁하는 과정에서 나는 경쟁력을 키워 가고 그 과정에서 승리와 성취의 기쁨을 맛보기도 한다.

신규 진입자와 대체재도 개인 차원에서 얼마든지 존재한다. 갓 입사한 신참은 언젠가 내 자리를 넘볼 것이며, 기계화·자동화의 진전으로 내 자리는 언제 어떻게 컴퓨터 속으로 빨려 들어갈지 모른다. 산업의 진화 과정을 보면 신규 진입자나 대체재에 의해 일자리 자체가 소멸되는 경우가 많았다. 그렇기에 보이는 경쟁자보다 보이지 않는 대체재가 훨씬 더 무섭다. 보다 큰 세상에 대해 늘 그 변화를 관찰하면서 어느 한순간도 긴장의 끈을 놓지 않아야 하는 이유다.

미시 환경의 계층을 어느 단계로 설정하든 포터의 경쟁 세력 모형은 정보를 탐색하는 데 매우 효과적인 구조적 관점을 제공해 준다. 일단 다섯 가지 경쟁 세력의 존재를 인지하는 것은 정보 탐색의 좋은 출발점이 된다. 다만 포터의 경쟁 세력 모형에서 한 가지 아쉬운 것은 경쟁자와 대비해서 협력자의 존재를 명시하지 않은 점이다. 협력적 관계에 있는 상대를 넓은 의미의 공급자로 해석하여 문제를 해결할 수도 있다. 그러나 주종 또는 갑을 관계가 아니라 대등한 관계를 맺는 협력자라면 별도로 구조적 틀에 반영하는 것이 더 바람직하다. 이렇게 함으로써 같은 고객을 두고 서로 협력해서 더 좋은 제품이나 서비스를 제공할 수 있는 상대가 있는지, 그리고 상호 협력할 수 있는 방안이 무엇인지를 탐색해 갈 수 있다.

STEEPLEV : 숲을 보는 법

: 거시 환경을 바라보는 관점으로 STEEPLEV를 기억하라.

급속한 기술 발전의 결과, 기존의 시장 기반이 송두리째 뒤바뀌는 현상을 우리는 파괴적 혁신(disruptive innovation)이라고 한다. 파괴적 혁신을 일으키는 기술이 파괴적 기술(disruptive technology)이다. 그러면 파괴적 혁신의 결과는 무엇일까? 바로 기존 시장에서 가장 잘 팔리던 제품이나 서비스가 나도 모르는 사이에 새로운 혁신 제품으로 전면 대체되는 것이다. 경쟁 세력 모형에서 지적한 대체재, 바로 그것이다. 한때 전 세상을 지배했던 CD와 CD플레이어를 시장에서 사라지게 한 스마트폰이 대표적인 예다.

스마트폰은 당초에 음악 시장 밖에 존재했다. MP3플레이어 기능을 탑재하기 전까지는 CD플레이어와 관련된 미시 환경의 구성원도 아니었다. 스마트폰은 CD 시장은 물론 거의 모든 가전제품 시장과 상관없는 거대한 외부 거시 환경에서 싹튼 혁신적 기술이었다. 대체재를 만들어 내는 혁신은 미시 환경 내에서 조성되기보다는 거시 환경 요인에 의해 조성되는 것이 일반적이다. '파괴적 기술'에 의한 '파괴적 혁신'이 그렇고, 사람들의 소비 행위나 사회생활에 급격한 변화를 유발하는 정치적 사건이나 제도 개혁이 그러하다.

소비자의 마음이나 기호에 영향을 주는 사회 규범이나 정치·경제 상황의 변화, 그리고 위협적인 새로운 제품이나 서비스의 출현을 가능케 하는 기술 혁신은 대표적 거시 환경 요인이다. 낙천주의자들은 새로운 가치나 기술을 그저 교양이나 상식 정도로 취급하거나 때로는 무시하면서 살아간다. 자신의 생사여탈을 좌지우지할 위협에 아무런 경계를 하지 않는 성향 때문에 그들은 때로는 자신뿐 아니라 자신이 속한 조직이나 기업, 사회 자체를 파멸시킨다.

일반 생활인에게 거시 환경의 변화는 잘 감지되지 않는다. 범위가 넓고 점진적이어서 변화의 모습이 잘 보이지 않기 때문이다. 큰 가마솥과 작은 냄비에 물을 담아 가열하는데, 그곳에 개구리가 한 마리씩 들어 있다고 하자. 어느 개구리가 죽을 확률이 높을까? 당연히 큰 가마솥의 개구리다. 작은 냄비 속 물은 빨리 뜨거워져 개구리가 쉽게 온도 변화를 느낄 수 있으나, 큰 가마솥의 물은 천천히 데워져 개구리가 쉽게 감지하지 못하기 때문이다.

미시 환경의 변화가 경주용 요트나 쾌속정이라면, 거시 환경은 대형 유조선이나 항공 모함에 해당한다. 항공 모함이 쾌속정보다 빠른 속도로 이동해도 우리 눈에 항공 모함은 쾌속정보다 매우 천천히 이동하는 것으로 보인다. 초속 20미터로 달리는 10미터 길이의 쾌속정은 초당 몸체 길이의 두 배나 이동한다. 반면에 초속 30미터로 달리는 300미터 길이의 항공 모함은 초당 몸체 길이의 10분의 1배만큼만 이동할 뿐이다. 우리가 속도를 인지하는 방법이 이러하다. 그렇기에 미시 환경의 변화 속도는 상대적으로 쉽게 감지되나, 거시 환경의 변화 속도는 쉽게 감지되지 않는다.

게다가 작은 미시 세계만 보고 있는 사람에게 거시 세계가 아예 보이지 않는 경우도 있다. 현미경으로는 손 전체를 보지 못하는 이치처럼 말이다. 보이는 위협은 위협이 아니다. 보이지 않는 위협이 진짜 위협이다.

그러면 이제부터 STEEPLEV의 주요 거시 환경 요인들, 사회, 기술, 경제, 환경, 정치, 법제도, 윤리와 가치 각각에 대해 어떠한 관점을 가지고 정보 탐색을 해야 하는지 살펴보자.

사회는 거시 환경의 가장 기본적 요소이자 기반이다. 사회 없이 경제도 환경도 정치도 법제도도 윤리와 가치도 논의하기 어렵다. 사회야말로 사회성을 가진 인간의 모습을 반영하기 때문이다. 사전적으로나 학술적으로, 사회는 '일정한 지역 내에서 형성된 문화와 사회 규범 속에서 상호 작용하면서 살아가는 사람들의 집합'으로 정의된다.[3] 그러나 이 정의도 엄밀히 따지면 논쟁의 소지가 있다. 일정한 지역 내에 존재해야 하는 것인지, 공통의 문화나 사회 규범을 가져야만 하는 것인지, 만약 그 조건이 충족되지 않으면 사회라고 할 수 없는 것인지 등 의문을 제기할 수 있기 때문이다.

이런 관점에서 사회를 단순하게 정의해 보자. 즉 '상호 작용하면서 살아가는 사람들의 집합'으로 정의하는 것이다. 그러면 사회 구성의 핵심 요인이 상호 작용임이 드러나게 되고, 상호 작용의 내용에 따라 다양한 사회가 가능해짐을 깨닫게 된다. 다시 말하면, 사회를 이해할 때 정태적 관점이 아니라, 사회가 어떻게 형성되고 소멸되는지 동태적 관점에서 바라보게 된다. 이 정의에 따르면, 인터넷과 SNS로 소통하는 지구촌의 특정 누리꾼들이 형성한 온라인 관계망도 명백히 하나의 사회다. 거기에는 뚜렷한 지역적 경계가 존재하지 않으며 정형화된 법제도도 존재하지 않는다.

인류 역사상 가장 기본적인 상호 작용의 수단은 언어다. 사회 형성 초기에 상호 작용은 소통이었으며 소통의 가장 기본적인 수단은 언어였다. 같은 언어를 사용했기에 이를 매개로 하나의 사회가 형성되었고 언어가 다르면 다른 사회로 분화했다. 하나의 사회가 차지하는 '일정한 지역'은 사회 형성의 전제 조건이기보다는 사회 형성의 결과였다. 같은 언어로 소통하는 사람들이 사회 형성 과정에서 점유하게 된 결과이지, 점유할 지역을 미리 설정해 놓고 사회를 형성한 것은 아니었다. 다만 강과 바다와 산과 절벽과 같은 자연적 장벽에 의해 같은 언어를 써도 소통이 불가능해진 경우에 한해서 지역적 거리가 사회 형성에 영향을 미쳤다.

문화와 사회 규범은 공동체 사회의 구성원들이 묵시적으로 동의하여 형성한 일종의 행동 규칙이다. 개인의 주장이 사회에 수용되어 하나의 규범이나 가치관으로 자리 잡을 수도 있다. 그러나 어떤 행위나 의식이 하나의 사회 속에서 하나의 문화와 규범으로 자리 잡기 위해서는 그에 관한 사회 구성원 간 폭넓은 합의나 동의의 과정이 필요하다. 보편화된 사회 규범을 받아들이지 않는 사람은 사회로부터 격리될 수밖에 없고 그 상황이 지속되면 결국 사회로부터 배척된다.

사회는 개인들의 집합인데, 우리는 왜 개인적 관점에서나 기업의 관점에서 사회를 미시 환경으로 간주하지 않고 거시 환경으로 받아들이는 걸까? 미시 환경 속의 나는 다분히 주관적 관점이나 목표를 가지고 있는 존재인 반면, 개인들의 집합인 사회는 그와 전혀 상관없는 관점과 목표를 가진 행위 주체이기 때문이다.

통신 사업자인 내가 이해관계자를 바라보며 미시 환경에서의 내 경쟁적 위치를 파악하는 것은 분명 목적이 있다. 예컨대 시장에서 나의 성과를 높이기 위해서이거나 아니면 나에 대한 고객 만족도를 높이기 위해서다. 반면, 고객이 속해 있는 사회는 통신 서비스뿐 아니라 이 세상에서 발생하는 모든 문제를 안고 살아가는 행위 주체다. 그렇기에 다양하고 폭넓은 관심과 가치관과 이해관계를 가지고 있는 사회 구성원의 행위는 나뿐만이 아니라 나와 상호 작용하는 미시 환경 속의 구성원, 즉 경쟁자, 공급자, 신규 진입자, 대체재 모두에게 같은 영향을 미친다. 그들의 정치 성향이 진보인지 보수인지, 소득 수준이 높은지 낮은지, 소득 수준의 편차는 어떠한지, 문화나 사회 규범은 어떻게 법제도화 되어 있는지 등 사회에서 나타날 수 있는 이러한 속성들이 거시 환경을 구성하는 요인이다.

'상호 작용하는 개인들의 집합'인 사회가 오랜 기간 동안 진화하면서 축적한 법제도적·경제적·문화적 성과물을 우리는 각기 규제, 경제, 윤리, 가치관이라고 부른다. 어찌 보면, 여덟 가지 거시 환경 요인 중 경제, 정치, 법제도, 윤리, 가치는 사회가 오랜 기간 내부에 축적한 제도적·행태적·심리적 자산과 다름이 없다. 우리가 거시 환경에 대해 정보 탐색을 하면서 궁극적으로 파악하고자 하는 것은 사회 자체가 가지고 있는 고유 특성, 예컨대 연령, 학력, 직업과 같은 인구 통계적 특성뿐 아니라, 문화적·정치적 갈등을 일으키는 가치관의 차이 등 정치이념적 특성, 그리고 경제 활동 인구와 소득 수준의 분포 및 양극화 수준과 같은 경제적 특성 등이다.

거시 환경을 구성하는 STEEPLEV를 구조적으로 종합해 보자. '상호 작용하는 개인들의 집합'인 사회가 자체적으로 진화하면서 경제·정치·법제도·윤리·가치 영역에서 형성·발전·축적한 결과물이 SEPLEV(Society, Economy, Politics, Law, Ethics)다. T, 즉 기술(Technology)은 사회의 총체, 즉 SEPLEV를 새롭게 변화시키는 개혁적·혁신적 동력이고, 중간의 E, 즉 환경(Environment)은 변화 과정에서 나타난 부산물이 자연환경에 축적되면서 나타난 결과물인 셈이다. 이런 의미에서 거시 환경에 관한 정보 탐색 과정은 기술에 대해서는 미래 혁신을 불러일으킬 연구 개발 동향 탐색이, 환경에 대해서는 자연에 누적되어 가는 각종 악성 환경 물질에 대한 감시와 사전적 대응이 주를 이루게 된다. STEEPLEV를 전개 순서에 따라 재배열하면, T-SEPLEV-E로 표기할 수 있다. 추진 동력인 T(기술)가 앞에 위치하여 몸통인 SEPLEV를 이끌면 그 활동 결과로 나타나는 부산물이 E(환경)를 변화시킨다.

'나'는 누구인가

: 아는 듯 잘 모르는 것이 '나'다. 정보 탐색에서도 지피지기면 백전백승이다.

정보 영역 중 가장 잘 아는 영역이면서도 가장 잘 모르는 영역이 바로 '나'라는 영역이다. 그 어려움은 현실적으로 세 가지 요인에서 비롯된다. 첫째는 관찰 주체로서 '나'의 정체성에 해당하는 형식적 관점을 정하는 것이 다소 어렵다는 점이다. 앞서 설명한 바와 같이 은하를 바라보는 '나'와 사회생활 속에서 직장인으로서의 '나'는 엄연히 다르다. 그런데 직장인으로서의 '나'와 소설가인 내 친구는 다른데, 은하를 바라보는 '나'와 은하를 바라보는 소설가인 내 친구가 다르지 않다는 진술은 이해하기 쉽지 않다. 이를 가장 쉽게 이해하는 방법은 정보 관찰을 하는 내가 누구 또는 어느 집단을 대표하는가에 답해 보는 것이다.

직장인인 나는 직장생활을 하는 임의의 생활인을 대표하는 반면, 소설가인 내 친구는 직장인이 아닌 소설가나 시인을 포함한 문학인을 대표한다. 직장인을 대표하는 내가 소설가나 문학인을 대표하는 내 친구와 같은 정체성을 가질 수는 없다. 하지만 은하를 바라보는 나는 우주의 탄생과 존재와 운용에 궁금증을 가지고 우주를 바라보는 어느 인류를 대표하기에 소설가인 내 친구도 그러한 인류 공통의 호기심을 가지고 있는 한 은하를 바라보는 나와 다르지 않다.

마찬가지로 내가 우리 회사의 관점에서 시장의 경쟁 상황을 미시 환경과 거시 환경의 프레임워크(framework)로 분석하고자 할 때, 나는 곧 우리 회사다. 좀 더 정확하게는 내가 우리 회사를 대표해 회사 관점에서 우리 회사를 둘러싼 미시 환경과 거시 환경을 분석하고자 하는 것이다. 이 관점은 나와 우리 회사 사장과 임원, 직원 간에 차이가 있을 수 없다.

이를 더욱 확장해서 국가 간 경쟁 관계를 분석하기 위해 포터의 경쟁 세력 모형을 우리나라 국가 차원에서 살펴보자. 나는 대한민국을 대표하므로 나의 정체성은 대한민국이다. 비즈니스 영역에서는 개별 기업이나 국가 차원에서의 정보 탐색이 가장 흔하게 이루어진다. 통계적으로 정보 탐색의 주체로서 내가 기업이거나 국가일 가능성이 가장 높다는 말이다. 이러한 상황에 익숙해지려 노력하면 어려움을 쉽게 극복할 수 있다.

'나'을 올바르게 정의하고 인식하는 데 있어서 나타나는 두 번째 어려움은 관점에 관한 객관성의 확보다. 정보 탐색은 기본적으로 위협을 감지하는 활동이다. 정보 탐색 대상의 실체를 객관적으로 직시해야 하는 필요성이 여기에 있다. 낙관적이어서는 소기의 목적을 달성할 수 없다. 경계심을 가지고 현상을 바라보는 것이 오히려 방어적 관점에서는 도움이 된다. 그런데 나는 '나'에 대해 차별적 인식을 갖고 있어 절대로 객관적일 수가 없다는 문제가 있다. 과연 자신을 완벽하게 객관적 시각에서 바라볼 수 있는 사람이 있을까?

내가 세상을 바라보는 차별적 관점을 우리는 '주관적 관점'이라고 한다. 우리는 자기 자신에 대해 강한 애착을 갖고 세상을 바라본다.

왜곡의 유혹은 의식하든 하지 않든 주관이 개입되면서 나타난다. 인지 부조화, 표본 조작을 통한 추정치의 왜곡, 정보 전달 과정에서 만들어 내는 표현상의 의도적 왜곡이 그렇다. 통계 대부분이 주관적 해석에 의해 오염되어 있으며, 보도도 대부분 주관과 사적 이해가 배제되지 않은 채 언론 매체를 타고 있다. 정보 탐색의 가치와 생명력은 철저한 객관성에서 나온다. 정보 탐색이 객관성을 잃는 순간, 그 가치는 소멸된다. 나의 관점을 객관적으로 정립하는 데 보다 엄격해야 한다.

세상을 바라보는 관점의 객관성 확보가 두 번째 어려움이라면 자기 자신의 위치를 제대로 아는 것이 세 번째 어려움이다. 개인적 관점에서 자신을 바라보는 것도 결코 쉽지 않은데, 하물며 계층을 대표하여 새로운 정체성을 갖는 자신을 제대로 파악하는 것은 얼마나 어려울까? 정보 계층 구조는 나, 그 위에 미시 환경이, 다시 그 위에 거시 환경이 위치하는 구조이므로 두 번째 어려움이 상위 계층을 객관적으로 바라보는 차원이라면, 세 번째 어려움은 나의 본질을 하위 계층, 즉 내용과 조직 관점에서 제대로 파악하는 데 있다.

개인으로서의 나를 중심으로 나를 둘러싼 미시 환경, 그리고 그 외부의 거시 환경을 규정할 때, 나는 '개인적 나'이므로 나를 아는 것 자체가 어려운 일은 아니다. 어떠한 목표를 가지고 살아가고 있고, 생활 태도가 어떠하며 어떤 것을 좋아하고 가치 있다고 판단하는지는 이미 잘 알고 있다. 나만큼 나 자신을 잘 아는 존재는 없다. 그러나 내가 어느 날 'KT'라는 기업을 대표해 통신 시장이라는 미시 환경에서 경쟁하는 실체라면 '나는 과연 누구인가?'라는 질문에 답하기가 쉽지 않다. KT를 대표하는 나는 하나의 법인체로서 무엇을 추구하고 무슨 활동을 수행하며 조직으로서 행동 양식이 어떠한지, 그 정체성을 제대로 정립하지 않고서는 외부 정보 탐색 활동의 목표와 방향을 설정하기 어렵다.

자기 정체성에 대한 인식이 제대로 정립되어 있지 않을 때, 외부 정보 탐색 활동의 의미와 목표가 수시로 바뀌는 예는 현실에서 쉽게 발견할 수 있다. 최고 경영자가 바뀌면서 회사의 정체성이 바뀌고, 그 결과 외부 정보 탐색 활동의 내용과 해석이 달라지는 사례를 자주 본다. 한때 우리나라 통신 사업자들이 통신 시장 자체의 성장 가능성에 한계를 느끼고 다 같이 '탈통신'을 추구한 적이 있다. 같은 통신 기업이라 할지라도 자신을 통신 사업자로 정의한 기업이 바라보는 시장, 즉 미시 환경과 거시 환경의 모습은 탈통신을 추구하는 통신 사업자의 그것과는 판이하게 다를 수밖에 없다.

'나'라는 우군이 미시 환경 및 거시 환경으로 구성된 적군과 싸운다고 가정해 보자. 정보 탐색은 적의 의도와 행동과 계획을 미리 파악함으로써 전투에서 유리한 고지를 선점하기 위한 활동이다. 그런데 전투에서 이기려면 적에 대해 잘 아는 것만으로는 부족하다. 나 자신에 대해 얼마나 엄정하게 잘 이해하고 있는지, 자신의 신념과 행동에 대해 얼마나 냉철하게 판단하여 확신하고 있는지에 따라 진정한 의미의 승패가 갈린다. 지피지기(知彼知己)면 백전백승(百戰百勝)이라는 손무(孫武)의 병법은 정보 탐색 활동에도 매우 유효하다.

정보의 바다에서 유영하기

정보를 탐색하는 4가지 방법

: 정보 탐색에는 스캐닝, 모니터링, 개관, 연구, 네 가지 종류가 있다.

정보 탐색의 일차 관심 대상이 환경임은 이미 수차례 얘기했다. 탐색 대상이 거시 환경이라면 STEEPLEV의 전 영역을 살펴봐야 한다. 대상이 미시 환경이라면 마이클 포터의 경쟁 세력 모형에 입각해서 경쟁자, 공급자, 고객, 신규 진입자, 대체재의 움직임을 파악해야 할 것이다. 이렇게 해서 일단 정보 탐색 영역이 정해지면 대상별로 다양한 형태의 정보 탐색 활동을 계획할 수 있다. 어떠한 정보 탐색 방법을 택해야 하는지는 전적으로 정보 탐색의 목적과 용도에 달려 있다.

정보 탐색 유형에 영향을 미치는 요인은 매우 많다. 우선 정보 탐색의 범위가 큰 경우와 작은 경우, 정보 탐색 방법은 달라야 한다. 정보 탐색 범위가 작은 경우에는 시선을 고정할 수 있지만, 정보 탐색 범위가 커지면 시선을 고정하기 어렵다. 정보 탐색 대상이 비교적 잘

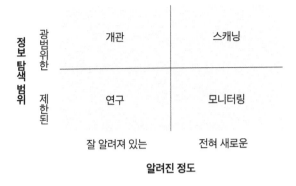

그림 9 정보 탐색 유형

알려져 있는 경우와 그렇지 않은 경우는 어떠할까? 잘 알려져 있는 경우의 정보 탐색은 이미 기록된 데이터나 정보를 체계적으로 수집하고 분석하는 일이다. 이에 반해 잘 알려져 있지 않은 경우의 정보 탐색은 새로운 현상이나 변화의 조짐을 새로이 발견하는 일이 대부분이다.

정보 탐색 유형은 정보 탐색의 범위와 알려진 정도에 따라 네 가지로 구분된다. 그림 9는 이 두 가지 요인에 따라 정보 탐색 방법이 어떻게 다른지를 도식화한 것이다.[1] 우선 정보 탐색 대상이 광범위하고 대상에 대해 알려져 있는 것이 거의 없을 때 이루어지는 정보 탐색 활동을 스캐닝(scanning)이라고 한다. 개괄적인 정보 탐색은 하되, 무엇이 관찰될지는 알 수가 없다. 알려져 있는 것이 거의 없는 경우라 할지라도, 관찰 대상이 고정된 순간부터 이루어지는 정보 탐색 활동은 모니터링(monitoring)이라고 한다.

길을 가면서 전방을 널리 관찰하다가 눈에 확 들어오는 이성을 발견하고 이후 그 상대의 움직임을 추적했다고 하자. 그러면 나의 시선이 그 이성에게 고정되기 전까지의 행위는 스캐닝이다. 시선이 고정된 이후의 행위는 모니터링에 해당한다. 스캐닝과 모니터링은 잘 알려져 있지 않은 대상에 대한 관찰이다. 이 과정이 오랜 기간 동안 지속되면, 그 대상 영역은 점차 알려진 영역으로 편입된다. 다시 말하면 스캐닝과 모니터링으로 습득한 정보가 사회 전반에 걸쳐 축적되면서 사회적 지식 자산이 만들어진다는 말이다.

그러나 내가 축적된 정보나 지식을 모두 알고 있는 것은 아니다. 내가 모르는 사이에 사회 어딘가에 그저 축적되어 있는 정보도 매우 많다. 수백 년 동안 쌓인 신문 기사가 그렇고, 전 세계 동식물의 관찰 기록을 축적한 박물관의 자료가 그러하며, 사무실 구석 캐비닛에 주인 없이 수십 년간 쌓인 행정 데이터가 그러하다. 아날로그 자료도 규모를 가늠하기 어려울 정도인데, 하물며 정보 시대에 접어든 이후 각종 디지털 매체로 저장된 텍스트, 사진, 영상 그리고 멀티미디어 활동 기록은 어떠하랴.

개관(overview)과 연구(research)는 이미 상당한 규모의 정보가 축적되어 있는 영역을 대상으로 한다. 그것은 정보 탐색 주체인 내가 '나'의 관점에서 대상을 좀 더 체계적으로 심도 있게 탐색하거나 분석하는 활동이다. 예컨대 에너지 사업을 추진하고자 하는 기업이 세계 각국의 에너지 소비 동향을 파악하고자 한다면 그 정보 탐색 활동은 개관에 해당한다. 탐색의 범위를 좁혀서 특정 국가나 산업을 주시하거나 특정 에너지 공급 기업에 대해 정밀 조사를 하는 경우는 연구에 해당한다. 에너지 가격이 최근 급등한 이유와 같이 어떤 특별한 현상에 대해 인과관계를 밝히고자 하는 행위 또한 전형적인 연구 유형의 정보 탐색 활동이다.

정보 탐색 범위와 연계해서 살펴보면, 스캐닝은 주로 거시 환경 요인에 대한 정보 탐색 활동이다. 반면 연구는 미시 환경의 주요 플레이어인 경쟁자, 공급자, 고객, 신규 진입자, 대체제에 대한 정보 탐색 활동인 경우가 대부분이다. 모니터링과 개관은 거시 환경, 미시 환경 모두에 적용된다. 내용 면에서 보면, 스캐닝은 주로 사건의 발생 여부를 관찰하고, 모니터링은 시간에 따른 행위나 성과의 변화에 주목한다. 개관은 전체의 모습을 포괄적으로 구조화하여 이해하려 하고, 연구는 관찰 대상의 행위에 대해 인과관계를 파악하는 데 주안점을 둔다.

그렇다면 서로 다른 특성을 갖는 네 가지 정보 탐색 활동을 잘 하려면 어떻게 해야 할까? 그리고 그 활동 내용을 어떻게 구성해야 할까? 이에 대한 답을 하나씩 구해 보자.

스캐닝 : 위험 감지와 기회 포착

: 뉴스가 대부분 나쁜 뉴스로 채워지는 것은 나쁜 뉴스가 좋은 뉴스보다 잘 팔리기 때문이다.[2]

북미 중서부 초원에서 대규모 집단을 형성하여 서식하는 동물로 프레리도그(prairie dog, *Cynomys*속)라는 설치류가 있다.[3] 프레리도그의 종자는 다섯 가지인데 그 중 검은꼬리프레리도그(black-tailed prairie dog, *Cynomys ludovicianus*)는 북미에서 가장 번성한 종자다. 현재는 수가 줄어 약 1,000만~2,000만 마리가 남아 있으나 한때는 개체 수가 1억 마리를 돌파한 때도 있었다고 한다. 프레리도그는 그들만의 사회성과 이타성 때문에 책이나 방송은 물론 연구 논문에서도 자주 등장한다.

프레리도그는 수놈 한 마리가 암놈 두세 마리를 거느리며, 그 사이에서 난 수놈 새끼 한두 마리, 암놈 새끼 한두 마리로 한 가족을 꾸린다. 그런데 그들의 사회는 가족 단위에 그치지 않고 그런 가족 단위 15~26개가 모여 하나의 타운(town), 즉 집단 서식지를 형성한다. 초원에서 타운 하나가 차지하는 면적은 수십만, 수백만 제곱미터에 달한다고 한다. 프레리도그는 땅속에 굴을 파서 집을 만든다. 땅속 여러 군데에 용도별 방을 만들고 이들을 땅굴로 연결하는 형태다. 땅굴은 타운 전체를 연결해 전체적으로 하나의 완결된 집단 서식지를 구성한다.

그림 10 집단 생활을 하며 포식자의 침입에 대비하는 프레리도그

프레리도그의 이타성은 서식지에 함께 사는 동식물 먹이사슬에서 프레리도그가 차지하는 위치와 관련 있다. 프레리도그는 초원의 풀이나 뿌리, 씨앗, 그리고 곤충을 먹고 살면서, 코요테, 독수리, 오소리, 검은발족제비에게는 먹잇감이 된다. 프레리도그가 구축한 타운은 다른 150여 종에게 생활 터전을 제공한다. 프레리도그가 파 놓은 땅굴은 땅에 공기를 공급하고 토양을 비옥하게 하여 다양한 식물을 번성하게 한다. 프레리도그가 떠나고 남은 땅굴 속 집은 검은발족제비나 타이거도룡뇽의 안식처로도 사용된다.

우리는 프레리도그와 같이 생태계에서 플랫폼 역할과 이타적 행동을 수행하는 동물을 '핵심종(keystone species)'이라고 한다. 물론 이타성을 프레리도그가 의도했을 리는 없다. 이타성은 주위의 다른 동식물에게 이로움을 제공하는 역할을 한다는 의미로 인간이 이름 붙였을 뿐이다. 프레리도그가 이타성을 갖게 된 것은 프레리도그의 의지라기보다는 자연의 섭리에 가깝다.

북미 중서부 평원에서 프레리도그의 서식지를 찾는 것은 그리 어렵지 않다. 프레리도그가 파 놓은 땅굴의 입구는 거의 예외 없이 지면에서 높게 솟아 있어서 누구나 쉽게 발견할 수 있다. '프레리도그'라 하면 상징적으로 떠오르는 이미지가 있다. 높게 솟은 땅굴 입구에서 프레리도그 여러 마리가 앞발을 들고 서서 먼 곳을 응시하고 있는 모습이다. 한 마리가 아니라 여러 마리가 여러 곳을 응시한다. 이 모습은 어느 동굴 입구에서나 관찰된다. 잠깐 하고 마는 행위가 아니라 늘 일상적으로 하는 행위다.

갑자기 프레리도그 얘기를 꺼낸 것은 다 이유가 있다. 프레리도그의 이런 행위야말로 스캐닝 활동의 대명사다. 스캐닝 활동의 본질과 의미를 프레리도그는 몸소 잘 보여 주고 있다. 스캐닝은 본질적으로 환경 감시 행위다. 거시 환경이나 미시 환경에서 나와 내 가족의 안녕을 해치는 위협을 미리 감지하고 대비하는 행위다. 프레리도그에게 위협을 주는 것은 포식자뿐만 아니다. 폭풍과 폭우 역시 큰 위협이기에 먼 곳에서 몰려오는 먹구름도 긴장을 늦추지 않고 주시해야 한다. 스캐닝의 대상에 미시 환경, 거시 환경뿐 아니라 자연환경이 포함되는 것도 같은 이치다.

인간 사회에서 일반적인 의미의 스캐닝은 대부분 제도화되어 있다. 사회 전반에 걸쳐 각종 사건·사고를 보도하는 각종 매체가 그렇다. 이들에게 공간적으로나 시간적으로 관찰 영역에 한계가 없으며 당연히 사전에 설정된 목표물도 없다. 사건·사고가 일어날 가능성을 본능적으로 감지하고 시간과 자리를 선점하여 취재 경쟁을 벌이는 기자들은 제도화된 사회 스캐닝의 선봉자다. 취재와 탐사 보도는 인간 사회에서 제도화된 범용 스캐닝의 전형이다.

취재가 스캐닝을 통한 정보 탐색 과정이라면, 보도는 탐색된 정보를 전달하는 행위다. 언론, 방송 및 인터넷 매체는 대부분 보도의 효율성을 위해 영역을 구분해 놓는다. 네이버는 정치, 경제, 사회, 생활/문화, 세계, IT/과학, 오피니언, 포토로 영역을 구분했고, 다음(Daum)은 사회, 정치, 경제, 국제, 문화, IT, 포토로 구분했다. 이를 통해 우리는 인간 사회의 범용 스캐닝 활동이 곧 거시 환경에 대한 매체의 취재, 탐사 보도 활동임을 알게 된다.

그런데 스캐닝이 비즈니스 영역으로 내려오면 상황이 조금 달라진다. 포털 사이트에서 다루는 증권이나 부동산란은 거시 환경에서의 경제 영역보다는 미시 환경 내의 시장 영역에 가깝다. 금융 시장의 특성상 세부 영역은 국내 증시, 해외 증시, 시장 지표, 펀드, 투자 전략, 뉴스로 나뉜다. 여기서 다루는 뉴스는 거시 환경 영역에서의 뉴스와 전혀 다르다. 개별 기업의 맞춤형 스캐닝 정보는 아니지만, 개별 기업이 참조할 수 있는 미시 환경 영역에 대한 기본적인 스캐닝 정보가 이곳에서 공개된다.

뉴스는 왜 그렇게 늘 나쁜 소식으로만 채워지는가? 우리가 자주 제기하는 불평이다. 사회의 나쁜 면만 찾아서 보여 주기보다는 사회의 좋은 면, 아름다운 면을 보여 주는 것이 훨씬 교화적이지 않겠느냐는 지적도 많다. 그러나 스캐닝의 본질을 떠올려 보자. 프레리도그가 서식지 입구 둔덕에 서서 다른 동물들이 사이좋게 풀을 뜯고 있는 모습이나 보고 있다면 어떻게 될까? 한가하게 있다가는 포식자의 공격을 받거나 폭우로 서식지가 파괴되는 위협에 처하게 되기 쉽다. 스캐닝의 본질은 위협을 미리 감지하고 대비하는 행위임을 잊지 말아야 한다.

다만, 나쁜 뉴스가 주를 이룬다고 해서 스캐닝이 단순히 자신이 속한 사회를 비판하는 것이라고 오해해서는 안 된다. 뉴스는 개인과 사회를 위협하는 요인을 감지하는 스캐닝 행위의 본질에 충실해야 한다. 스캐닝의 대상은 언제나 나의 생존과 안녕에 위협을 주는 요인이다. 그래서 스캐닝의 결과는 좋은 소식보다는 나쁜 소식일 가능성이 높다. 때로는 좋은 소식이 위협 요인이 되기도 한다. 좋은 소식, 낙천적 전망은 현존하는 위협 요인에 대한 긴장을 느슨하게 하기 때문이다. 그러나 그건 스캐닝의 본질과는 다른 얘기다. 뉴스가 좋은 소식으로 채워지는 것을 경계하기보다는, 현존하는 위협 요인이 뉴스 보도에서 배제될 가능성에 늘 경계를 늦추지 말아야 한다.

그렇다면 거시 환경에서 나의 관점이 정립된 상태에서 미시 환경을 어떻게 스캐닝하면 효과적으로 전개해 나갈 수 있을까? 몇 가지 가이드라인을 살펴보자.

가이드라인 #1. 스캐닝의 탐색 영역을 포괄적으로 규정하고 체계화하라.

스캐닝의 목적은 두 가지, 위협 요인의 감시와 기회 요인의 발견이다. 이 목적에 따라 스캐닝의 탐색 범위는 넓을수록 좋다. 탐색 영역을 포괄적으로 설정한다는 것은 나의 미래에 영향을 미칠 가능성이 있는 광범위한 영역을 '중복 없이 빠지지 않게' 지목하는 것을 의미한다. 이 조건을 'MECE(Mutually Exclusive, Collectively Exhaustive)'라고 한다.

거시 환경에서 우리는 이미 STEEPLEV를 명시했고, 미시 환경에서는 경쟁 세력을 다섯 가지로 규정했다. 경쟁자와 별도로 협력자를 새로운 세력으로 명시하고자 한다면, 미시 환경에서 스캐닝의 탐색 대상은 여섯 가지가 된다. 거시 환경에서 사회·기술·경제·환경·정치·법제도·윤리·가치 영역, 그리고 미시 환경에서 고객, 공급자, 경쟁자, 신규 진입자, 대체재, 협력자라는 여섯 플레이어, 각각에 대해 제대로 스캐닝을 하는 것은 실로 방대한 작업이다.

스캐닝은 세상을 읽는 작업이다. 직접 관찰하거나 각종 매체를 통해 취재·보도된 내용을 활용한다. 매체를 선정할 때 MECE 조건을 적용하는 것이 좋은데, 간접적 관찰에는 늘 정보 전달자가 정보를 왜곡할 소지가 있기 때문이다. 그래서 국내외 정치 상황을 점검할 때도 좌파와 우파, 진보와 보수 성향의 매체를 균형 있게 봐야 정확도가 높아진다. 다양한 공공·개인 매체를 활용하면 도움이 된다. 추구하는 이념적 가치가 다른 매체를 모두 포함하여 상호 확인하는 게 좋다.

스캐닝은 방대한 영역을 훑어본다. 그렇기에 약한 징후보다는 강한 징후, 근소한 변화보다는 차이가 뚜렷한 변화라야 감지된다. 그러나 강한 징후, 뚜렷한 변화라고 해도 일회성으로 끝나는 징후나 변화라면 의미가 없다. 지금은 미약하더라도 장차 뚜렷한 구조 변화를 가져올 징후를 남보다 먼저 찾아내는 것, 그것이야말로 스캐닝의 진수다.

내가 스캐닝 활동을 하는 전문 스캐너(scanner)라고 하자. 나는 어떻게 하면 최고의 스캐너가 될 수 있을까? 사람들은 어떤 때 나를 최고의 스캐너로 인정할 것인가? 비유해 답하자면, 내가 우주에서 검출한 미약한 신호를 빅뱅의 증거로 예견했는데, 그것이 사실로 입증될 때다. 2014년 3월 빅뱅에서 연유한 미약한 중력파를 검출하는 데 성공한 하버드–스미소니언 천체물리학센터(Harvard-Smithsonian Center for Astrophysics)의 과학자들처럼 말이다.[4]

다들 미국 대선에서 힐러리 클린턴의 승리를 예상했을 때 전원책 변호사가 도널드 트럼프의 당선을 맞혔다고 해서 일명 '전스트라다무스'로 불렸던 적이 있다.[5] 상당수의 의견에 반해 소수 의견을 피력하는 것이 쉬운 일은 아니다. 내가 읽은 세상이 보다 사실에 근접해 있다는 확신이 없다면, 그리고 내가 세상을 읽는 방식이 다른 사람보다 낫다는 확신이 없으면 할 수 없는 일이다. 미국 대선에서 힐러리의 승리를 예견했던 사람들은 세상을 읽는 과정에서 '샤이 트럼프'의 존재를 놓쳤다. 우리가 과학적 스캐닝을 추구하면서 MECE의 조건을 반드시 지켜야 하는 이유다.

스캐닝의 역할로서 위협 요인의 감지 못지않게 중요한 것이 기회의 발견이다. 기회의 발견은 위협 요인의 감지만큼 심각해 보이지는 않는다. MECE 조건에 충실하지 못해 잡을 수 있는 기회를 놓쳤다고 해서 당장 큰 피해를 입는 것은 아니기 때문이다. 그러나 그것이 일상화되었을 때 살아남을 기업이나 국가는 없다. 내가 취할 수 있는 기회는 기회일 뿐이지만, 내가 잡지 못하고 놓쳐버린 기회는 반드시 내게 위협이 되어 돌아온다.

세계경제포럼(World Economic Forum)의 클라우스 슈밥(Klaus Schwab) 회장은 2016년 1월 다보스포럼(Davos Forum)에서 4차 산업 혁명이라는 의제를 던졌다. 이후 우리나라에서는 구글의 알파고 쇼와 겹쳐, 대대적인 4차 산업 혁명의 바람이 불기 시작했다. 지금도 그 기세는 잦아들지 않고 있다. 혹자는 4차 산업 혁명을 허상이라고도 하고 거품이라고도 한다. 4차 산업 혁명은 아직 도래하지 않은 미래다. 따라서 4차 산업 혁명이 100퍼센트 실체라고 단언할 수는 없다. 그러나 우리가 스캐너의 입장에서 눈 여겨 보아야 할 것은 4차 산업 혁명이라는 전 세계적 의제의 진위여부가 아니라, 그 의제가 어떻게 도출되었는가 하는 점이다.

세계경제포럼은 방대한 조직이다. 큰 커뮤니티만 해도 12개인데, 그 중 하나가 글로벌미래위원회(Global Future Council)다. 분야별로 총 34개의 미래위원회가 있다. 거기에 속한 전 세계의 전문가만 수백 명에 달한다. 사회 분야에는 도시화, 사회 통합, 교육, 건강, 오락, 행태, 사회기반 등 여덟 개, 기술 분야에는 소재, 인공 지능, 바이오, 블록체인, 뇌과학, 컴퓨팅, 우주 등 일곱 개, 경제 분야에는 제조, 성장, 소비, 에너지, 금융, 식량, 혁신, 무역, 경제 개발 등 열 개, 환경 분야에는 공해와 자원, 도시 교통 등 두 개, 정치 분야에는 사이버 보안, 국제 정치, 안보, 이민, 지배 구조 등 다섯 개, 그리고 법제도/윤리/가치 분야에는 인적 자원 개발, 인권, 사회 규범, 원조 등 네 개의 위원회가 있다. 이들 위원회의 의장들이 모여 '4차산업혁명 미래위원회(Global Future Council of the Fourth Industrial Revolution)'를 구성했다.

세계경제포럼이 글로벌미래위원회를 운영하기 전에는 글로벌의제위원회(Global Agenda Council)가 전 세계에서 일어나고 있는 일들을 체계적으로 스캐닝하고 이를 의제화하는 작업을 해 왔다. 나도 그 의제위원회에서 3년 동안 활동했다. 세계경제포럼이 운영하는 위원회에는 미래 세상을 읽어 내기 위해 점괘를 뽑거나 신기를 불러내는 일과는 차원이 다른 정보 탐색 체계와 조직이 있음을 유념할 필요가 있다.

스캐닝은, 거대한 빙산처럼, 보이지 않는 방대한 정보 탐색 작업의 토대 위에 작으나 또렷한 변화의 징후를 수면 위로 드러내는 일이다. 물 위에 드러난 작은 얼음덩어리가 실체의 전부라고 예단하는 어리석음은 범하지 말아야 한다. 4차 산업 혁명은 실체가 명확히 드러나지 않았으나 우리가 결코 놓쳐서는 안 될 기회다. 그 기회를 제대로 잡지 못하면 그것은 우리에게 엄청난 위협으로 되돌아올 것이다.

가이드라인 #2. 센싱 능력, 즉 감각을 키워라.

스캐닝은 기본적으로 탐색 활동이다. 보이지 않는 은밀한 움직임을 감지하려면 특별한 방식이 필요하다. 세상에 전혀 알려지지 않은 숨은 진실을 밝혀서 세상을 깜짝 놀라게 하는 보도를 '특종'이라고 한다. 기자라고 다 같지가 않다. 특종을 만들어 내는 기자는 남과 다른 그 무엇을 가지고 있기 마련이다. 종군 기자로 전쟁터에 직접 뛰어들기도 하고 현장에 자신만의 인적 네트워크를 구축해 두기도 한다. 이들은 모두 잘 보이지 않는 중요한 단서를 찾아내기 위한 특별한 방식에 해당한다.

물론 기자 사회에서는 특종을 일종의 복권으로 보는 시각도 있다. 미국 중앙정보국(Central Intelligence Agency, CIA) 출신 에드워드 스노든(Edward J. Snowden)이 폭로한 미국 국가안보국(National Security Agency, NSA)의 불법 정보 수집 실태 보도를 보자.[6] NSA의 무차별적 전화 통화 수집 사실을 처음 폭로한 영국 〈가디언(Guardian)〉의 글렌 그린월드(Glenn Greenwald) 기자, 그리고 NSA의 전자 감시 프로그램 프리즘(PRISM)을 특종 보도한 미국 〈워싱턴 포스트(Washington Post)〉의 바턴 겔먼(Barton D. Gellman) 기자는 '스노든 특종'으로 자사에 미국 언론 최고의 상인 퓰리처상(Pulitzer Prize)을 안겼다.[7] 그러나 그들이 스노든 특종을 낸 결정적 계기는 예상치 않았던 스노든의 접근이었다.

보기에 따라서 복권에 당첨되는 것도 실력이다. 스노든이 하필 그린월드 기자를 접촉한 데에도 나름 이유가 있었을 터, 분명 그린월드의 매력이나 지위, 능력이 연관되어 있었을 것이다. 스캐닝은 특종을 바라는 기자의 마음으로 하는 작업이다. 없는 감각은 만들고, 있는 감각에 대해서는 민감도를 높여야 한다. 세계경제포럼처럼 인적 네트워크를 구축·활용하고, SNS를 포함한 사이버 공간에서 정보 탐색 시스템을 구축할 필요가 있다.

2016년 미국 대선 상황으로 돌아가 보자. 미국에서는 산지브 라이(Sanjiv Rai)가 개발한 인공 지능 모그IA(MogIA)가 기성 언론의 전망과 다르게 트럼프의 승리를 맞혔다.[8] 모그IA는 신기 대신에 구글, 페이스북, 트위터, 유튜브(YouTube) 등 미국 내 플랫폼에서 이루어지는 검색 추이를 분석해서 선거 결과를 예측했다. 박빙의 승부를 정확하게 맞히는 것은 어차피 운에 가깝다. 그러나 박빙의 승부가 아니라 세상을 고감도로 읽고 싶은 사람에게 온라인 세상의 검색 지표는 분명 의미 있는 신호임에 틀림없다.

센싱(Sensing) 능력, 즉 감각을 키워서 세상의 변화를 미리 읽어 내는 것은 과학보다는 예술에 가깝다. 온라인 세상의 검색 지표가 대선 주자의 선호도와 관련이 있다는 주장에는 그 어떤 과학적 증거도 없다. 그러나 그것이 현실적으로 예측력을 갖는 것은 아직 밝혀지지 않은 연결 고리가 저변에 있음을 반증한다. 입증되지 않은 인과관계도 현상적으로는 얼마든지 유용하다.

가이드라인 #3. 멀리 보라.

프레리도그는 왜 서서 주변을 응시할까? 가뜩이나 높은 둔덕에서 앞발을 들고 서는 행위는 자신을 무방비 상태로 위험에 노출시키는 것인데 말이다. 그것은 자신의 몸을 숨겨 안전을 꾀하는 것보다 키를 높여 먼 곳을 폭넓게 관찰해 다가올 위험에 적절한 행동 방식으로 대응할 수 있어 생존에 훨씬 유리하기 때문이다. 지금까지 프레리도그가 멸종하지 않고 수많은 개체가 번성하고 있다는 사실 자체가 그러한 행동 방식이 진화론적으로 유용함을 입증하고 있다.

스캐닝의 진수는 남보다 먼저 위협 요인이나 기회를 감지하는 것이라고 했다. 위협이 가까이 다가와 반응할 여유조차 없다면, 나는 위험에 그대로 노출된다. 포식자가 가까이 다가와도 감지하지 못하는 프레리도그의 운명은 말하지 않아도 뻔하다. 마찬가지로 기회가 내게 주어져도 감지하지 못하고 놓치면 그 기회는 더 이상 내 것이 아니다. 이미 경쟁자가 가져갔을 가능성이 크다. 에이브러햄 링컨(Abraham Lincoln)은 다음과 같은 말을 남겼다. "기다리는 자에게도 뭔가는 온다. 그러나 그것은 먼저 간 사람들이 가져가고 남은 것들뿐이다."

프레리도그는 뒷발을 단단히 디딘 채 앞발을 들어 똑바로 서서 멀리 볼 수 있었기에 위협에 대처해 생존할 수 있었다. 스캐닝은 먼 미래의 가능성을 감지하는 작업이다. 개인이든 기업이든 3~5년 미래 계획을 짜기 위한 스캐닝을 할 거면, 차라리 5~10년 미래의 스캐닝을 시도하라. 멀리 보는 연습도 자주하면 익숙해진다.

가이드라인 #4. 자동 감시 및 경보 시스템을 구축하라.

물고기를 잡는 방법은 다양하다. 낚싯줄에 미끼를 끼워서 길목에 던진 후 고기가 낚일 때까지 기다리는 방법, 고기를 찾아다니다가 발견하면 창살을 던져 잡는 방법, 고기떼를 찾아 그물을 던져 잡는 방법 등이 있다. 그러나 이들 방법에는 공통점이 있다. 바로 딴 일을 할 수 없다는 점이다. 다시 말해, 방법만 다를 뿐 고기를 잡는 일에 전념해야 한다.

어느 개인이나 기업도 전담 조직을 두지 않는 한 스캐닝 활동을 상시화할 수 없다. 본업과 병행해야 하기 때문이다. 유망한 직종을 발굴해서 미리 대비하는 것이 취업을 앞둔 모든 대학생의 관심이긴 하지만, 학업을 미루고 미래 직종에 대한 스캐닝 작업만 할 수는 없다. 기업도 마찬가지다. 스캐닝은 필수적인 활동이지만, 본업과 병행해야 하는 활동이지 본업을 포기하면서 해야 하는 활동은 아니다.

고기 잡는 일에 전념할 수 없는 상황에서 고기를 잡는 방법은 그물을 치는 것이다. 강 유역에 그물을 쳐 놓고 고기가 걸리면 소리가 나도록 종을 설치하면 된다. 온 시간을 스캐닝하는 데 소모할 필요 없이 신호가 감지되지 않는 동안은 본업에 집중할 수 있다. 이러한 방식으로 스캐닝을 수행하는 방식이 자동 감시 및 경보 시스템이다.

현실에서 누구나 알고 있는 자동 스캐닝 시스템이 있다. 바로 레이다다. 레이다는 마이크로파 정도의 파장이 짧은 전자기파를 물체에 발사하여 반사되는 전자기파를 수신한 후 그 물체와의 거리, 방향, 고도 등을 계산해 낸다. 지상에서 하늘까지 모든 방향을 커버해야 하기에 레이다 안테나는 24시간 360도 회전하면서 작동된다. 그렇다면 우리의 스캐닝 대상인 거시 환경과 미시 환경의 변화를 감지하기 위해 자동 감시 및 경보 시스템을 구축하고자 한다면 어떻게 해야 할까?

뉴스가 주로 인쇄물이나 아날로그 방송으로 전달됐던 과거에는 정보를 실시간으로 탐지하고 해독하는 것이 불가능했다. 그러나 이제 뉴스뿐 아니라 온라인 콘텐츠, 전자 상거래, 소셜 미디어가 온라인 디지털 매체로 통합되어 있어 실시간으로 데이터 마이닝(data mining)과 검색을 할 수 있다. 이에 스캐닝을 자동화하고 상시화 함은 물론, 스 캐닝에서 감지된 특정 패턴의 신호에 대해 경보를 발령하도록 하는 시스템을 얼마든지 구축할 수 있다.

영화 〈스노든(Snowden)〉을 보면 미국의 NSA가 전 세계 이메일, 메 신저, 소셜 미디어를 스캐닝하여 'Attack Bush'가 들어 있는 메시지 를 검색하자, 그 단어들이 들어 있는 채팅 메시지가 팝업되는 장면 이 나온다. 이와 똑같지는 않더라도, 민간 영역에서도 스캐닝 기능을 온라인, 상시 감시 체제로 전환한 사례가 많다. 가장 대표적인 사례 가 카드 불법 사용을 감시하는 카드사의 이상 거래 탐지 시스템(Fraud Detection System, FDS), 회계 부정을 감지하는 회계 부정 감시 시스템, 보험 사기 상시 감시 시스템, 국제 공항의 출입국 감시 시스템, 그리 고 감사 분야에서 포괄적으로 사용되는 전산 감사 시스템 등이다.

스캐닝 기능이 자동화되면서 스캐닝 과정에서 의미 있는 징후를 발견하면 바로 모니터링 체제로 전환하는 것도 가능해졌다. 카드의 불법 사용이 한번 감지되면 그 카드에 대해서는 탐색 모드를 상시 감 시 체제인 모니터링 모드로 전환하는 것이다. 대표적인 예가 사용 요 건이 제한된 법인 카드에 적용되는 법인 카드 모니터링 시스템이다. 하루에 몇 건, 아니 몇 백 건이 발생하고 있는지 모를 각종 부정 행위 를 자동 감지하고 보고하는 이러한 시스템들은 우리 사회를 투명하 게 만드는 보이지 않는 파수꾼이라 할 수 있다.

모니터링 : 지속적으로 관찰하기

: 모니터링에는 스토킹에 버금가는 프로 기질과 끈기가 필요하다.

지하철이나 사람이 많은 곳에서 다니는 사람들을 보면 대개 전방을 멀리 넓게 주시하고 다닌다. 특정한 곳에 초점을 굳이 맞출 필요도 없이 말이다. 가는 방향이 틀리지 않을 정도의 정보만 습득하고, 시야에 들어오는 수십, 수백 명에 달하는 사람들의 모습이나 움직임에 크게 개의치 않는다. 그러다가 소위 '눈에 번쩍 띄는' 누군가를 발견하는 경우가 있다. 그 대상에 잠시 주의를 기울였다가 흥미롭지 않으면 다시 전방 주시 모드로 바뀐다. 그러나 그 대상이 충분히 흥미로운 경우, 시선은 그 사람에게 집중되며 그 사람의 움직임을 추적하게 된다. 관찰 모드가 스캐닝에서 모니터링으로 전환되는 순간이다.

인터넷 공간에서의 정보 탐색 행위 역시 크게 다르지 않다. 뉴스를 폭넓게 검색하는 것은 스캐닝 활동이다. 포털에 검색어를 입력하여 서치하다가 관심이 가는 뉴스나 채널을 발견하고 마음에 들면 구독한다. 유튜브 콘텐츠를 스캐닝하다가 흥미로운 1인 미디어 채널을 발견한 후 그 채널을 구독하는 경우도 마찬가지다. 트위터나 페이스북에서의 친구 맺기는 전 세계를 연결해 스캐닝과 모니터링을 쉽게 할 수 있는 플랫폼을 제공한다. 이러한 활동은 인지하든 인지하지 않든 온라인에서 늘 반복하는, 가장 흔한 정보 탐색 형태다.

스캐닝은 어느 한순간의 사건을 감지하는 데에 반해, 모니터링은 정해진 목표 대상을 시간 축을 따라 지속적으로 관찰한다. 스캐닝의 탐지 결과는 미국 서부에서 대형 산불이 발생했다거나 해안에서 고래 수백 마리가 죽은 채 발견되었다거나 낙동강 상류에서 녹조가 갑자기 나타났다는 식으로 사건 자체인 경우가 대부분이다. 그러나 스캐닝을 통해 목표 대상이 결정되어 관찰 모드가 모니터링으로 전환되면 상황이 달라진다. 일단 가장 먼저 지속적 모니터링을 계량화하기 위한 정량적 지표가 필요하다.

2017년 7월 미국 캘리포니아 주 마리포사 카운티에서 일어난 산불을 보자. 신문은 다음과 같이 보도했다.[9]

> 미국 언론에 따르면 현재 미국 서부 지역에 발생한 30여 개 산불 가운데 가장 거세게 번지고 있는 디트윌러 산불은 이미 2만 5,000에이커(101제곱킬로미터, 3,060만 평)의 산림을 태우고도 좀처럼 불길이 잡히지 않고 있다. 진화 정도는 불과 5퍼센트에 머물고 있다. 지난 주말부터 불길이 더 커져 현재 가옥과 건물 8채가 소실됐고, 전력과 수도, 통신 시설이 일부 파괴됐다. 소방 당국은 마리포사 카운티 주민 2,000여 명을 포함해 위험에 노출될 수 있는 인근 지역 주민 5,000여 명에게 인근 학교 등에 마련된 대피 시설로 옮기라고 요청했다.

정보 탐색이 모니터링으로 전환되면서 피해 면적, 진화율, 소실 가옥·건물 수, 피해 기반 시설 규모, 위험에 노출된 주민 수 등의 정량 지표들이 등장했다. 모니터링 대상이 정해지고 나면 새로운 관찰 관점이 필요하고 이를 정량화하기 위한 지표가 필요하며, 지표의 변화를 지속적으로 추적하게 된다. 모니터링의 대상은 매우 좁은 범위의 개체이거나 현상인 경우가 많아서, 거시 환경 변수 STEEPLEV나 경쟁 세력 모형의 플레이어별로 구체적인 모니터링 지표를 산출하는 것은 현실적이지 않다. 지표 산출의 범위와 규모가 너무나 방대하기 때문이다.

앞서 얘기한 바와 같이 모니터링에 필요한 지표를 설정하기 위해서는 일정한 관점이 필요하다. 산불의 경우를 예로 들면, 피해와 위험이 모니터링의 핵심 관점이고, 피해 관점의 지표로 피해 면적, 소실 가옥·건물 수, 피해 기반 시설, 그리고 위험 관점의 지표로 진화율과 위험에 노출된 주민 수가 사용됐다. 그렇다면 우리가 설정한 거시 환경과 미시 환경 전반에 걸쳐 어떠한 흥미로운 관점과 지표가 현재 모니터링되고 있을까?

스캐닝에서 모니터링으로 전환될 때 관찰 대상이 구체화돼서 정보 탐색이 쉬울 것 같지만, 개별 기업의 전략 행위나 사업 성과를 모니터링하는 것도 데이터의 방대함 때문에 결코 쉽지 않다. 하물며 거시 환경의 모든 영역과 미시 환경의 플레이어들에 대해 무차별적으로 모니터링을 한다면, 그 범위와 규모는 어떠할까? 게다가 거기에 들어가는 비용은 또 얼마일까? 모니터링으로 얻는 정보의 가치보다 그 정보를 구하는 데 들어가는 비용이 훨씬 클 것이다. 모니터링 자체가 경제성이 없을 수도 있다는 얘기다.

이러한 모니터링의 특성상 현실 세계에는 두 가지 정보 시장이 형성되어 있다. 하나는 비영리 기구나 조직이 자체적으로 조성한 재원으로 국가별 주요 거시 환경 지표에 대해 모니터링을 하고 그 데이터를 공개하는 것이다. 이른바 공공 데이터 시장이다. 세계경제포럼, 국제통화기금(IMF), 경제협력개발기구(OECD), 국제연합무역개발협의회(UNCTAD), 세계보건기구(WHO), 국제전기통신연합(ITU), 유럽연합통계청(Eurostat)가 이 시장에 데이터를 제공하는 대표적 주자다. 다른 하나는 모니터링 데이터를 수집하여 전문적인 분석 데이터로 가공하거나 컨설팅을 하는 사업체들이 조성한 상용 데이터 시장이다. 이 시장에서 비즈니스를 하는 대표적 기업으로서는 국제데이터주식회사(International Data Corporation, IDC)와 이코노미스트인텔리전스유닛(Economist Intelligence Unit, EIU), 다우존스(Dow Jones), 금융 센터에 특화한 블룸버그(Bloomberg) 등이 있다.

공공 데이터 영역에서 이들 글로벌 기구나 조직들이 관심을 가지고 수집하는 거시 환경 지표는 매우 많다. 세계경제포럼이 매년 발표하는 글로벌 경쟁력 지표(Global Competitiveness Index)는 법제도(21), 사회 인프라(9), 거시 경제 환경(5), 건강 보건(10), 교육·인적개발(8), 재화 시장 효율성(16), 노동 시장 효율성(7), 금융 시장 선진성(8), 기술 준비도(7), 시장 규모(2), 비즈니스 환경(9), 연구 개발 혁신(7)의 12가지 관점에서 총 109개의 세부 지표 값을 제공한다.[10] 우리나라는 2007년 11위, 2008년 13위, 2009년과 2012년 19위를 제외하고는 2006년에서 2016년의 기간 동안 세계 22위에서 26위를 기록했으며, 2014년 이후로는 계속 26위에 머물고 있다.

국가 경쟁력 이외에도 국가 차원의 모니터링이 필요한 지표로 지속 가능 사회 지표(Sustainable Society Index)가 있다.[11] 네덜란드의 비영리 법인인 지속가능사회재단(Sustainable Society Foundation)은 2006년 이후 격년으로 인간 복지, 환경 복지, 경제 복지, 세 가지 관점에서 총 21개의 세부 지표를 세계 154개국에 대해 추적하고 있다. 우리나라는 2016년 현재 인간 복지 19위, 환경 복지 142위, 경제 복지 11위를 기록하고 있다. 2006년 이후 추이를 보면, 인간 복지는 '적정 수준 유지', 환경 복지는 '최하위에서 더욱 악화', 경제 복지는 '양호 수준에서 개선'을 보이고 있다.

경제적 자유(Economic Freedom)는 '인간이 자신의 노동과 재산을 사용하고 구입하고 처분하고 투자하는 등 경제적 행위를 하는 데 있어서 누리는 자유'를 의미한다. 경제적 자유는 인간의 기본권인 동시에 경제 사회 전반의 인적 자원 개발, 건강성, 성장과 번영, 민주주의 발전에 기여한다. 미국의 헤리티지재단(Heritage Foundation)은 경제적 자유를 결정하는 네 가지 관점, 즉 법치, 관치, 규제, 개방의 관점에서 각각 세 개씩의 세부 지표를 개발하여, 1995년부터 그 수치를 추적하고 있다.[12] 우리나라는 2005년에 66.4퍼센트로 가장 낮은 수준을 기록한 이후, 지속적으로 상승하여 2017년에 74.3퍼센트를 기록했다. 세계 순위는 23위로서 '매우 자유로운(mostly free)' 국가 그룹에 속한다.

OECD가 매년 추적·발표하는 '더 나은 삶의 지수(Better Life Index)'도 매우 흥미로운 모니터링 데이터다.[13] 이 지표는 주거, 소득, 일자리, 커뮤니티, 교육, 환경, 시민 참여, 건강, 행복, 안전, 워라밸(Work-Life Balance, 일과 삶의 균형을 말한다), 총 11가지 관점에서 평가한다. 2016년 OECD 38개 국가 중 우리나라가 차지하는 수준을 최상, 상, 중, 하, 최하로 평가한다면 교육, 시민 참여 부문은 상, 주거, 일자리, 안전 부문은 중, 소득, 건강, 행복 부문은 하, 커뮤니티, 환경, 워라밸 부문은 최하 수준이다. 우리나라 사회가 어떤 문제에 우선순위를 두고 해결책을 모색해야 하는지에 대해 이 지표는 매우 중요한 시사점을 던져 주고 있다.

최근 들어, 공공 데이터 영역에서 흥미로운 움직임이 나타나고 있다. 바로 데이터 포털의 등장이다. 이미 국제 비교를 위한 국가별 거시 경제나 환경, 사회 지표를 수집 발표해 오던 국제기구는 말할 것도 없고, 국가별 정부 차원에서 원본 데이터를 제공하는 데이터 포털들이 만들어지고 있다. 세계은행(World Bank)이 자체 운영하는 데이터 포털, 세계보건기구가 운영하는 데이터 포털, 유럽연합(EU)이 운영하는 데이터 포털과 우리나라 한국정보화진흥원이 운영하는 공공 데이터 포털이 대표적 예다.[14] 이들 데이터 포털들이 제공하는 정보나 정보의 제공 형태는 서로 유사하다. 정보 영역을 카테고리로 구분하고, 카테고리별로 원본 데이터, 데이터 그래프, 오픈 API를 제공한다. 우리나라의 공공 데이터 포털이 제공하고 있는 데이터 카테고리는 교육, 국토관리, 공공행정, 재정금융, 산업 고용, 사회복지, 식품건강, 문화관광, 보건의료, 재난안전, 교통물류, 환경기상, 과학기술, 농축수산, 통일외교안보, 법률 등이다.[15]

전 세계에 걸쳐 공공과 민간을 가리지 않고 데이터 개방과 포털 사이트의 구축이 진행됨에 따라, 거시 환경과 미시 환경의 모니터링 정보를 얻고자 하는 우리에게 더욱 편리한 환경이 조성되고 있다.

2010년 3월 8일, 구글은 '구글 공공 데이터 탐색기(Google Public Data Explorer)'라는 서비스를 출시했다.[16] 이 서비스는 앞서 소개한 국제기구나 비영리 학술 단체로부터 제공되는 공공 데이터를 모아 데이터 자체뿐만 아니라, 시각화(visualization) 서비스, 시계열 데이터의 예측 서비스도 제공한다. 2011년에는 누구나 자신의 데이터를 업로드하고 공유할 수 있도록 개편했다. 앱 간 데이터 공유를 손쉽게 하기 위해 구글은 새로운 데이터 포맷으로 데이터셋 퍼블리싱 언어(Dataset Publishing Language, DSPL)를 발표하기도 했다. 이러한 데이터 활성화는 2016년 출시된 구글 애널리스틱 스위트(Google Analytics Suite) 등에 힘입어 점차 가속화되고 있다.

데이터 검색 엔진을 만들려는 노력은 비단 구글에 한정되지 않는다. 2011년 블라드미르 에스킨(Vladmir Eskin)은 노마(Knoema)라는 벤처 기업을 설립하고, 유럽연합집행위원회(European Commission, EC)와 미주개발은행(Inter-American Development Bank, IDB) 등으로부터 재정 지원을 받아 범용 데이터 포털, knoema.com을 오픈했다. 이 사이트는 전 세계 1,000개 이상의 데이터 소스로부터 제공되는 거시 환경과 미시 환경 데이터와 이를 시각화하는 서비스를 제공한다. 2017년 8월 현재 그 서비스 중 하나인 월드 데이터 아틀라스(World Data Atlas)가 제공하는 주제는 1,000개 이상이고, 시계열 데이터 수는 230만 개를 넘어서고 있다. 구글이 전 세계 모든 텍스트 및 그래픽 정보에 대한 검색 엔진이듯이 노마는 전 세계 공공 및 민간 데이터 정보에 대한 검색 엔진을 표방하고 있다.

한편 상용 데이터 시장에서의 모니터링 활동은 공공 데이터 시장과 사뭇 다르게 전개되고 있다. 공공 데이터 모니터링이 거시 환경에서 주로 자국의 현상 진단이나 국가 간 비교에 주력하고 있다면, 상용 데이터 모니터링은 미시 환경에서 시장 플레이어의 행위를 추적하고 그 전략적 의미를 해석하는 데 집중한다. 모니터링 데이터 자체도 공공성보다는 상업적 가치를 더욱 강조한다. 미시 환경에서의 데이터 모니터링이 공공 데이터 시장보다는 상용 데이터 시장을 지향하게 되는 주된 이유다.

상용 데이터 시장에서 사업을 영위하는 IDC나 EIU, 다우존스와 같은 회사들이 공공 데이터로서 지표나 지수를 개발하여 그 수치를 상시 발표하는 경우도 없지 않다. 예컨대, 1990년대부터 2000년대 초반까지 IDC가 발표한 정보 사회 지수(Information Society Index, ISI)나 다우존스가 증권 시장 지수의 하나로 발표하고 있는 다우존스 지속 가능성 지수(Dow Jones Sustainability Index, DJSI)가 여기에 해당한다. 이들은 자사의 데이터나 컨설팅 서비스 판매, 비즈니스 확대의 일환으로 공공 데이터를 자체 생산하여 무료 배포하고 있다.

모니터링 데이터 시장에서 데이터의 높은 부가 가치는 데이터를 개인이나 기업에게 맞춤형으로 가공하여 제공하는 데에서 창출된다.

이러한 맞춤형 데이터로의 가공은 스캐닝에서도 마찬가지다. 정보 시장에서 정보 탐색 활동을 통해 수집한 스캐닝 데이터와 모니터링 데이터는 그저 원재료일 뿐이다. 누구에게나 제공되는 공공 데이터인 경우에는 더욱 그러하다. 데이터 자체도 중요하나, 모니터링 데이터를 어떻게 해석하고 가공해서 나의 대응 전략을 도출할 수 있느냐가 가치 창출의 핵심이다. 모니터링은 그 긴 여정의 시작일 뿐이다.

개관 : 전체적으로 살펴보기

: 개관은 광범위한 정보 탐색 대상의 다양한 면모를 전후좌우로 살펴보는 활동이다.

개관(overview)은 광범위한 영역에 대해서 이미 존재하는 기록이나 사실을 탐색하는 행위다. 혹자는 이미 존재하는 기록이라면 알려진 정보인데 무슨 정보 탐색이 필요하냐고 할 수도 있다. 그러나 정보는 내가 찾아서 내 것으로 정리하지 않으면 내 정보가 아니다. 신문 기사를 뒤지고 수많은 책을 탐독하고 수백 년 동안 쌓인 논문과 각종 기록을 다시 펼쳐 보는 이유가 무엇이겠는가.

그렇다면 광범위한 영역에 대한 포괄적 정보 탐색은 무슨 목적으로 왜 하는 걸까? 도대체 개관이라는 정보 탐색 행위는 무엇을 위해 필요한 것일까?

논문이나 보고서를 쓸 때, 빠지지 말아야 하는 작업으로 문헌 조사

178

가 있다. 문헌 조사야말로 개관에 해당하는 대표적인 정보 탐색 활동이다. 문헌 조사를 해야 하는 이유는 논문이나 보고서를 쓰는 나 자신이 앞으로 할 연구의 독창성과 정당성을 입증하기 위함이다. 마찬가지로 개관은 정보 탐색 후 수집된 정보를 해석하거나 그 해석에 입각하여 대응 전략을 세우고자 할 때 그 정당성과 타당성을 확보하기 위한 작업이다. 개관은 스캐닝과 마찬가지로 탐색 대상에 대해 '중복 없이 빠지지 않게'의 조건, 즉 MECE가 충족되기를 요구한다. 스캐닝이 전 영역을 감시하되 어디서 일어날지 모를 한두 가지 사건에 주목한다면, 개관은 전 영역에서 관찰되는 전체 모습에 주목한다.

개관은 스캐닝과 비교할 수 없는 매우 많은 양의 정보를 다룬다. 전 영역에 걸쳐 수집하는 정보가 깊이까지 갖추어야 한다면 더욱 그러하다. 개관이라는 정보 탐색 행위를 뚜렷한 목적 없이 무모하게 진행하면 감당하기 어려운 정보 홍수에 빠지게 된다. 그래서 현실적으로 개관은 두 가지 분명한 관점과 목적을 가지고 진행된다. 횡단적 관점과 종단적 관점이 바로 그것이다.

횡단적 관점에서의 개관

횡단적 관점에서의 개관은 시간 축을 고정하고 광범위한 대상의 생김새와 모양을 파악하려는 것이다. 횡단적 개관을 통해 발견하고자 하는 것은 광범위한 영역에 내재한 어떠한 구조나 패턴, 그리고 그것을 이해하기 위한 분류 시스템 등이다. 동식물을 적절한 기준에 따라 대분류하고, 이를 다시 중분류, 소분류하여 작성한 동식물 분류 계층도라든지, 한국 표준 산업 분류에 기초하여 상품과 서비스를 분류하고 분류된 상품과 서비스별 시장 규모를 추산하는 작업은 횡단적 개관 작업의 좋은 예다.

공공 데이터 영역에서 생산되고 있는 각종 거시 환경 데이터는 대부분 전 세계 국가별 데이터를 포함하고 있다. 모니터링 데이터로 언급했던 글로벌 경쟁력 지표, 지속 가능 사회 지표, 경제적 자유 지표, '더 나은 삶의 지수'의 모든 세부 지표들은 연도를 고정해서 국가 간 비교가 가능하다. 북미, 남미, 유럽, 아시아, 오세아니아, 아프리카 등 경제 블록 단위별로도 비교할 수 있다. 이것이 바로 국가나 지역 단위의 거시 환경 지표에 대한 횡단적 개관 작업이다.

횡단적 개관은 데이터를 도출하는 것도 중요하나, 방대한 데이터량 때문에 도출된 데이터를 압축적으로 잘 표현하는 것이 더욱 중요하다. 공공 데이터 영역에서 구축된 많은 데이터 포털 사이트가 시각화 기능을 제공하고 있는 것은 횡단적 개관의 결과를 정보 소비자에게 잘 전달하기 위한 방식 중 하나다.

횡단적 개관 작업의 예를 하나 들어 보자. 당신이 어느 정부의 행정 서비스에 대한 횡단적 개관 작업을 부탁받았다고 하자. 당신은 행정 서비스를 어떻게 펼쳐서 전체 모습을 효과적으로 보여줄 것인가? 행정 서비스를 제공하는 중앙 부처, 지방 자치 단체, 산하 공공 기관의 조직과 역할도 그 규모가 방대한데, 하물며 이들이 제공하는 행정 정보와 서비스의 다양성과 가짓수는 어떠하랴. 이렇게 많은 정보를 체계적으로 정리해서 한눈에 볼 수 있도록 하는 작업은 실로 매우 어렴다.

　횡단적 개관 작업을 누가 더 잘했는지 보는 것은 어렵지 않다. 정보 검색과 정보 전달을 누가 더 잘하는지를 기준으로 판단하면 된다. 전 세계 대부분의 국가는 공공 행정 서비스와 행정 정보를 제공하는 정부 포털을 갖추고 있다. 횡단적 개관은 이를 테면, 이들 정부 포털이 얼마나 체계적이고 사용자 중심적이며 정보나 서비스 검색이 직관적으로 쉽게 이루어지도록 구축되어 있느냐와 직결되어 있다. 정부 포털의 메뉴와 정보 배치 구조는 훌륭한 횡단적 개관이 갖추어야 할 조건을 가장 명확히 보여 준다.

　공공 행정 서비스에 대해 횡단적 개관을 해달라고 의뢰받았을 때, 가장 쉽게 떠오르는 방식이 정부 부처별로 정리하는 것이었다. 정부 부처를 가장 상위의 분류 기준으로 놓는 것이다. 그 다음에 각 부처에서 제공하는 정보와 서비스를 부처 내 실국과순으로 분류한다. 즉 정부 조직 체계를 횡단적 개관의 기본 틀로 준용하는 방법이다. 이것은 분명 가능한 대안이고 가장 흔히 쓰는 방법이다. 개관이 가져야 할 MECE 조건도 잘 충족된다.

　문제는 이 방식으로는 특정 업무를 어느 부처가 담당하는지, 그 업무를 중앙 부처가 다루는지 혹은 지방 자치 단체나 산하 공공 기관에서 취급하는지 국민의 입장에서는 전혀 알 길이 없다는 점이다. 다분히 공급자 입장에서 공급자 편의 위주로 배치한 분류 체계일 뿐이다. 동네에서 세탁소를 열고자 하는 소상공인, 창업을 하려는 대학생, 출산 후 정부의 육아 지원을 알고 싶어 하는 주부에게 각 부처 홈페이지에 들어가서 해당 민원 서비스를 찾아보라고 하면 과연 누가 제대로 찾을 수 있을까?

국제연합(UN)은 2002년부터 세계 각국의 전자 정부를 평가하여 순위를 발표하고 있다. 우리나라는 2003~2008년에는 5~6위, 2010~2014년에는 1위, 그리고 최근 조사인 2016년에는 영국, 호주에 이어 3위를 차지했다. 2016년 7월 국내 언론에서는 세 번 연속 1위를 하던 우리나라가 3위로 처진 것을 두고 '전자 정부 발전 전략을 다시 짜야 한다'거나 '범정부 차원의 정책적 지원을 강화해야 한다'거나 참신하게 '이제는 평가 등수를 생각하지 말아야 한다'는 등 의견이 분분했다.[17] 그런데 이 지수를 구성하는 세 가지 세부 지수 중 하나인 온라인 서비스 지수를 보면, 우리나라는 2012년에 1.0000, 2014년에 0.9764, 2016년에 0.9420를 받았다. 2016년에는 이 지수에서 우리보다 영국(1.0000), 호주(0.9783), 싱가포르(0.9710), 캐나다(0.9565)가 더 좋은 평가를 받았다. 정부 행정 서비스를 횡단적 개관 형식으로 배열할 때, 이들 국가의 배열 방식이 우리보다 낫다는 점을 반증한다. 실제로 영국의 정부 홈페이지 www.gov.uk는 그런 관점에서 매우 우수한 정보 배열로 정평이 나 있다.

영국의 정부 홈페이지는 공급자 중심의 메뉴를 뒤로 빼고, 수요자 중심의 메뉴를 전면 배치했다. 그래서 정부의 행정 서비스를 예컨대 혜택, 출생·사망·결혼, 비즈니스와 창업, 육아, 시민권, 범죄와 심판, 장애인, 운전면허, 교육, 채용, 환경, 주택, 납세, 여권, 비자와 이민, 일자리, 연금 등 행정 수요 영역별로 나누고, 영역별 원스톱 서비스를 구축했다.[18] 영국이 정부 온라인 서비스를 이렇게 수요자 중심으로 전면 개편한 것이 2016년 UN 전자 정부 평가에서 영국이 1위를 하는 데 일조했을 것이다. 더 나아가, 2016년 UN 전자 정부 평가에서 1, 2위를 차지한 영국과 호주는 이에 만족하지 않고 2017년부터 공공 데이터 생성, 검색 프로세스 개선에 나섰고, 서비스도 수요자 중심에서 사용자 맞춤형으로의 전환을 추진 중이다.[19]

종단적 관점에서의 개관

종단적 관점에서의 개관은 시간 축에 따라 대상의 변화를 추적한다는 점에서 모니터링과 유사하다. 그러나 모니터링이 관찰 대상을 특정하는 집중형 추적이라면, 종단적 개관은 시간 축에 따라 광범위한 영역의 전반적 흐름을 파악하는 것이다. 따라서 종단적 개관을 통해 발견하고자 하는 것은 광범위한 영역에서 전반적으로 나타나는 추세(trend)다. 흔히 말하는 메가트렌드(megatrend)의 발견이 종단적 개관의 주된 목적 중 하나다.

거시 환경은 메가트렌드가 도출되는 가장 일반적인 영역이다. 사회 분야에서 저출산·고령화, 다문화, 도시화, 핵가족화, 1인 가구 증가, 정치 분야에서 직접적 시민 참여, 기술 분야에서 초연결, 융·복합화와 지능화, 경제 분야에서 세계화, 블록화, 보호주의로의 회귀, 부의 양극화, 환경 분야에서 지구 온난화, 자원 안보의 심화, 그리고 경제 사회 문화 전 분야에 걸쳐 나타나고 있는 뉴 노멀(new normal) 등이 현재 세계에서 관찰되고 있는 대표적 메가트렌드다.

메가트렌드는 거시 환경뿐만 아니라 미시 환경에서도 관찰된다. 생산 공장의 해외 이전을 상징하는 아웃소싱(outsourcing)과 오프쇼어링(offshoring), 해외 공장이 다시 국내로 회귀하는 리쇼어링(reshoring), 생산 구조가 플랫폼 기반으로 전환되는 플랫폼 경제(platform economy), 로봇 기반의 공장 자동화 전략인 인더스트리 4.0(Industry 4.0), 온오프 및 모바일 채널을 결합한 소비 형태인 옴니채널 리테일링(omni channel retailing) 등이 바로 그들이다.

메가트렌드의 발견은 지구촌 전체를 대상으로 이루어지는 것이 일반적이다. 세계경제포럼이 전 세계에서 모인 전문가 수백 명의 의견과 아이디어를 모아 4차 산업 혁명이라는 메가트렌드를 도출하였듯이, 종단적 개관을 도출하는 작업에서 역시 사회 구성원 전체의 동의가 필요하다. 많은 사람에 의해 관찰되고 거론되고 확산되면서 익숙해질 정도가 되어야 '메가트렌드'라는 이름을 붙일 수 있다. 일부 미래학자나 점술가처럼 감이나 신기로 메가트렌드를 점치는 것이 아니다.

메가트렌드는 일시적 유행과는 다르다. 서서히 나타나서 비교적 빠른 속도로 성장하여 가시화되면 가속이 붙어 거스를 수 없는 단계에 이르게 된다. 시기적으로는 수년, 길게는 십수 년에 걸쳐 지속되는 경향이다. 따라서 메가트렌드는 매년 그 양상이 조금 변할 수는 있어도 매년 새로 생성되었다가 소멸하는 종류의 변화는 일어나지 않는다. 매년 생성되고 소멸되는 트렌드는 메가트렌드가 아니라 일시적 유행이다.

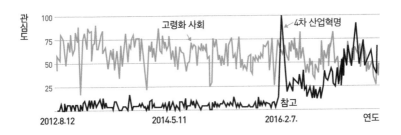

그림 11 구글 트렌드로 본 고령화 사회와 4차 산업 혁명의 관심도 변화

종단적 개관으로서의 메가트렌드는 과거부터 현재까지, 현상적·계량적·가시적 증거에 의해 입증이 가능해야 한다. 종단적 개관은 시간축에 따른 광범위한 영역의 변화를 체계화해서 가시적 모습으로 파악하는 것이다. 그 핵심은 여전히 알려진 영역 내에 있기에 잘 모르는 미래 예측과는 분명 구별되어야 한다. 세간의 관심을 끌거나 자신의 영향력을 이용해서 미래를 주도하려는 의도에서 제안된 메가트렌드는 분명 종단적 개관과 구별되어야 한다.

범용 온라인 도구로서 구글 트렌드(Google Trends)는 이러한 사실을 간접적으로 입증하는 데 좋은 수단을 제공한다. 앞서 제시한 많은 메가트렌드를 현실에서 실증적으로 검증할 때, 구글 트렌드는 매우 유용한 근거를 제공한다는 말이다. 그림 11은 구글 트렌드에서 2012년 8월부터 2017년 8월까지의 4차 산업 혁명과 고령화 사회에 관한 관심도를 검색한 결과이다. 이로부터 우리는 일명 '메가트렌드의 삶'에 대해 흥미로운 현상을 발견할 수 있다.

첫째, 메가트렌드에도 잠복기가 있다. 그림 11에서 4차 산업 혁명을 보면, 2016년 2월 이전에는 관심도가 매우 낮았다. 일종의 잠복기였다. 그러다가 세계경제포럼이 2016년 1월 전 세계적 의제로 발표한 것을 계기로 4차 산업 혁명이 수면 위로 드러나면서 세간의 관심이 폭증했다. 강력한 메가트렌드 후보로 등장한 것이다.

둘째, 메가트렌드에도 수명이 있다. '4차 산업 혁명'은 잠복기를 지나 2016년 1월에 태어났다. 4차 산업 혁명이 메가트렌드로서의 삶을 시작한 것이다. 이에 반해 '고령화 사회'는 2012년 8월보다 훨씬 이전에 태어나 현재 아주 서서히 늙어 가는 중이다. 전반적으로 높은 관심도를 유지하고 있으나, 시간 축으로 보면 관심도가 서서히 감소하고 있음을 볼 수 있다.

셋째, 메가트렌드는 살아 있는 생명체와 같다. 즉 세간의 관심을 듬뿍 받고 태어나나, 관심이 시들기 전까지 내부 에너지를 축적하지 못하면 죽고 만다. 짧게 살고 삶을 마감할 수 있다는 얘기다. 일단 이 시기를 잘 극복하면 성장의 단계로 넘어간다. 성장의 힘은 외부로부터의 관심이 아니라 내부에 축적한 에너지다. 그 에너지의 양에 따라 급성장할 수도, 서서히 성장할 수도 있다. 그림 12는 4차 산업 혁명이 잠재적 메가트렌드로서 어떠한 삶을 살고 있는지, 성장 그래프를 그려 본 것이다.

리서치 기업 가트너(Gartner)는 이러한 현상을 일반화해서 일명 가트너 하이프 사이클(Gartner Hype Cycle)이라는 모형을 개발했다. 가트너는 이 모형을 통해 신기술이 개발된 이후 시장에서 제품으로 상용화되어 성장하는 과정을 다섯 단계로 구분했다. 탄생에 해당하는 발

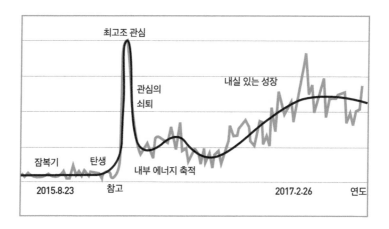

그림 12 구글 트렌드로 본 4차 산업 혁명의 관심도 성장 추이

생기(Technology Trigger), 최고조 관심에 해당하는 버블기(Peak of Inflated Expectations), 관심의 쇠퇴를 겪는 환멸기(Trough of Disillusionment), 내부 에너지를 축적하는 각성기(Slope of Enlightenment), 내실 있는 성장을 하는 성장기(Plateau of Productivity)가 그것이다.[20] 가트너는 매년 기업들이 관심을 가지는 수많은 기술 트렌드들을 이 모델의 관점에서 평가하여, 개별 기술들이 현재 하이프 사이클(Hype Cycle)상의 어느 단계에 와 있는지를 분석해 그 결과를 시장에 유료로 제공하고 있다.

연구 : 아는 것을 이해하는 것

: 정보 탐색 활동 중 가장 어려운 것이 연구다. 연구는 아는 것을 이해하는 것으로 전환하는 과정이기 때문이다.

우리가 거시 환경과 미시 환경의 변화를 스캐닝을 통해 감지하고, 모니터링을 통해 추적하며, 개관을 통해 전체를 조망하는 이유는 무엇일까?

그저 호기심때문일 수도 있다. 그러나 호기심으로 보는 것은 너무 낭만적이다. 진지하게 생각해 보면 그 행위의 목표가 결국은 자신의 생존과 안녕임을 부인할 수 없다. 거시 환경이나 미시 환경의 변화가 내게 어떠한 형태로든 영향을 미치지 않는다면 나는 과연 거기에 관심이나 가질까?

45억 년 전 지구가 탄생한 이래 지구상의 모든 생명체는 긴 진화 과정에서 자연환경, 거시 환경, 미시 환경의 변화를 겪어 왔다. 그리고 그 속에서 많은 경험 법칙을 축적했고 그것은 DNA에 저장되어 있다. 미국 중서부 평원에 사는 프레리도그의 조상은 먼 하늘에서 검은 구름이 몰려왔을 때 곧 비가 내려 자신의 땅굴이 물에 잠기는 것을 경험했을 것이다. 시행착오를 겪으며 이런저런 방식으로 대응하다가 결국은 동굴 입구에 높은 둔턱을 쌓는 프레리도그가 살아남았고 그래서 그런 행동이 자리 잡았을 것이다.

자연환경에서 현상이나 징후는 사건으로 연결되고, 사건은 내게 신속한 대응 행동을 요구한다. 구름이 몰려오면 비가 오고, 나뭇잎이 떨어지면 점차 추워졌다. 징후가 현상으로, 현상이 사건으로 연결되면서, 비가 오면 둔턱을 쌓던 프레리도그보다 검은 구름이 몰려오면 둔턱을 쌓는 프레리도그가 살아남게 되었을 것이다. '닥쳐서 하던 행위'가 '예방 행위'로 바뀌는 것이다.

적자생존(適者生存)의 자연 생태계에서 조건 반사로 굳어진 동식물들의 자기 보호 행위는 수많은 종이 희생당하고 남은 결과물이다. 수많은 종이 시행착오를 겪거나 적응에 실패하여 멸종당하고 결국 내가 생존해 있는 것이다. 지구상의 모든 생명체는 경험을 통해 학습한 일종의 '생존 법칙'에 충실했고 자연선택을 통해 살아남은 것이다.

인과관계의 인식은 이렇게 출발했을 것이다. 징후가 현상으로, 현상이 사건으로, 사건이 또 다른 사건으로 이어져 가는 연쇄 반응을 단계적 원인과 결과로 인지했을 것이다. 연구(research)는 이렇게 세상의 변화를 인과관계로 파악하고자 하는 인간에게 고유한 인식의 산물이다.

세상의 변화 원리로서 인과관계를 밝히고자 하는 정보 탐색 활동을 우리는 '연구'라고 한다. 그 범위는 자연 현상, 사회 현상, 경제 현상을 불문하며, 그 규모도 생태계적 현상에서부터 개인의 사소한 심리적 행위에 이르기까지 가리지 않는다. 세상에서 일어나는 온갖 현상에 대해, '왜?'라는 질문을 던지고 그것을 규명하고자 하는 행위가 바로 연구다.

우주 먼 곳에서 출발한 빛이 지구로 도달하는 과정에서 왜 휘는지,

작은 구멍을 통과한 빛이 왜 물결무늬와 같은 상을 만드는지, 특정한 낮은 온도에서 저항이 없어지는 초전도 현상은 왜 나타나는지, 지구 온난화의 진정한 원인은 무엇인지, 수많은 동식물 종의 분화는 어떻게 일어나는지, 2009년 세계 금융 위기는 왜 발발했는지, 개인이 모여 군중이 되면 왜 개인과 다른 행동을 하는지, 선진국에서 성공한 정책이 우리나라에 오면 왜 그렇게 실패하는지, 소득 주도 성장을 뒷받침하는 논리는 과연 타당한지, 골프공은 왜 힘을 빼야 멀리 나가는지, 우리가 밝히고 싶은 인과관계는 한도 끝도 없다.

입증된 인과관계를 우리는 이론(theory)이라고 한다. 아이러니한 것은 학술적으로 이론은 실증적으로 입증된 것인데, 현실에서 "그건 이론에 불과해"라고 할 때의 이론은 맞지 않는 주장, 현실과 동떨어져 있는 생각을 의미한다는 것이다. 학술적으로 엄격한 이론이 현실에서는 비현실적인 논리로 치부되는 것이다. 이유는 무엇일까?

연구는 결과보다는 과정을 중시한다. 20세기 가장 위대한 철학자 중 한 사람인 칼 포퍼(Karl R. Popper)는 "과학은 입증이 아니라 반증함으로써 발전한다"고 했다.[21] 그가 이론에 대해서 이러한 생각을 하게 된 계기는 프로이트(Sigmund Freud)의 정신 분석 이론과 아인슈타인(Albert Einstein)의 상대성 이론 간의 차이를 인식하면서부터다. 포퍼가 보기에 아인슈타인의 상대성 이론은, 당시 주류였던 아이작 뉴턴의 물리학과 비교했을 때, 공격당하기 쉽고 이론과 맞지 않는 현상이 단 하나라도 발견되면 무참하게 깨질 이론이었다. 반면에 프로이트의 정신 분석 이론은 반증할 길이 전혀 없었다. 포퍼의 위대함은 바로 여기에서 나왔다. 생각이 거기에 머물면, 대개의 사람들은 프로이트의 정신 분석 이론이 제대로 된 과학이고, 아인슈타인의 상대성 이론은 아직 과학이 아니라고 결론 내렸을 것이다. 그러나 포퍼는 정반대로 결론을 내렸다. "반증불가능한 이론은 과학이 아니다. 어떤 상황에 대해서도 설명이 되는 이론은 참 이론이 아니다"라고. 만일 어떤 경우든 설명이 되는 이론이 과학이라면, 우리가 아는 점쟁이는 모두 과학자가 되어야 한다. 올해 운수가 좋다고 점쟁이가 얘기했는데, 당신이 물놀이 갔다가 빠져 죽을 뻔했다고 하자. 이를 가지고 점쟁이에게 점이 틀렸다고 가서 따져 봐야 소용없다. 분명히 점쟁이는 다른 사람 같으면 빠져 죽었을 텐데, 당신은 운수가 좋아 빠져 죽지 않았다고 설명을 할 테니 말이다. 포퍼가 보기에 정신 분석 이론은 어떠한 정신 이상 환자의 어떠한 이상 행동이든 모두 설명할 수 있었다. 점쟁이의 점처럼 말이다.

연구 활동은 관찰한 현상으로부터 인과관계를 떠올리는 것으로부터 시작한다. 관찰한 현상은 스캐닝이나 모니터링, 개관을 가리지 않는다. 어떤 유형의 정보 탐색 과정을 통해서든 흥미로운 현상을 관찰했다면 무엇이든 연구 활동의 출발점이 될 수 있다. 연구 활동이 이들 정보 탐색 활동과 다른 점은 단순히 '안다'는 것을 넘어 '왜'라는 질문을 던져서 현상을 '이해'하고자 한다는 점이다. 이렇게 해서 떠올린 인과관계를 우리는 가설(hypothesis)이라고 한다.

연구 활동이 정보 탐색 활동 중 하나인 이유는 다음 단계에서 나타난다. 자신이 세운 가설을 입증하기 위해 실증적 증거를 찾아야 하기 때문이다. 당신이 사회 현상을 스캐닝하다가 정치 폭력이나 사회 폭력이 늘어나고 있음을 탐지했다고 하자. 당신은 거기에 머물지 않고, 그 원인이 무엇인지를 생각했고, 가치 박탈(deprivation)을 떠올렸다.[22] 즉 가치 박탈이 폭력성의 원인임을 가설로 설정했다. 이 가설을 입증하기 위해 당신은 연구를 설계한다. 여론 조사 설계와 크게 다르지 않다. 고등학교 학생들을 대상으로, 표본으로 선정한 학생들에 대해 각자가 경험한 가치 박탈의 정도와 각자가 가진 폭력성을 측정한 후, 그 상관관계를 보기로 했다. 분석 결과, 상관 계수는 유의 수준 0.003에서 0.557이 나왔다 하자. 그러면 당신의 가설은 통계적으로 입증되고, 당신은 거기에 '가치 박탈 이론'이라는 이름을 붙인다.

일단 이렇게 새로운 영역에서 작은 이론이 하나 만들어지면, 그 이론은 두 가지 방향으로 발전한다. 일반화(generalization)와 특화(specification)다. 일반화는 고등학교 학생들을 대상으로 검증된 '가치 박탈 이론'의 적용 대상을 모든 세대, 모든 국가로 확대하는 것이고, 특화는 적용 대상을 좁혀 '가치 박탈 이론이 서민층에게는 강하게, 부유층에게는 약하게 나타난다'는 식의 '가치 박탈 특화 이론'으로 분화하는 것이다.

연구 활동은 작은 가설에서 출발해 입증 과정을 거쳐 이론화하고, 다시 일반화와 특화 과정을 거쳐 분화·발전한다. 그 과정이 쌓이면 하나의 연구 계통수가 만들어지며 동식물의 진화 계통수와 같이 거대한 나무 구조를 띠게 된다. 과학의 발전이란 작은 싹이 자라 잔가지가 되고, 잔가지가 뻗어 다시 분화하면서 아래 둥치가 굵어져 균형

잡힌 큰 나무로 자라는 과정에 비유할 수 있다.

연구 계통수는 입증과 반증의 과정을 통해 모습을 갖추어 가는데, 입증된 곳에서는 특화를 통한 새로운 가지가 뻗어 나가고, 반증된 곳에서는 가지가 송두리째 잘려나간다. 잘려나간 가지에서는 어떤 일이 일어날까? 동네 가로수에서 자주 보듯, 잘려나간 가지 아래쪽 어딘가에서 새로운 싹이 돋기 시작해서 다른 방향으로 가지가 형성된다. 자연은 포퍼의 얘기를 미리 알고 있었다. "과학은 반증을 통해 발전한다"고. '나무는 가지치기를 통해 성장한다.'

경제학 교과서에도 나오는 잘 알려진 이야기 하나를 살펴보자. 존 케인스(John M. Keynes)는 1936년 출간한 《고용, 이자 및 화폐에 관한 일반 이론(The General Theory of Employment, Interest and Money)》에서 "정부 재정 지출의 증가는 경기를 부양해 실업률의 감소를 가져온다"고 주장했다.[23] 이후 케인스의 경제학 이론은 강력한 정부 개입의 바탕이 되어 1930년대 대공황으로부터의 탈출에 기여했고, 1970년대까지 선진국의 주류 경제 정책으로 자리를 지켰다.

그런데 1970년대 불황과 인플레이션(inflation)이 함께 진행되는 스태그플레이션(stagflation)이 선진국을 휩쓸면서, 케인스 경제학이 반증의 위기를 맞게 된다. 정부 재정 지출이 증가하면 인플레이션이 진행되고 그 반대급부로 실업률이 떨어져야 정상이나, 그것이 작동하지 않는 상황, 즉 이론에 반하는 반증 사례가 나타난 것이다. 이로 인해 케인스 경제학은 주류 이론의 지위를 잃는다. 그동안 케인스에서 분화한 케인스 경제학이 송두리째 잘려나간 것은 물론이다.

잘려 나간 나무둥치에서는 늘 새로운 새싹이 돋는 법이다. 1970년대 케인스 이론의 반증 사례인 스태그플레이션을 설명하는 새로운 이론이 등장한다. 일명 합리적 기대 이론(rational expectations theory)이다.[24] 원래 아이디어는 1960년대 인디애나 대학교의 존 무스(John F. Muth)에 의해 제안되었으나, 시카고 대학교의 로버트 루카스(Robert E. Lucas Jr.)가 완성했다.

합리적 기대 이론의 핵심 내용은 '경제 주체는 모든 정보를 동원해 정부 정책에 선제적 대응 행위를 한다'는 것이다. 그 결과 정부 재정 지출과 같은 정책이 단기적으로 실업률을 감소시킬 수는 있어도, 장기적으로는 인플레이션만 남길 뿐 실업률을 감소시키지 못한다는 내용이다. 루카스의 합리적 기대 이론이 학계에서 큰 반향을 일으키면서, 루카스는 작은 정부와 자유 시장 경제를 신봉하는 신자유주의의 선봉이 된다.

이쯤에서 다시 생각해 보자. 그렇다면 합리적 기대 이론은 완벽한 이론인가? 반증이 없음을 장담할 수 있을 것인가? 아무도 알 수 없다. 논쟁을 무한히 반복하는 것이 연구이기 때문이다. 정보 탐색 활동을 통한 입증과 반증의 무한 반복이 바로 연구자의 숙명이다. 합리적 기대 이론의 이론적 뼈대는 '모든 경제 주체는 자신이 가진 모든 수단을 총동원해서 정보를 수집하여 미래에 대한 치우침이 없는 기대, 즉 합리적 기대를 형성한다'는 가정이다. 따라서 합리적 기대 이론은 합리적 기대가 충족되는 조건하에서만 진실이다.

따라서 정도의 차이는 있으나 모든 이론은 조건부 진실에 불과하다. 가정이 충족되는 조건하에서만 이론이 제기하는 진술이 참이 되는 것이다. 가정만 충족되면 그 이하 논리 전개는 수학에 의존하므로 논리적으로 틀리기가 어렵다. 물론 영국의 물리학자 스티븐 호킹(Stephen W. Hawking)처럼 자신이 발표한 블랙홀 이론의 오류를 인정하고 30년 만에 새 이론을 내놓는 경우도 있지만 말이다.[25] 자, 그렇다면 이론이 현실에서 자주 부정되는 이유로 되돌아가 보자. 두 가지 이유가 유력하다. 하나는 이론이 전제한 가정이 현실에서는 자주 성립하지 않는다는 사실이다. 예컨대 합리적 기대 이론의 경우 합리적 기대가 현실에서 충족되지 않는 경우다. 이론에서는 합리적 기대의 예측 오차의 기댓값이 0이라고 했는데, 현실에서는 이것이 성립하지 않는 경우가 많이 발생한다. 이른바 군중 심리가 작동할 때 합리적 기대의 오차는 0에서 크게 벗어난다. 2017년의 부동산과 증시의 급등은 시장이 합리적 기대에서 크게 벗어난 대표적 사례다.

다른 하나는 '이론이 다루는 세계는 좁고 현실을 다루는 세계는 방대하다'는 사실이다. 아리스토텔레스(Aristoteles)가 기원전 300년 세상은 지구, 태양, 달, 흙, 물, 공기, 불로 구성된다는 과학적 사고를 시작한 이래, 우리는 지금까지 이루 헤아릴 수 없는 엄청난 양의 연구를 해 왔다. 하지만 우리가 밝혀낸 과학적 진실의 양은 한 줌 흙에 불과하다. 이론을 일반화하여 확대 해석할수록 오류는 커진다. 어떤 연구든 신의를 지키고 성실해야 하며 결과의 해석과 적용에 겸손해야 한다. 그렇지 않으면 정보 탐색을 통한 어떠한 이론의 입증도, 어떠한 이론의 반증도 한낱 왜곡된 조작으로 치부될 뿐이다.

8장

정보의 가치를 높이려면

정보의 가치를 알려면 어떻게 해야 할까? 가장 쉬운 방법은 시장에 내놓아 경매에 부쳐 보는 것이다. 내일 날씨 예보를 개별적으로만 판매되는 정보라 가정해 보자. 사람들은 그 정보에 과연 얼마를 배팅할까? 무슨 생각을 하면서 배팅을 할까? 한번 시나리오를 그려 보자.

우선 내일 날씨 예보가 내게 필요한 정보인지를 체크할 것이다. 필요하지 않다면 단돈 1원도 배팅할 이유가 없다. 좋다. 그 정보가 내게 필요하다는 판단이 섰다 하자. 그다음은 무슨 생각을 할까? 아마 그 정보가 과연 믿을 만한가를 의심할 것이다. 까다로운 사람이라면 예보가 맞을 확률과 틀릴 확률을 가늠해 보지 않을까? 정보가 상품성이 있으려면 맞을 확률이 틀릴 확률보다 훨씬 커야 한다. 정보를 경매에 내놓은 사람은 적중률이 99퍼센트라고 했지만, 나는 그 광고가 과장되었다고 보고 적중률을 80퍼센트로 낮추어 잡았다.

그다음은 얼마를 배팅할까를 생각해야겠지? 나는 내일의 날씨를 정확히 알았을 때 얻을 혜택과 예보가 틀렸을 때 입을 손해를 추정한다. 내일 일정에 비추어 혜택은 30만 원, 손해는 50만 원으로 추정했다고 하자. 내가 위험에 대해 중립적 관점을 가진 사람이라면 예보의 가치는 0.8×30만-0.2×50만=14만 원이 된다.

물론 내가 경매에 참가해서 처음부터 14만 원을 부를 리는 없다. 14만 원보다 훨씬 낮은 값으로 시작해서 싸게 낙찰 받을수록 내겐 좋다. 경매가 치열해지면 나도 거기에 반응해 호가를 올리다가 14만 원을 상회하는 순간 경매 참여를 포기하면 된다. 이 14만 원을 학술적으로는 지불 의사(Willingness to Pay)라고 한다. 이것이 정보에 가치를 매기는 가장 기본적인 생각이다. 이제부터는 정보 탐색 과정에서 정보의 가치를 어떻게 하면 높일 수 있는지 방안을 고민해 보자.

가치를 결정하는 조건 : 희소성, 비대칭성

: '지피지기면 백전백승'이라는 명언도 상대적 우월성이 전제되지 않으면 거짓 명언이 된다.

정보의 본질적 가치는 그 정보가 미칠 경제 사회적 파급 효과에 비례한다. 9·11 테러를 예로 들어 보자. 오사마 빈 라덴(Osama bin Laden)의 테러 조직인 알 카에다(Al-Qaeda)가 결행한 항공기 납치 자살 테러로 미국 뉴욕의 세계무역센터 쌍둥이 빌딩이 처참하게 무너졌다. 테러로 인한 피해 규모는 인명 피해 2,800~3,500명, 재산 피해는 세계무역센터 건물 가치 11억 달러, 테러 응징을 위한 긴급 지출 400억 달러, 재난 극복 연방 원조액 111억 달러를 넘어 선다.[1] 경제 사회에 미친 2차적인 경제 활동 및 재산상 피해를 더하면 그 피해 규모는 가늠하기조차 어렵다.

만일 9·11 테러 계획 정보를 미리 알 수 있었다면 그 정보의 가치는 얼마일까? 앞서 열거한 엄청난 규모의 피해를 예방할 수 있었을 테니, 그에 상응하는 정도가 될 것이다. 국가 안보와 직결되는 정보는 사실 경제적 가치로 환산하기 어렵다. 정보 파악에 실패하면 바로 군사적 충돌로 이어지기에, 그 파급 효과는 인명 피해, 재산 피해에 머물지 않고 국가 경제의 붕괴나 더 나아가 국가의 소멸에까지 미칠 수 있다.

돈 냄새가 물씬 풍기는 주식 시장으로 가 보자. 만일 누군가 주가를 100퍼센트 정확하게 맞출 수 있다면, 그 값어치는 얼마일까? 이론상 값어치는 무한대다. 불확실성이 없기에 투자를 마다할 이유가 털끝만큼도 없기 때문이다. 그러나 현실에서는 매물로 나온 주식의 양, 내가 동원할 수 있는 투자 자금의 한도가 내 투자 규모를 제약한다. 이런 정보가 존재한다면 돈을 많이 가진 사람일수록 더 유리하기 때문에 부의 쏠림과 양극화, 불로소득, 천민자본주의 등 온갖 사회적 비난이 쏟아질 것이 분명하다. 그러나 다행인지는 몰라도, 이론상 '주가 예측은 불가능하다.'

버클리 캘리포니아 주립 대학교 교수인 조지 애컬로프(George A. Akerlof)는 정보의 비대칭성(information asymmetry)에 대해 쓴 논문으로 유명하다.[2] 이 논문으로 노벨 경제학상까지 수상한 그는 시장에서 정보의 비대칭성이 어떠한 결과를 가져오는지를 설명하고자 했다. 중

고차 시장에서 구매자가 '좋은 차'와 '나쁜 차'를 구분할 수 없을 때 어떤 일이 발생할까? 예를 들어 보자. 구매자는 좋은 차에 200만 원, 나쁜 차에는 100만 원을 지불할 의사를 가지고 있다. 그런데 구매자는 자신이 현재 보고 있는 차가 좋은 차인지 나쁜 차인지를 알 수가 없다. 결국 그가 할 수 있는 것은 그 중간인 150만 원을 제시하는 것이다. 반면 차에 대해 모든 정보를 가지고 있는 딜러는 그 제안에 이렇게 반응할 것이다. 그 차가 좋은 차면 200만 원의 가치가 있는데, 150만 원에 팔면 손해니 안 판다. 반면 그 차가 나쁜 차면 가치가 100만 원에 불과하므로 선뜻 팔겠다고 나설 것이다. 결국 단기적으로 구매자는 항상 웃돈을 주고 '나쁜 차'를 사게 된다.

그렇다면 이런 효과는 장기적으로는 어떻게 전개될까? 100만 원짜리를 150만 원에 사게 된 구매자는 곧 자신이 잘못 산 것을 알게 되고, 그 소문은 시장에 퍼지게 된다. 그 결과, 그다음 구매자들은 중간값 150만 원 대신 최솟값 100만 원을 제안하고, 시장은 싼 가격의 나쁜 차만 거래되는 시장으로 변한다. "악화(惡貨)가 양화(良貨)를 구축한다"는 그레셤의 법칙(Gresham's law)과 같이, 정보의 비대칭성은 좋은 제품을 시장에서 몰아내고 나쁜 제품만을 남긴다.

정보의 비대칭성이 갖는 의미는 다소 이율배반적이다. 딜러는 정보의 비대칭성 때문에 단기적이나마 50만 원의 수익을 만들어 냈다. 순수한 정보의 관점에서 보면, 이것이 정보의 가치다. 그러나 정보의 비대칭성은 장기적으로는 시장에 악영향을 미친다. 시장에서는 정보의 비대칭성을 없애는 투명성이 선(善)이다. 정보의 비대칭성이 없다면 시장에서 초과 수익은 만들어질 수 없다. 이를 주식 시장에 적용하면, '주가 예측은 불가능하다'는 얘기가 된다.

정보의 본질적 가치는 정보의 비대칭성에서 나온다. 주가에 관한 모든 정보가 누구에게나 다 알려져 있다면 주식 거래에서 초과 이윤을 내기는 불가능하다. 그러나 내부자 거래(insider trading)라면 얘기가 다르다. 상장 기업의 임직원이 그 지위에서 얻은 내부 정보를 이용해 자기 회사의 주식을 거래한다면, 이는 앞선 사례의 자동차 딜러와 다를 게 없다. 내부 정보가 외부로 공개되기 전에 증권을 거래하면 불법이다.

시장은 정보의 대칭성을 꾸준히 추구하나, 그 속에서 거래하는 거래자는 꾸준히 비대칭적 정보를 찾아 초과 이윤을 좇는다. 공개된 정보가 아니라 나만 알 수 있는 은밀한 정보를 통해서 말이다. 합법의 테두리 안에서 정보의 비대칭성을 만들어 내는 방법이 없지는 않다. 공개된 수많은 정보 속에 숨어 있는 드러나지 않은 비밀 정보를 찾아내는 것이다. 그러한 부단한 노력의 결과, 금융 기관의 프라이빗 뱅커(private banker, PB)나 인공 지능 로보어드바이저(robo-advisor)는 단기적으로 초과 운용 수익을 만들어 낸다.[3]

결국 정보의 가치를 키우는 방법은 두 가지다. 하나는 경제 사회적 파급 효과가 큰 정보에 주목하는 것이고, 다른 하나는 정보의 비대칭성을 극대화하는 것이다. 경쟁이 일상화된 미시 경제 환경에서 특히 경쟁자에 주목하여 그 동향을 탐지하고 추적하고 해석하는 활동을 경쟁 인텔리전스(competitive intelligence)라고 한다. 적이 나에 대해 아는 것보다 나는 적에 대해 더 많이 알아야 한다. 적은 나에 대해 잘 아는데 나는 나에 대해 잘 모른다면 안 될 것이다. '지피지기면 백전백승'이라는 명언은 적과 나를 잘 알아서 내가 상대적으로 우월한 위치를 점해야 한다는 것을 전제한다.

가치를 지탱하는 안전망 : 믿음, 신뢰

: 믿음이 손상된 사회에서는 제대로 된 정보조차 제 값을 받지 못한다.

앞서 다룬 예시에서 날씨 예보의 가치는 0.8×30만-0.2×50만$=14$만 원이었다. 그런데 파는 사람의 주장대로 예측 정확도가 99퍼센트였다면 정보 가치는 얼마였을까? 0.99×30만-0.01×50만$=29.2$만 원이다. 정보를 파는 입장에서 보면, 신뢰 부족이 정보의 가치를 무려 29.2만-14만$=15.2$만 원이나 떨어뜨렸다. 이처럼 믿음과 신뢰의 부족은 정보의 가치를 크게 떨어뜨린다. 믿음과 신뢰를 높여 정보 가치를 높이는 방안을 모색해 보자.

첫째, 무작위 추출 원칙을 지켜야 한다. 여론 조사가 대표적 사례다. 여론 조사는 무작위 추출을 엄격히 지키지 않으면 모두 거짓이 된다. 이를 잘 지키는 여론 조사 기관은 시장에서 높은 신뢰를 받을 것이고, 그 기관의 여론 조사는 비싸게 팔린다. 최근 사회 전반적으로 정보의 조작과 왜곡, 가짜 뉴스가 판을 치면서 팩트 체크(fact check)가 성행하고 있다. 이는 정상적인 사회 모습은 아니다.

둘째, '중복 없이 빠지지 않게', 즉 MECE의 원칙을 지켜야 한다. 스캐닝, 모니터링, 개관으로 정보 탐색 작업을 할 때 MECE 조건은 필수다. 현실에서 정보 탐색의 핵심은 위험 요인의 탐지다.

지뢰가 묻혀 있을지 모를 전방으로 중대 병력이 이동한다고 하자. 병사를 동원해 탐색을 시키면 네 가지 상황 보고가 가능하다. (1) 지뢰가 있는데, 있다고 한다. (2) 지뢰가 있는데, 없다고 한다. (3) 지뢰가 없는데, 있다고 한다. (4) 지뢰가 없는데, 없다고 한다.' 이 중 옳은 경우는 (1)과 (4), 틀린 경우는 (2)와 (3)이다. 옳은 경우는 문제가 없으나 틀린 경우에는 피해가 발생한다. 물론 틀린 경우라 해도, 그 피해 규모는 서로 다르다. (2)가 (3)에 비해 비교할 수 없을 만큼 피해가 크다. 지뢰가 있는 줄 알고 조심했는데 없으면 피해는 시간 지체 정도겠지만, 방심하다가 지뢰가 터지면 사람이 다친다. 전방을 스캐닝하면서 MECE 원칙을 철저히 지켰다면 (2)는 좀처럼 발생하지 않는다. MECE의 원칙을 지키지 않아 큰 손실이 발생하는 경우는 스캐닝뿐 아니라, 모니터링이나 개관의 경우에도 얼마든지 나타날 수 있다.

MECE 원칙에 관한 일화다. 나는 서울에서 열릴 세계경영과학회 (International Federation of Operational Research Society, IFORS) 2020 국제 학술대회의 조직 위원장을 맡았다.[4] 그 전차 대회인 IFORS 2017은 2017년 여름 캐나다 퀘백에서 개최되었다. 우리는 대표단을 꾸렸고, 여기에 참석한 1,500여 명의 참가자에게 홍보 책자와 전통 부채를 나누어주기로 했다. 그런데 계획 단계에서 문제가 하나 제기되었다. 온 사방을 돌아다니는 참가자에게 어떻게 '중복 없이 빠지지 않게'

배포할 수 있느냐는 것이다. 고민 끝에 찾은 답은 홍보물을 받는 사람의 명찰에 태극무늬 스티커를 붙여 주자는 것이었다. 이로써 우리는 받은 사람과 못 받은 사람을 이동 중에도 구별할 수 있었다. 1주일 기간의 학회가 끝날 무렵에 우리는 중복 없이 거의 빠지지 않게 참석자 대부분에게 홍보물을 배포하는 임무를 완료했다.

스캐닝, 모니터링, 개요의 탐색 활동에서 MECE의 원칙을 지키는 것이 사실 위의 일화처럼 그리 단순하지만은 않다. 정보 탐색 구획을 나누고 구획별로 탐색 여부를 체크하는 작업은 과정상 동일하지만, 전체의 모습을 미리 알 수 없는 스캐닝과 모니터링 작업은 '시각장애인들이 제각기 코끼리의 다른 일부를 만져 보고 확장해서 코끼리의 전체 모습을 그려 내야 하는 문제'만큼이나 어렵다. MECE 원칙을 지키기 위한 별도의 방안을 강구해야 한다는 말이다.

셋째, 연관관계를 인과관계로 혼동하는 우를 범하지 말아야 한다. 인과관계를 규명하는 정보 탐색 활동이 바로 연구다. 따라서 이 원칙은 연구 활동에만 해당한다. 정책은 탄탄한 이론을 바탕으로 한다. 특히 경제 정책은 현실을 다루므로 더욱 그러하다. 그런데 문재인 정부가 '소득 주도 성장'을 새로운 성장 모델로 내 걸면서 논쟁이 뜨겁다. 그 핵심은 "과연 '소득'이 '성장'의 원인이 될 수 있느냐" 하는 문제다.[5]

주류 경제학자 대부분은 성장을 소득의 원인으로 파악하고 있다. 즉 성장을 통해 확대된 부가 가치가 소득 증대를 가져온다는 것이다. 그런데 소득 주도 성장을 주장하는 측은 경제의 순환 구조로 그 원리를 설명한다. 즉 소득 증가는 소비를 증가시키고, 이는 경제 활성화로 이어져 투자를 증가시키며, 투자 증가는 일자리를 증가시킴으로써 다시 소득 증가로 선순환된다는 것이다.[6] 그렇다면 이것은 어떠한가? 전기차의 배터리는 전기 모터를 구동시킨다. 전기 모터가 구동해 차가 굴러가면 여기에 발전기를 연결한다. 그러면 발전기에서 전기가 만들어지고, 그 전기로 배터리를 충전시키면 완벽한 무동력 전기차가 만들어진다. 우리는 무동력 전기차가 현실에 존재할 수 없음을 안다. 무동력 전기차는 열역학 제1법칙, 즉 에너지 보존 법칙에 위배된다.

소득 주도 성장이 가능하려면 순환 구조상의 승수(multiplier)가 평균적으로 1보다 커야 한다. 무동력 전기차가 불가능한 이유는 순환 구조상 승수가 1을 넘을 수 없다는 에너지 보존 법칙 때문이다. 소득 주도 성장의 순환 구조 역시 승수가 1을 넘을 수 없음은 분명해 보인다. 소득 증가가 모두 소비로 가지는 않고, 소비 증가가 모두 투자 증가로 가지는 않으며, 투자 증가가 모두 일자리 증가를 통한 소득 증가로 가지는 않기 때문이다.

이처럼 인과관계의 방향을 잘못 해석하거나 인과관계가 아닌 것을 인과관계로 해석하는 오류는 주위에서 자주 발견된다. 국가 경제에서 소득 수준(A)이 올라가면 여가 활동(B)이 늘어나고, 이와 함께 사교육비(C)도 늘어난다. 즉 인과관계는 A에서 B, 그리고 A에서 C로 연결된다. 그런데 현실에서 B와 C는 잘 보이고 A는 잘 보이지 않는다면 어떠한 일이 발생할까? 인과관계를 B에서 C 또는 C에서 B로 잘

못 해석할 가능성이 생긴다. 우리는 B와 C의 관계를 인과관계라고 하지 않고, '연관관계'라고 한다.

연관관계는 인과관계와 다르다. 이를 제대로 구별하지 못하면 '사교육비를 늘리면 여가 활동이 늘어난다'거나, '여가 활동을 늘리면 사교육비가 증가한다'는 식의 황당한 주장을 하게 된다. 연구를 하면서 이러한 우를 절대로 범해서는 안 된다. 황당한 이론, 탄탄하지 못한 이론, 검증되지 않은 정책이 반복될 때, 사회 전반의 믿음과 신뢰는 손상된다. 믿음이 손상된 사회에서는 제대로 된 정보조차 제값을 받지 못한다. 일반 대중은 진짜와 가짜를 구별하기 어렵기 때문이다.

많다고 좋은 게 아니다

: 정보도 때로는 소화제가 필요하다.

내 중고차가 교차로 한복판에 섰을 때의 일화를 5장에서 소개한 바 있다. 엔진이 꺼져 꼼짝하지 못하는 차를 두고, 근처 정비소에서 부른 정비공에게 내가 바란 것은 시동을 다시 거는 것뿐이었다. 왜 고장이 났는지, 어디를 어떻게 고쳐야 하는지는 사실 내 관심이 아니었다. 최종 목표는 고장 난 차를 고쳐 그 자리를 떠나는 것이었기 때문이다.

많은 형태의 정보 탐색이 있지만, 순수 자연과학이 아닌 한 정보 탐색은 그것 자체가 목적은 아니다. 탐색한 정보를 가지고 무언가 다른 곳에 쓰기 위함이다. 대부분의 경우는 합리적 의사 결정을 하기 위해 정보를 탐색한다. 그렇다면 탐색한 정보 자체도 중요하지만 내가 탐색한 정보를 얼마나 잘 전달받느냐가 더욱 중요하다. 내가 먹은 정보보다 내가 소화시킨 정보가 더 중요하다는 말이다.

정보 과부하(information overload)는 1964년 헌터 대학의 정치학 교수인 베르트람 그로스(Bertram Gross)가 그의 저서 《조직 관리(The Managing of Organizations)》에서 처음 사용했고, 이후 1971년 미래학자 앨빈 토플러(Alvin Toffler)가 쓴 《미래 쇼크(Future Shock)》를 통해 대중화되면서 보편적 용어가 되었다.[7] 정보 과부하는 입력되는 데이터 양이 처리 용량을 초과하는 상황을 일컫는다. 여기서 처리 용량은 인간의 두뇌가 정보나 데이터를 처리하는 용량인데, 그 양은 매우 제한적이다.

기업 연구원에서 근무하는 당신은 상사에게 전국 편의점 매출 현황을 보고하라는 지시를 받았다고 하자. 과제를 받아들고 당신은 고민에 빠진다. 데이터가 방대하기 때문이다. 개략적 현황을 살펴보니, 2016년 10월 말 현재 전국 편의점 점포 수는 3만 3,547개, 매출액은 약 20조 원에 달했다.[8] 품목 수는 점포 종류에 따라 다르지만, 식음료를 주로 판매하는 점포만 해도 취급 품목 수가 2,000~3,000여 개에 달했다. 당신이 상사를 별로 좋아하지 않고 작업 지시에 대해 불만이 있다면, 당신이 할 수 있는 가장 좋은 반격 수단은 데이터 원본을 보고하는 것이다. 추정컨대, 축약 데이터라고 해도 아마 프린터 출력물로 수백 장은 될 것이다. 그것을 끙끙거리며 들고 가서 상사 책상에 내려놓는 상황을 상상할 수 있다. 그러나 이것은 절대 안 될 일. 실행에 옮기는 순간, 해고될 각오를 해야 한다.

정보 탐색의 중요한 과정 중 하나는 '탐색한 정보를 어떻게 축약 정리해서, 정보 수요자에게 효과적으로 전달하느냐'는 것이다. 편의점 매출 현황을 축약하는 방법은 무한대지만, 브랜드별로 정리하고, 품목은 대분류별로, 지역은 특별시와 도 수준에서 정리하는 것이 현실적일 것이다. 상사가 이를 원하는지는 알 수 없다. 상사가 원하는 것이 전국에서 매출을 많이 올리는 상위 100개 점포의 브랜드, 위치, 취급 품목 수, 품목별 매출 분포라면 헛다리를 짚은 것이다.

정보 전달에서 핵심은 두 가지다. 첫째는 원하는 정보가 정확히 무엇인지를 파악하는 것, 둘째는 그 정보를 가장 소화하기 좋게 표현하는 것이다. 상사가 원하는 정보가 무엇인지를 일단 파악했다면, 이를 가장 효과적으로 전달하기 위한 방안을 고민해야 한다. 시각화는 이를 목적으로 '복잡한 데이터를 그림, 도표, 다이어그램, 애니메이션 등 각종 시각화 도구로 표현하는 것'을 말한다.[9] 현재 인터넷상의 데이터 포털은 각종 시각화 도구를 갖추고 있다. 상사의 입맛에 맞는 정보 음식을 만들어 내놓되, 상사가 먹고 체하지 않도록 하는 것은 전적으로 당신의 손에 달렸다.

정보에도 유통 기한이 있다

: 정보에도 유통 기한이 있다는 인식은 정보를 소중히 여기는 마음에서 나온다.

내 서랍 안에는 수많은 명함이 쌓여 있다. 버린 명함이 많은데도 명함이 서랍 속에 가득 차 있는 것을 보면 많은 생각이 든다. 하나는 '사회생활을 하면서 참으로 많은 사람을 만났구나' 하는 생각이다. 다른 한편으로는 명함을 주고받은 하나하나의 만남을 내가 모두 기억하지 못해 기억력에 한계가 있거나 그 만남에 큰 의미를 두지 않았던 게 아닌가 하는 마음도 든다. 그리고 명함 중 상당수는 스마트폰에 저장돼 있으나 또 다른 상당수는 바쁜 와중에 정리되지 못한 채 방치되고 있었구나 하는 생각도 든다. 그래서 이 많은 명함을 언제 한번 깔끔하게 정리해야겠다는 다짐을 하곤 한다. 물론 일 년에 한 번 할까 말까 하는 드문 일이지만 말이다.

그런데 명함을 정리하려고 할 때 걸리는 문제가 있다. 책상 위에만 수백 장, 서랍 속에는 수천 장에 달하는 명함 속 정보가 도대체 언제 정보인지 모르겠다는 사실이다. 명함을 받은 날짜가 적혀 있지도 않고, 명함을 받은 시점을 뒤늦게 알아낼 수도 없다. 가장 고민스러운 것은 명함에 적힌 그 정보가 현재 시점에 살아 있는 정보인지 죽은 정보인지 알 길이 없다는 것이다. 그렇다고 일일이 전화를 걸어 확인해 볼 수는 없는 노릇이다.

그래서 드는 생각이다. 나처럼 게으른 사람에게는 명함 연대 측정기라도 있으면 좋겠다. 바쁘게 생활하다가 나도 모르게 몇 년, 몇 달을 묵혀 놓은 명함을 기계에 대면 명함의 나이가 나오는 것이다. 정보에도 유통 기한이 있다. 그 정보가 유통되어도 문제가 없는 기한이 있다는 말이다. 명함 주인공의 자리가 바뀌었거나 혹시 직장을 옮겼거나 때로는 직장을 관두었을 수도 있다. 확인 차 연락을 했다가 행여 직장을 관두었다는 얘기를 들을까 선뜻 전화기가 손에 잡히지 않는다.

정보에도 유통 기한이 있다는 인식은 정보를 소중히 여기는 마음에서 나온다. 명함 속 정보가 그 주인공과 내가 나누었던 인사나 대화의 기억으로 되살아나지 않으면 나는 그 마음에 소홀했던 거다. 그래서 책상 위에 쌓인 수북한 명함을 쳐다보는 나의 마음은 늘 무겁기만 하다. 정보는 생성된 시점에 어떻게든 관리를 하는 것이 제일 좋다. 그래야 정보의 생명력이 길어진다. 정보를 신선하게 유지·관리하는 것이 정보를 대하는 기본자세가 되어야 한다. 정보도 나이 먹기를 싫어한다. 정보가 젊음을 늘 유지할 수 있도록 하는 것은 전적으로 내 책임이다.

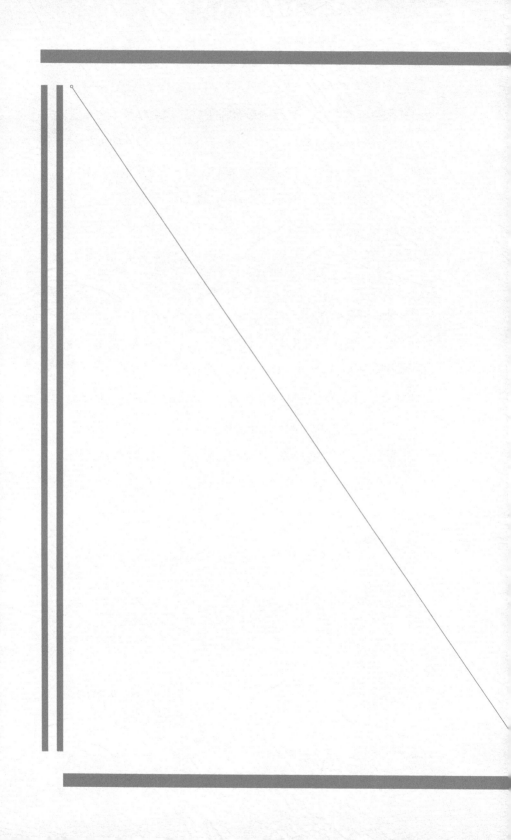

3부

지능의 미래
신의 영역에 도전하기

신의 선물

파리지옥도 지능이 있다?

: 지능은 자연의 섭리 안에서만 가치를 갖는다.

지능(intelligence)이란 무엇일까? 이제까지 논의해 온 데이터와 정보의 연장선상에서 볼 때, 데이터에 유용성을 부여한 것이 정보라면 탐색한 정보에 활용성을 부여하는 것이 지능쯤 된다. 수집된 정보는 나름의 활용 목적을 가지고 있다. 활용 목적에 따라 정보를 해석하거나 가공하는 능력을 지능이라고 한다. 그렇다면 지능이 정보를 가공한 결과물은 무엇일까? 활용 목적에 맞게 가공된 고급 정보 또는 수집된 정보로부터 도출해 낸 적합한 행동 정도가 될 것이다.

파리지옥이라는 식물이 있다. 크기는 30~40센티미터이며 뿌리에서 뻗어 나온 여러 개의 줄기마다 끝에 잎이 달려 있다. 둥그런 잎 가장자리에는 가시 모양의 긴 털이 나 있는데, 이 털을 건드리면 잎이 마치 조개처럼 닫힌다. 파리지옥은 잎의 안쪽 표면에도 뾰족한 가시

모양의 털을 가지고 있다. 파리지옥은 이들 감각모(感覺毛)를 이용해서 벌레를 잎 속에 가두어 잡아먹는다. '식충식물'이라는 이름도, '파리지옥'이라는 이름도 그래서 붙여졌다.

이 파리지옥이 수를 셀 줄 안다고 한다.[1] 독일의 라이너 헤드리히(Rainer Hedrich) 교수팀은 '파리지옥이 감각모에 먹잇감이 닿는 횟수에 따라 잎을 닫고 소화 효소를 분비하는 등 다른 반응을 보인다'는 사실을 확인했다. 연구진은 파리지옥이 어떻게 자극 횟수에 따라 그에 적합한 반응을 하는지에 주목했다. 즉 감각모를 한 번 건드리면 반응하지 않고, 2회 이상 건드려야 입이 닫힌다. 그리고 5회 이상 자극을 받았을 때 닫힌 입속으로 소화 효소를 내뿜는다. 연구 팀이 실험실에서 확인한 바에 따르면, 이 과정에서 피리지옥은 최소 60까지 자극 횟수를 센다.

연구 팀이 파리지옥에 대해 다양한 실험을 한 결과 "파리지옥은 자극 횟수로 발버둥 치는 먹잇감의 크기, 영양도 등을 파악해 그에 알맞는 행동을 한다"는 결론을 내렸다. 잎을 닫고 소화 효소를 내뿜는 것은 파리지옥으로서는 매우 큰 에너지를 소모하는 일이다. 파리지옥은 벌레를 잡을 때 벌레를 잡아먹어 얻는 에너지보다 더 많은 에너지를 쓰지 않도록 자극에 대한 반응에 최적화된 듯하다. 이 연구가 우리의 흥미를 끄는 것은 파리지옥의 이러한 행위가 매우 '지능적'으로 보이기 때문이다.

넓은 의미로 지능을 '환경으로부터 주어진 자극에 합리적으로 반응하는 능력'으로 정의한다면 파리지옥은 분명 지능을 가진 식물이다. 그렇다면 낮에 햇빛을 받아 광합성을 하면서 이산화탄소를 흡수하고 산소를 방출하는 나무도 지능이 있다고 해야 하고, '밟으면 꿈틀하는' 지렁이도 지능을 가졌다고 해야 한다. 더 내려가면, 단세포 생물인 아메바가 외부의 먹이를 자신의 세포 안으로 넣어서 소화하는 과정도 인간의 눈에는 지극히 합리적인 행동이고, 그렇게 행동하는 아메바도 지능이 있다고 해야 한다.

그동안 지능에 관한 이론은 많이 개발되었다.[2] 이론마다 주장하는 바는 다르나 지능은 대체로 다음 세 가지 능력을 포함한다.

첫째가 학습 능력(learning), 둘째가 문제 인지 능력(problem recognition), 셋째가 문제 해결 능력(problem solving)이다. 지능 삼원론(Triarchic Theory of Intelligence)을 주창한 심리학자 로버트 스턴버그(Robert Sternberg)는 성공적인 지능(successful intelligence)은 문제를 해결하는 분석적 지능, 경험으로부터 새로운 상황을 다룰 줄 아는 창의적 지능, 변화하는 환경에 적응하는 실용적 지능으로 구성된다고 했다.[3]

지능을 얘기할 때 우리는 인간만을 대상으로 하는 경우가 많다. 지구상에 존재하는 수많은 동식물 중에서 지능을 가진 존재는 인간뿐이라는 것이다. 실제로 스턴버그의 지능 삼원론을 비롯해 지능에 관한 이론 대부분은 인간을 대상으로 삼고 있다. 그러나 '지능을 가진 존재는 인간뿐이다'라는 주장은 지능을 어떻게 바라보느냐에 따라 맞을 수도 틀릴 수도 있다. 인간의 지능을 '개체의 삶 안에서 환경의 변화에 적응하고 대처하는 능력'이라고 한 스턴버그의 정의도 생각하기에 따라서 인간뿐 아니라, 각종 동식물에게도 적용할 수 있다.

인간을 포함하여 자연 생태계에 내재된 지능은 과연 무엇을 목적으로 작동하는가? 바로 생존과 번성이다. 생존이 일차적 목적이고 이차적 목적이 번성이다. 일차적 목적을 달성해야 이차적 목적으로 나아갈 수 있다. 자연 생태계에서 번성은 프레리도그 사례와 같이 개체 수가 많아지는 것만을 뜻하지는 않는다. 생태계 안에서 생물 다양성이 증가하는 것을 뜻하기도 한다. 생존은 결국 번성을 위한 것이고, 번성을 통한 생물 다양성의 증가는 다시 생물의 생존 가능성을 높인다.

만일 신이 우주를 창조하면서 피조물에게 단 하나의 명령을 내렸다면 그것은 무엇일까? '무조건 살아남아라'라는 지속 가능성의 명령이 아닐까? 생존과 번성은 다양성을 증대시키고 궁극적으로는 생태계의 지속 가능성을 높인다. 초기 우주에는 수소, 헬륨, 리튬 등 일부 원소만 존재했고 이들 사이에서 여러 단계의 핵융합이 일어나면서 무거운 원소가 생성되었다. 그리고 초신성 폭발 등을 통해 다양한 원소를 우주 전역으로 날려 보냈다. 마찬가지로 생명체도 원핵생물에서 진핵생물로, 단세포 생물에서 다세포 생물로, 또 수많은 동식물로 진화하며 다양한 생물이 번성하게 되었다.

자연계에서 지능을 바라보는 관점은 두 가지다. 하나는 넓은 의미의 정의로서 '환경의 변화에 적응하고 대처하는 능력'을 지능으로 보는 관점이고, 다른 하나는 좁은 의미의 정의로서 '넓은 의미의 지능을 구성하는 능력'을 지능으로 보는 관점이다. 사실 자연 생태계에 존재하는 모든 생물은 생존과 번성을 위해 환경의 변화에 적응하고 대처하는 능력을 가지고 있다.

인간도 자연계에 속한 생물이다. 따라서 인간도 넓은 의미의 지능을 가지고 있다. 그러나 인간은 좁은 의미의 지능도 추구한다. 지능에 관한 연구 대부분은 자연 속에 내재하는 좁은 의미의 지능을 밝혀내고 그것을 모사해 내는 것이다. 현대 과학이 추구하는 우주와 생명의 탄생, 유전체, 뇌과학, 합성생물학, 인공 지능 등의 연구 활동이 대표적인 예다.

정보 탐색의 관점에서 지능은 '활용 목적에 따라 탐색한 정보를 해석하거나 가공하여 더욱 유용한 정보로 만들거나 탐색한 정보에 따라 상황 적응적인 대응 행동을 찾아내는 활동'이라 했다. 지능 활동의 목적은 종의 생존과 번성이고, 장기적으로는 지속 가능성을 높이는 것이다. 자연에서는 그러한 지능 활동이 자연 선택에 따라 작동되나, 인간이 사는 경제 사회 생태계는 인간이 스스로 정한 운용 메커니즘 또는 운용 원리에 의해 작동된다.

경제 사회 생태계에서 인간 지능 활동의 목적은 다양하다. 인간도 자연계의 일원인 한, 생존과 번성은 일차적이면서 동시에 궁극적인 목표임에 틀림없다. 그러나 인간이 자유 의지를 가지고 스스로 창조한 경제 사회 생태계에서, 조직 생산성의 극대화나 경쟁에서의 승리, 공정한 사회 실현 등이 지능의 우선적 목표가 되기도 한다. 결국 탐색한 정보로부터 생산성을 극대화하는 최적의 대응 행동을 찾아가는 능력, 시장 환경 정보가 주어졌을 때 정책 효과를 극대화하는 최적의 정책을 찾아내는 능력, 그리고 경쟁 시장에서 경쟁자보다 우월한 경영 성과를 만들어 내는 능력 등이 바로 인간이 추구하는 지능인 셈이다.

인간의 호기심은 끝이 없다. 자연 속 깊이 숨겨져 있는 우주와 생명의 비밀을 파헤치고 싶어 한다. 그러한 과감한 의도는 급기야 '인간 스스로 인간의 두뇌를 모든 면에서 능가하는 초지능(superintelligence)을 만들 수 있다'는 생각으로까지 발전하고 있다.[4] 아직 검증되지 않은 이 생각이 현실화된다면, 생존과 번성을 목표로 하는 인간 지능이 스스로 자신의 존재와 정체성을 거부함으로써 삶의 목표 자체를 파괴하는 역설이 발생할 수도 있다. '초지능이 과연 가능한가?'에 관한 논쟁은 차치하고라도, 우리가 잊지 말아야 할 것은 '지능은 자연의 섭리 안에서만 가치를 가진다'는 사실이다.

뇌과학으로 알아보는 지능

: 시냅스 가소성이야말로 지능을 구현하는 핵심 원리다.

만일 생물에게 노벨상을 준다면 당신은 어떤 생물을 선택할 것인가? 일명 '바다 달팽이'로 불리는 군소(*Aplysia*속)가 아마 가장 강력한 후보가 되지 않을까? 군소는 자신의 몸을 바쳐 학습과 기억에 관한 세포생물학의 발전에 기여했을 뿐 아니라, 뇌과학에서 이미 모델 생물(model organism)로 자리 잡았다.

그림 13 뇌과학의 모델 생물로 불리는 군소(Aplysia)

군소가 뇌과학에 기여하게 된 계기는 그 몸의 독특함에 있다. 군소
는 겉모습은 달팽이 같지만 크기는 60~70센티미터에 달한다. 이 거
대한 바다 달팽이는 약 1밀리미터 길이의 신경세포를 가지고 있고,
학습을 할 수 있는 정도의 지능을 가지고 있다. 콜롬비아 대학교 에
릭 캔들(Eric R. Kandel) 교수는 군소를 이용해 세포 내 기억 과정을 밝
힘으로써 1949년 캐나다의 심리학자 도널드 헵(Donald O. Hebb)이 예
견한 시냅스 가소성(synaptic plasticity)을 실험적으로 입증하는 데 크게
기여했다.[5] 이 공로로 캔들 교수가 2000년에 노벨생리의학상을 수
상했으니, 이에 크게 기여한 바다 달팽이도 공동 수상할 자격이 있지
않을까?

　20세기 이전만 해도 지능에 관한 연구는 형이상학적 논리를 펴거
나 부분적인 임상 실험의 결과를 확대 해석하는 방식으로 이루어졌

다. 현실적으로 뇌를 열어 신경세포를 관찰하더라도 활동하지 않는 상태로만 관찰할 수 있었을 뿐 그 속에서 일어나고 있는 생리적·생화학적 변화를 관찰하기는 어려웠다. 그러던 차에 두뇌 속 신경세포가 학습 과정에 어떻게 개입하고 적응하여 이른바 지능을 형성하는지에 관한 가설이 발표되었다. 헵이 1949년에 자신의 저서《행동의 조직(*The organization of behavior*)》에서 일명 헵의 가설(Hebb's postulate)을 발표한 것이다.[6] 그 내용은 쉽게 말하면 다음과 같다.

> 동물의 조건 반사 행동이 반복되면 두뇌 속 어떤 부위에서 인접한 두 신경세포 사이에 신호 전달이 반복되고, 신호 전달이 반복되면 이들 간 신호 전달 효율을 강화시키는, 즉 전달되는 신호 강도를 키우는 일종의 성장 프로세스 또는 물질대사의 변화가 나타나게 된다.

헵의 가설은 더 나아가 일명 세포 집합체 이론(cell assembly theory)을 제안하는데, 그것은 장기적으로 신호 전달을 반복한 두 신경세포 사이에 일종의 탄탄한 연결 구조가 형성된다는 것이다. 바로 '학습'이다. 헵은 학습을 이렇게 표현하고 있다.

> 학습이 작동하는 방식은 이러하다. 어떤 외부 자극에 의해 신호가 두뇌 속 어느 신경세포A로 전달되면 그 신호는 인접한 신경세포B로 전달된다. 신경세포A가 신경세포B와 만나는 연접 간극을 우리는 '시냅스(synapse)'라고 한다. 이를 기준으로 보면 신경세포A는 시냅스

전 신경세포(presynaptic neuron)고 신경세포B는 시냅스 후 신경세포(postsynaptic neuron)다. 공간적으로나 시간적으로 신경세포A가 신경세포B에 앞선다는 뜻이다. 시냅스는 두 신경세포 사이의 미세한 간극이다. 시냅스를 통한 신경세포A에서 신경세포B로의 신호 전달은 신경 전달 물질이 담당한다.

어떤 자극이 주어지면 처음에는 신경세포A와 신경세포B 사이에 신호가 전달되다가 그것이 반복되면 시냅스에서 신경 전달 물질이 증가하여 두 신경세포 사이에 전달되는 신호의 강도가 세진다. 이를 단기 강화(short-term potentiation) 또는 단기 기억(short-term memory)이라고 한다. 그러다가 신경세포A와 신경세포B 사이의 신호 전달이 더 오래 지속되면 장기 강화(long-term potentiation) 또는 장기 기억(long-term memory)이라고 하는 생체 변화가 나타난다. 신경세포A와 신경세포B를 연결하는 시냅스의 면적이 커지거나 새로운 시냅스가 구조화되는 것이다. 이렇게 구성된 신경세포 간의 연결 구조를 우리는 통틀어 신경 회로(neural circuits)라고 한다. 약 2만 개의 신경세포로 구성된 군소의 뇌는 말할 것도 없고, 약 1,000억 개의 신경세포로 구성된 고차적인 인간의 뇌도 결국은 '유전과 장기 강화 학습을 통해서 형성된 신경 회로'다.

'환경의 변화에 적응하고 대처하는 능력'이라는 넓은 의미의 지능을 이러한 관점에서 재해석하면, 환경의 변화는 자극이고, 적응하는 것은 학습이며, 대처하는 것은 반응이다. 이는 일체화된 과정으로서

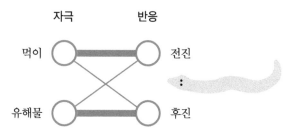

그림 14 시냅스 가소성에 의한 플라나리아의 지능 구현

자극을 학습으로 변환하고, 학습 결과를 신경 회로로 기억함으로써 자극에 대응하는 행동을 일으킨다. 자연계에 존재하는 수많은 종류의 신경 회로는 넓은 의미의 지능을 찍어 낸 기록물인 셈이다.

그렇다면 그러한 넓은 의미의 지능을 만들어 내는 메커니즘은 무엇일까? 그것이 바로 시냅스 가소성이다. 시냅스 가소성이야말로 환경으로부터 주어지는 자극에 반응하여 적합한 신경 회로를 만들어 내는 원리이자 메커니즘이다. 시냅스 가소성은 자연 속에 내재한 좁은 의미의 지능임에 틀림없다. 캔들은 헵이 예견한 시냅스 가소성의 생리적·생화학적 메커니즘을 입증해 냈다.

시냅스 가소성과 관련해서 한 가지 짚고 넘어가야 할 것이 있다. 자연 속에서 지능이 신경 회로 형태로 구현되는 것은 알겠으나, 신경 회로는 어떻게 '생존과 번성'에 유리하게 작동하는 걸까? 시냅스 가소성이 어떤 방식으로 생존과 번성 또는 지속 가능성을 최대화하는 신경 회로를 만들어 내는지 궁금하다.

그림 14와 같이 편형동물인 플라나리아(planaria)가 있다. 플라나리아는 신경세포가 머리 부분에 모여 있는 원시적 뇌의 형태를 가지고 있다. 플라나리아의 생존 전략은 간단하다. 먹이를 만나면 섭취하고 유해물을 만나면 피하는 것이다. 플라나리아는 신경세포를 통해 외부 자극을 감지하고 이에 방향성 있는 움직임으로 반응하는데, 먹이를 만나면 전진하고 유해물을 만나면 후진한다.

플라나리아는 원시적 뇌의 형태를 가지고 있어서 화학 물질이나 빛 등 간단한 외부 자극에 단순하게 반응하지만, 인간은 이보다 훨씬 복잡하다. 인간에게 어떤 행동이 일어나는 데 필요한 것은 두 가지, 감정과 기억이다. 감정은 기분의 '좋고 나쁨'을 구별하는 것이고, 기억은 '잘못된 행동'을 다시 반복하지 않기 위해 학습 결과를 기록해 두는 장소다.

인간 두뇌의 용어를 빌려 표현하자면, 플라나리아에 가장 먼저 필요한 조직은 편도체(amygdala)다. 편도체는 대뇌의 한 부분으로 주로 감정을 다루는 영역이다. 단순하게는 '좋고 나쁨', 즉 '생존에 유리한 것과 불리한 것'을 구분하는 영역이다. 몸에 필요한 먹이를 섭취했을 때의 감정은 '좋은 것'이고, 나쁜 환경에 노출되어 몸의 일부가 상하는 경우의 감정은 '나쁜 것'이다. 그러면 편도체가 좋게 평가한 상황에서는 전진하는 행동이, 나쁘게 평가한 상황에서는 후진하는 행동이 유도되도록 학습이 이루어지면 된다. 학습 과정에서 '좋을 때 전진하는 행동'과 '나쁠 때 후진하는 행동'은 강화하고, '좋을 때 후진하는 행동'과 '나쁠 때 전진하는 행동'은 억제하면 된다. 그림 14는 학습 결과 '먹이'를 감지하는 신경세포와 전진을 지시하는 신경세포 간 시냅스, 그리고 '유해물'을 감지하는 신경세포와 후진을 지시하는 신경세포 간의 시냅스가 강화된 모습을 보여 준다. 이렇게 하여 일단 플라나리아의 두뇌에 학습된 신경 회로가 자리 잡으면, 먹이에 전진하고, 유해물에 후진하는 반사 작용이 완성된다.

그런데 그 신경 회로에 추가로 기억 기능이 부가되면 어떻게 될까? 먹이를 먹었을 때의 좋은 기분과 유해물을 만났을 때의 고통을 기억할 수 있을 것이다. 인간 대뇌 속 변연계(limbic system)의 해마(hippocampus)가 하는 것처럼 말이다. 그러면 그 기억을 바탕으로 유해물과 직접 접촉하기 전에, 이를테면 보거나 냄새를 맡는 선행 자극만으로도 후진하는 예방 행위가 가능하다. 기억 속에 담겨 있는 나쁜 경험은 유사한 상황에서 같은 시행착오를 하지 않도록 해 줄 뿐 아니라, 나쁜 자극에 대한 대응 시간도 단축해 준다.

20세기 중반까지는 뇌에 대해 거의 아는 게 없었다. 20세기 후반 현대 뇌과학이 전 세계적으로 주목을 받으면서, 뇌를 구성하는 큰 구역, 즉 뇌줄기(brain stem), 사이뇌(diencephalon), 소뇌(cerebellum), 대뇌(cerebrum), 그리고 각 구역을 구성하는 하부 조직별로 구조와 기능, 역할을 파악하기 시작했다. 21세기로 넘어오면서는 인지, 의식, 감정, 몰입, 창조 등 고차적 정신 활동이 뇌 어떤 부위의 활성화와 연관되어 있는지에 관한 뇌·인지과학 탐구가 활발해졌다. 기능적 자기공명영상(fMRI), 양전자 단층촬영(PET), 단일광자 단층촬영(SPECT) 등 첨단 영상 장비의 발전이 뇌·인지과학 발전에 단단히 한몫을 했다.[7]

뇌 구조로만 보면, 다른 생명체와 인간을 극명하게 구분하는 것이 '뇌 속의 뇌'라고 불리는 이마엽(frontal lobe)이다. 인간 뇌의 30퍼센트 정도를 차지하는 이마엽은 주로 판단 기능을 담당하며, 통찰력과 같은 고도의 정신 기능을 관장한다고 알려져 있다. 인간은 이마엽의 힘으로 지능도 탐구하고 있는 것이다.

인간은 생물의 지능을 연구하면서 다른 방식의 지능도 탐구해 왔다. 바로 규칙 기반 인공 지능(rule-based artificial intelligence)이다. 온톨로지(ontology), 시맨틱 웹(symantic web), 전문가 시스템(expert system)이 대표적인 예다.

구글의 알파고(AlphaGo)가 2016년 봄을 강타하기 전까지, 좁은 의미의 지능 경쟁에서 인간은 기존의 기술을 고집했다. 논리 기반 인공 지능은 실효성 면에서 분명한 한계가 있어 승률이 좋지 않았고, 상업적으로도 큰 성공을 거두지 못했다. 신경 회로 기반의 인공 지능 역시 마찬가지였다. 그럼에도 논리 기반 인공 지능과 신경 회로 기반 인공 지능 모두에 미련을 버리지 못하고 있었다.

그러던 중 2006년을 전후로 신경 회로 분야에서 딥 러닝(deep learning)이라는 기술적 돌파가 이루어진다.[8] 딥 러닝 덕분에 신경 회로 기반 인공 지능은 지능 연구에 새로운 지평을 열었다. 딥마인드 (DeepMind)는 딥 러닝 기술로 2010년 창업한 영국의 인공 지능 회사다. 이 회사는 2014년 구글에 인수된 후, 구글의 빅 데이터와 클라우드(cloud)를 활용하여 인공 지능 알파고를 만들어 냈다.

2016년 3월 초 알파고가 우리나라의 이세돌 9단과 치른 다섯 번의 대국에서 4대 1로 완승하자, 인공 지능은 일순간 흥미의 대상에서 두려움의 대상으로 바뀌었다. 인간의 지능을 넘어서는 초지능 (superintelligence)의 출현도 언젠가는 가능하리라는 전망이 이어졌다. 알파고의 이세돌 격파는 초지능이 인간의 정체성을 위협하기 시작했음을 알리는 사건이었다. 경쟁은 이제 막 시작되었다.

대립되는 두 세계

: 지능을 제대로 탐구하려면 세상을 바라보는 균형 잡힌 세계관이 필요하다.

플라나리아 얘기로 되돌아가 보자. 플라나리아의 원시적 뇌는 학습을 통해서 먹이가 있을 때 전진하고 유해물이 있을 때 후진하는 회로를 완성했다. 즉 자극에 대해 최적의 반응을 만들어 내는 회로를 구성한 것이다. 그 방식은 일단 시행착오로 경험을 해 본 후, '좋은' 느낌을 유발했던 시냅스는 강화하고, '나쁜' 느낌을 유발했던 시냅스는 억제하는 것이었다.

이 과정을 좀 더 깊이 들여다보자. 시냅스 가소성은 자극에 반응을 매치시키는 과정인데, 성과, 즉 감정을 좋게 하는 방향으로 이루어진다. 그러자면, 행동과 성과 간의 관계를 사전에 알고 있어야 한다. 즉 앞에 먹이가 있을 때 전진하는 행동은 좋은 감정을, 후진하는 행동은 나쁜 감정을 유발하고, 유해물이 있을 때 전진하는 행동은 나쁜 감정을, 후진하는 행동은 좋은 감정을 유발하는 것을 알아야 한다.

학습 과정에서 시행착오에 의해 터득하게 되는 행동과 성과 간의 관계를 인과관계라고 한다. 시냅스 가소성에 의해 성과를 극대화하는 신경 회로를 구축되면 인과관계가 형성된다. 물론 시냅스 가소성을 활용해서 신경 회로를 구축할 때 성과를 최소화하는 것으로 설정해도, 이 인과관계는 그대로 유효하다. 행동을 좋은 성과와 매치시키는 대신 나쁜 성과와 매치시키는 것도 가능하다.

플라나리아의 경우 행동과 성과 간의 인과관계는 쉽고 분명했다. 그런데 대상이 경제 사회 시스템이라면 어떨까? 이에 답하기 위해 당신이 경제 사회 생태계를 대상으로 생태계 규모의 지능을 구현하려 한다고 가정해 보자. 편의상 이 지능을 에코스(ECOS)라고 명명한다. 당신은 에코스를 구축하기 위해 우선 정보 탐색을 통해서 파악한 상황을 자극으로, 그리고 그에 대응하여 집행할 수 있는 정책 대안들을 반응으로 정식화할 것이다.

예컨대 정보 탐색을 통해서 수집하는 정보, 즉 경제 성장률, 실업률, 빈부 격차, 출산율의 변화는 자극으로, 기준 금리, 조세 정책, 복지 정책, R&D 등의 정책 변수는 반응으로 설정할 것이다. 그다음 해야 할 일은 자극과 반응을 연결하는 각 조합에 대해 바람직한 조합은 강화하고 바람직하지 않은 조합은 억제하는 것이다. 물론 이때 바람직한 정도를 측정하기 위해 성과 기준이 하나 필요한데, 당신은 경제 성장율, 실업률, 빈부 격차, 출산율을 통합하여 만든 가칭 '지속 가능성 지표'를 사용하기로 했다고 하자.

그림 15는 당신이 구현하려는 에코스의 신경 회로의 모습을 예시

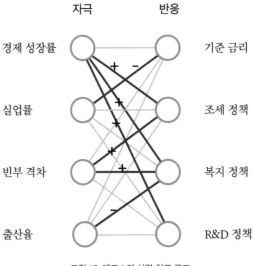

자극   반응

경제 성장률   기준 금리

실업률   조세 정책

빈부 격차   복지 정책

출산율   R&D 정책

그림 15 에코스의 신경 회로 구조

한 것이다. 자극신경세포와 반응신경세포를 연결하는 굵은 시냅스 상에 나타난 부호는 강화의 방향을 의미한다. '+' 부호는 자극과 반응이 같은 방향으로 강화된다는 것을, '-' 부호는 자극과 반응이 반대 방향으로 강화된다는 것을 의미한다. 가는 선은 억제된 시냅스를 표시한다.

그러면 이제 마지막 남은 일은 각 정책 변수의 증감에 대해 '지속 가능성 지표'가 어떻게 반응하는지를 알아야 한다. 정책 변수와 지속 가능성 지표 간의 인과관계를 알아야 한다는 말이다. 그래야 주어진 자극에 대해 지속 가능성을 높이는 방향으로 정책 변수를 강화하는 것이 가능해진다. 방향성을 알 수 없으면, 주어진 자극에 짝지워진 정책 변수를 강화할지, 억제할지를 정할 수 없다. 이런 상황이면 일관된 학습을 할 수 없고, 제대로 학습된 신경 회로가 만들어지기를 기대할 수도 없다.

그런데 현실에서는 인과관계의 내용은 차치하고 인과관계 자체의 존재 여부조차 알기 어렵다는 문제에 부딪힌다. 인과관계라는 것이 자연에 본질적으로 내재해 있는 것인지, 아니면 인간이 만들어 낸 하나의 인식에 불과한 것인지도 분명치 않다는 것이다.

스위치를 켜면 형광등에 불이 들어오는 현상을 예로 들어 보자. 스위치를 켜면 형광등이 밝아지므로 우리 눈에 스위치를 켜는 행위와 형광등이 밝아지는 것은 하나의 인과관계로 보인다. 그러나 스위치를 켜는 것은 사실 전기를 통하게 하는 것뿐이고, 저변의 메커니즘은 전기가 통하면 형광등 안의 음극에서 전자가 튀어나오고 그 전자들이 형광등 내부 표면에 발린 형광 물질을 때려 빛이 나는 것이다. 이 경우, 형광등에 불이 들어오는 현상의 원인은 무엇이라 할 것인가? 스위치를 켠 것인가, 전기를 통한 것인가, 아니면 전자가 형광물질을 때린 것인가? 과학적 관점에서 보면, 후자로 갈수록 원리에 가까워진다. 그런데 전자가 형광 물질과 부딪혔을 때 왜 빛이 발생하는지를 누가 당신에게 물으면 뭐라 답할 것인가? '왜'라는 질문을 어디까지 반복해야 당신은 비로소 '현상적 인과관계'가 아닌 '실체적 인과관계'에 도달할 것인가?[9] 아마 이 질문을 무한히 반복하면, 결국 답을 구할 수 없는 질문에 도달하게 된다.[10]

인과관계가 지능을 구현하는 데 매우 중요한 전제임에 틀림이 없으나, 그것은 어디까지나 우리가 세상을 바라보는 수단적 관점, 즉 세계관에 불과함을 깨닫게 된다. 지구상의 모든 생물은 넓은 의미의 지능을 가지고 있다. 굳이 시냅스 가소성에 의해 생존에 필요한 지능을 구성하는 현상에 대한 실체적 인과관계까지 알 필요는 없다. 넓은 의미의 지능을 구성하는 데 필요한 인과관계는 현상적 인과관계를 아는 것으로도 충분하다.

그러나 좁은 의미의 지능을 경제 사회 생태계에서 구현하고자 한다면 얘기가 달라진다. 경제 사회 생태계가 결정론(determinism), 확률적 결정론(probabilistic determinism), 카오스(chaos), 자유 의지(free will), 비결정론(indeterminism) 중 어떠한 작동 원리에 의해 운영되는지에 따라 좁은 의미의 지능이 쉽게 얻어질 수도, 그렇지 않을 수도 있다.

아주 간단한 가상적인 경제 사회 시스템을 예로 들어 보자. 대로변에는 매일 사람들이 지나다니는데 길목에 신문 자판기가 하나 있다. 동전을 넣으면 신문이 자동으로 나오는 기계다. 이 자판기에 표시되는 신문 가격은 매일 새로 책정되는데, 나는 이 기계에 지능을 심어서 장기적으로 매출액을 극대화하는 가격이 자동으로 책정되도록 하고 싶다. 가격을 올리고 내리는 행위가 흡사 플라나리아가 전진 또는 후진하는 행위와 비슷하므로 이 기계에 심을 지능을 '로보 플라나리아(Robo-Planaria)'라고 부르자.

로보 플라나리아를 구현하기 위해서는 자극, 반응, 그리고 반응과 성과 간의 인과관계를 파악해야 한다. 우선, 자극은 매출액의 변화다. 가격을 새로 정하는 매일 아침을 기준으로 가장 최신의 정보는 그제 매출액 대비 어제 매출액의 증감이다. 이 자극에 대해 로보 플라나리아가 할 수 있는 반응은 가격을 인상하거나 인하하는 것이다. 로보 플라나리아는, 어제 가격을 인상해서 매출액이 증가했다면 오늘 가격을 인상하는 것이 오늘의 매출액을 증가시킬 것이고, 어제 가격을 인하해서 매출액이 증가했다면 오늘 가격을 인하하는 것이 오늘의 매출액을 증가시킬 것이라는 논리로 반응할 것이다.

반응과 성과 간의 인과관계에 관한 로보 플라나리아의 인식은 두 가지다. 하나는 '가격이 매출액을 결정한다'는 인과관계고, 다른 하나는 '어제의 인과관계가 내일에도 작동할 것이다'라는 믿음이다. 그런데 로보 플라나리아의 이러한 인식이 '실체적 진실'과 거리가 있다면 어떻게 될까? 실체적 진실이 무엇이냐에 따라 로보 플라나리아의 모습이 어떻게 달라질 수 있을지 한번 생각해 보자.

결정론과 비결정론

결정론(determinism)은 '인간의 행위를 포함하여 이 세상에서 일어나는 모든 일은 앞서 일어난 원인에 의하여 결정된다는 세계관'이다.[11] 정확하게 정의하면, 시점 t의 상태가 주어졌을 때, 시점 $t+1$ 이후의 상태가 자연법칙에 의해 결정되어 있다는 관점이다. 이에 관한 논의는 거슬러 올라가면 로마 황제 마르쿠스 아우렐리우스(Marcus Aurelius)부터 시작해서 아이작 뉴턴의 중력 법칙과 피에르 라플라스(Pierre S. M. de Laplace)의 결정론적 세계관을 거쳐 현대 철학자 대니얼 데닛(Daniel Dennett)에까지 이른다.[12]

결정론에 따르면, 모든 결과에는 원인이 있으며, 원인이 있으면 반드시 그에 상응하는 결과가 있다. "우주의 운동은 뉴턴의 운동 법칙이 지배하고 그 법칙은 과거뿐 아니라 미래에도 그대로 적용된다. 그결과, 우주에 있는 모든 원자의 위치와 운동량을 알고 있는 존재가 있다면 이를 이용해 과거와 현재의 모든 현상을 설명하고 미래까지 예언할 수 있다." 라플라스가 주창한 결정론적 세계관이다.

우리는 과거에 관찰된 현상의 원리를 규명해서 미래를 예측한다. 현상의 원리는 과거에 작동되던 원리가 미래에도 그대로 유지된다는 것인데, 그 논리적 근거가 결정론이다. 로보 플라나리아를 구현하는 과정에서 '가격과 매출액 간의 인과관계가 미래에도 그대로 성립한다'고 생각한 것은 결정론적 사고가 바탕에 깔려 있다는 말이다.

이와 대조적으로 '이 세상에서 일어나는 모든 일이 앞서 일어난 일과 무관하다는 세계관'이 비결정론(indeterminism)이다. 비결정론적 세계에서는 시점 t의 상태가 주어졌을 때 시점 $t+1$ 이후의 상태를 결정하는 자연법칙이 존재하지 않는다. 비결정론적 세계에서는 인과관계를 찾아내는 것 자체도 쉽지 않은 일이지만, 설사 찾아낸다고 하더라도 그것은 일시적 현상으로 미래 세상에 아무런 영향을 미치지 않는다. 이런 관점에서는, 로보 플리나리아를 구현할 때, 가격과 매출액 간의 인과관계로 학습은 시킬 수는 있으나, 학습된 로보 플리나리아가 미래에 매출액을 늘리는 데 기여할지는 아무도 모른다. 학습의 근거가 되었던 인과관계 자체가 미래에는 성립하지 않기 때문이다.

확률적 결정론과 카오스

'신문 가격이 나의 신문 구매 여부를 결정한다'는 것은 하나의 인과론이다. 그러나 그 내용을 보면 '스위치를 켜니 형광등이 밝아졌다'는 정도의 현상적 인과관계에 불과하다. 실체적 인과관계는 아마 '어제 너무 늦어 보지 못한 야구 시합의 결과가 궁금했는데, 마침 주머니에 500원짜리 동전이 있었다'는 것일지도 모른다. 1만 원짜리 지폐만 가지고 있었다면, 신문을 살 수 없었을 테니 말이다.

이 경우, 대로를 지나다니는 사람 중 어제 일어난 사건에 대해 궁금해하는 사람이 50퍼센트쯤 되고, 이 중에서 마침 주머니에 충분한 동전을 가지고 있는 사람이 다시 50퍼센트쯤 된다고 하자. 그러면 신문 자판기 앞을 지나가던 사람이 이 두 조건을 충족하여 신문을 구매할 확률은 25퍼센트가 된다. 이 경우에도 신문 가격과 매출액 간에는 인과관계가 성립한다. 그러나 그 관계는 가격이 변하면 신문을 구매할 확률이 변한다는 식으로 표현된다.

일어난 사건을 확률이라는 틀 속에서 우연히 일어난 것으로 보는 관점이 확률적 결정론(probabilistic determinism)이다. 나는 이 세상에 태어날 운명이었다고 보는 시각이 결정론이라면, 나는 하나의 난자를 두고 상호 경쟁한 정자 1억 마리 중에서 우연히 선택된 존재라고 보는 시각이 확률적 결정론이다. 결정론은 1억 마리 중에서 내가 선택된 것도 미리 정해져 있는 필연이라고 본다. 확률이라는 결정론적 임의성을 인정하지 않는다.

확률적 결정론이 실체적 진실이라고 해도, 로보 플라나리아를 학습시키는 데에는 아무런 문제가 없다. 로보 플라나리아를 학습시키기 위한 현상 자체는 필연적으로 일어난 것이든, 확률적으로 일어난 것이든 다르지 않기 때문이다. 이 결론은 시사하는 바가 매우 크다. 현상적 인과관계를 가지고 로보 플라나리아를 구현하려는 우리 입장에서는 현상적 인과관계를 실체적 인과관계의 확률적 구현으로 모형화해도 된다는 뜻이기 때문이다. 예컨대 결정론적 세계에서 100명 중에서 50명이 신문을 구매했다면, 이를 50퍼센트의 구매 확률을 갖는 확률적 결정론적 세계로 봐도 된다는 것이다.

확률적 결정론과 비교되는 세계관으로 카오스(chaos)가 있다. 카오스는 불규칙하고 예측 불가능한 현상을 지칭한다.[13] 카오스 현상은 수많은 요소 간의 상호 작용이 비선형적이어서 상호 작용 결과를 예측할 수 없는 이른바 복잡계(complex system)에서 자주 나타난다. 그런데 흥미로운 것은 카오스는 근본적으로 결정론의 세계라는 것이다. 결정론적 세계와 마찬가지로 카오스에서도 시점 $t+1$의 상황은 시점 t의 상태에 의해 정확하게 결정된다. 그런데 문제는 상호 작용이 무한히 반복되면서 그 결과의 모습은 전혀 예측할 수 없는 불규칙성을 보인다는 사실이다.

일명 나비효과(butterfly effect)로 상징되는 카오스 세계는 초기조건에 매우 민감하게 반응한다.[14] 대로변의 신문 자판기가 신문을 파는데, 가격을 어떻게 책정하든 상관없이 첫날 몇 부가 팔리느냐에 따라 한 달의 매출 총액이 현격하게 차이가 난다면, 아마 시장 저변 어딘가에 복잡계의 메커니즘이 작동하고 있다고 봐야 한다. '실체적 진실'이 그렇다면 이런 상황에서 비교적 안정적인 로보 플라나리아가 도출되기를 기대하는 것은 다소 무리다. 로보 플라나리아가 잘 작동할 현상이 안정적으로 반복될 가능성이 매우 희박하기 때문이다.

시스템 다이나믹스 모형과 에이전트 기반 모형

'가격이 매출액을 결정한다'고 하면, 가장 먼저 떠오르는 것은 관계식이다. 가격을 P, 판매부수를 Q, 그리고 매출액을 R이라고 하면, $R=PQ$가 된다. 식은 간단하지만, 식 속에 내포된 의미는 많다. 첫째, 신문 가격은 하루 중 판매 시점에 관계없이 같은 가격 P를 유지한다. 둘째, 판매부수 Q는 총량이다. 이 식에 따르면, '가격 P가 매출액 R을 결정한다'는 말은 '가격 P가 판매부수 총량 Q를 결정한다'는 말과 같다. 이로부터 판매부수 Q는 가격 P의 함수로서 $Q=f(P)$로 쓸 수 있다. 셋째, 매출액 $R=PQ=Pf(P)$로부터 R을 최대화하는 P값을 찾을 수 있다.

경제 사회 생태계를 구성하는 여러 총량 변수 간에 복잡하게 얽혀 있는 비선형적 관계를 수학적으로 표현한 것을 시스템 다이나믹스 모형(system dynamics model)이라고 한다. 시스템 다이나믹스는 첫째, 인과관계를 가격 P와 같은 통제 변수와 판매부수(Q)나 매출액(R)과 같은 총량 변수 간의 관계로 파악하고, 둘째, 경제 사회 생태계를 구성하는 여러 변수 간의 인과관계를 총체적으로 파악하여 다양한 인과사슬(causal chain)로 묘사한다.

이와 대조적인 세계관으로 에이전트 기반 모형(agent-based model)

이 있다. 이 모형은 경제학의 수요 공급 곡선과 같이 총량적 접근을 쓰지 않고, 개개인 소비자의 행위에 영향을 주는 인센티브 구조를 밝혀내 소비자 행위를 정식화한다. 신문 자판기 시장에서 가격이 판매 부수 총량에 영향을 미친다고 정식화하는 대신, 자판기 앞을 지나치는 행인이 어떠한 동기에 의해 신문을 구입하는지 그 행위를 정식화한다.

앞서 확률적 결정론과 관련해서, '어제 경기 결과가 궁금했는데 마침 주머니에 동전이 있어서 신문을 샀다'고 한 설명은 에이전트 기반 모형에 가깝다. 다행스러운 것은 그 관점이 '가격이 변하면 구매 확률이 변해 결과적으로는 총판매부수를 변화시킨다'는 확률적 결정론과 상치되지 않는다는 것이다.

결정론적 세계관의 저변에는 '세상을 지배하는 큰 원리가 존재하고 나는 그 힘이 주재하는 세상에 살고 있다'는 관념이 깔려 있다. 우리가 사는 경제 사회 생태계도 그러한 관점에서 보면, 가격은 시장을 움직이는 큰 힘이고, 소비자는 그에 대응하는 행동을 하는 반응자일 뿐이다.

그런데 신문 구매의 실체적 진실이 그게 아니라, 앞서 가던 사람이 신문을 사는 것에 영향을 받아 내가 신문을 사게 되었다거나, 어제 사서 본 신문의 연재물에 빠져 오늘 또 신문을 사게 된 것이라면 어떻게 될까? 인간의 사회성이나 '나만의 재미 추구'라는 자유 의지가 구매에 영향을 미친 것이다.[16] 이것이 실체적 진실이라면, 결정론적 세계관에 입각하여 구현한 로보 플라나리아는 '어느 날 문득 지구로 공간 이동한 화성인' 신세가 될지 모른다.

실체적 진실을 모르는 상태에서 생태계 규모의 지능을 구현하는 일은 매우 어렵다. 인간이기에 감히 시도하는 일이다. 그 과정에서 자만은 금물이다. 현 단계에서 인간이 할 수 있는 최선은 숨겨둔 실체적 진실을 찾으려 부단히 노력하는 것뿐이다.

신, 인간 그리고 기계

인식 : 가장 필수적이며 가장 원초적인

: 생존에 필요한 능력 중 으뜸가는 능력은 인식 능력이다.

지구상의 모든 동물이 생존을 위해 갖추어야 할 능력 중에서 가장 으뜸을 꼽으라면 무엇을 들 수 있을까? 나라면 생명을 위협하는 상황을 인식하는 능력을 꼽겠다. 이 능력이 부실하면 죽을 수 밖에 없기 때문이다. 이런 측면에서 인식(recognition) 능력은 가장 원초적 지능 중 하나다.

북미 중서부 초원에서 프레리도그 무리가 자기 동굴 입구의 둔턱에 서서 평원을 살피고 있다. 전형적인 스캐닝 활동이다. 그러다가 시야에 동물이 한 마리 들어왔다. 그 동물이 코요테인지, 야생 토끼인지를 구별하는 것은 매우 중요하다. 구별하지 못하면 프레리도그 무리의 생명이 위험해질 수도 있다. 프레리도그는 오랜 시간 자신의 서식지에서 살면서 위험한 동물과 위험하지 않은 동물을 구분하는 인식 능력을 갖췄다.

인간은 어떠할까? 시각, 후각, 촉각의 인식 능력이 동물들에 비해 많이 떨어진다. 인간이 진화 과정에서 감각에 의한 인식 능력을 키우지 않은 것은 불과 도구의 사용 등 자신을 방어할 대체 수단을 개발했기 때문이다. 그렇지만 망원경, 현미경, 레이다와 같은 고도의 탐지 장비는 물론 중력, 동작, 열 등을 감지하는 초정밀 센서 개발에 열을 올리는 것을 보면, 어떤 의미에서 인간이 인식 능력에는 한계가 없어 보인다.

인간이 생활 환경에서 보편적으로 쓸 수 있는 인공 지능의 개발에 나선 것은 꽤 오래전 일이다. 그 과정에서 개발된 기술 중에 실용적 가치가 크고 용도가 분명한 것이 패턴 인식(pattern recognition)이다. 가장 쉬운 예로는 은행의 수표 스캐너, 항공사 자동 체크인 기기의 여권 스캐너, 슈퍼마켓의 바코드 스캐너 등이 있다. 이들은 수표나 여권, 가격표에 나타난 여러 가지 부호를 읽고 구별해 내는 기능을 한다. 지금은 이런 자동 패턴 인식기 덕택에 은행에서든 공항에서든 슈퍼마켓에서든 오래 기다리는 일이 별로 없다. 이 작업을 사람이 한다고 생각해 보라. 아마 대기 행렬이 수십 미터까지 길어져서 시스템 자체가 작동하지 못하고 마비될 것이다.

이와 함께 현재 보편화된 패턴 인식 응용 기술로서 음성 인식이 있다. 외양상 화상과는 전혀 다른 형태의 정보지만 컴퓨터 입장에서는 동일한 전자 신호일 뿐이다. 만일 이러한 음성 인식 기능이 개발되지 않았다면, 구글 번역기나 네이버 파파고(papago)뿐 아니라 아이폰의 시리(Siri), 갤럭시폰의 빅스비(Bixby)도 없었다. 요즘 인기를 끌고 있는 인공 지능 스피커인, 아마존(Amazon)의 에코(echo), 구글의 구글홈(Google Home), KT의 기가 지니(GIGA genie), SKT의 누구(NUGU), 네이버와 라인이 함께 만든 웨이브도 마찬가지다.

그런데 패턴 인식 기술이 딥 러닝의 발전에 힘입어 요즘 새로운 영역으로 파급력을 넓혀 가고 있다. 하나는 이른바 머신 비전(machine vision)이고, 다른 하나는 컴퓨터 영상 진단(Computer Aided Diagnosis, CAD)이다. 머신 비전은 지상 수백 미터 상공의 드론이 지상의 목표물을 감지하고 추적하는 기능이다. 해상도만 좋으면 영화에 자주 나오는 것처럼 인공위성 영상을 통해서 목표물을 추적할 수 있다. 이 기술은 홈 로봇이 목표물을 인식하고 그에 맞추어 행동하는 데에도 활용된다. 테러 위협이 일상화된 현대 사회에서 주변의 CCTV가 도시 규모의 거대한 자동인지 시스템으로 통합되면 테러 예방은 물론 범인 색출이나 현장 검거에 활용해 사회의 보안 수준을 크게 향상시킬 수 있다.

컴퓨터 영상 진단은 엑스선, 초음파, 자기공명영상 등이 찍은 영상을 판독하여 병세를 진단하거나 질병의 원인을 찾는 작업이다. 디지털 기술 덕분에 이 분야의 영상 데이터가 빅 데이터로 축적되었는데, 이를 활용해서 영상 판독 전용 인공 지능 시스템을 학습시켜 널리 사용하고 있다. 잘 알려져 있는 IBM의 왓슨(Watson)을 비롯해, 최근에는 국내에서도 뇌 질환 영상 자료를 판독하는 인공 지능 의료 기기가 개발됐다. 이 기기는 뇌 질환과 관련한 수십만 장의 영상 자료를 스스

그림 16 자율 주행 자동차가 식별해야 하는 전방 영상의 예

로 학습한다.[1]

그렇다면 이러한 패턴 인식 시스템을 구현하는 절차는 무엇일까? 우선 각종 센서가 대상에 관한 데이터를 감지하면 사전 처리 과정을 거쳐 대상을 구별하는 데 필요한 특성을 도출한다. 그다음, 특성별로 측정된 값, 즉 특성치를 모아 데이터베이스를 구축한 다음, 이를 머신 러닝(machine learning)을 이용해 뉴럴 네크워크(neural network)에 학습 시킨다. 학습 결과 시스템이 완성되면 성능 시험을 거쳐 사용된다.

패턴 인식 시스템의 성능을 결정하는 데 가장 중요한 역할을 하는 요소가 특성 도출이다. 당신이 현대자동차의 자율 주행 자동차의 개발 책임자라고 하자. 당신은 현재 전방의 도로 상황을 감지하여 핸들 조작과 연계시키는 작업을 하고 있다. 그림 16은 서로 방향이 다른 도로 전방의 모습이다. 이때 당신은 영상 인식 과정에서 특성을 어떻게 도출해야 자율 주행을 안전하게 구현할 수 있을까?

가장 먼저 생각할 수 있는 특성은 '중앙선이 휜 방향'이다. 오른쪽으로 휘어 있으면 핸들을 오른쪽으로 돌리고, 왼쪽으로 휘어 있으면 핸들을 왼쪽으로 돌려야 한다. 그런데 이것만으로는 핸들을 얼마나 돌려야 할지 알 수가 없다. 따라서 두 번째 특성, 즉 '중앙선이 휜 정도'도 분석해야 한다. 이것만으로 충분할까? 그렇지 않다. 주행 중 내 차를 차선 중앙에 위치시키기 위해서는 도로 폭도 인지해야 하는데, 이를 위해서는 '중앙선과 경계선의 간격'을 알아야 한다.

당신이 보다 정확하고 안전한 자율 주행을 구현하려 하면 할수록 더 많은 특성 변수를 따져야 한다. 따라서 시스템 설계자 입장에서는 가능한 적은 특성 변수로 주어진 모든 기능을 수행할 수 있는 특성 조합을 찾아내야 한다. 상황 인식에 필요한 정보 중에서 빠지는 것이 없어야 하고, 정보가 불필요하게 중복되는 일도 없어야 한다. '중복없이 빠지지 않게', MECE 조건이 여기에도 필요하다.

자, 그러면 패턴 인식은 눈에 보이는 사물이나 귀에 들리는 소리에만 국한된 것인가? 그렇지 않다. 패턴 인식은 행위나 현상에 대해서도 적용할 수 있다. 앞서 다룬 신문 자판기 사례로 돌아가 보자. 내가 여러 가지 관찰과 분석, 연구를 통해 로보 플라나리아의 프로토타입(prototype)을 완성했다고 하자. 그래서 드디어 인공 지능 두뇌를 갖춘 신문 자판기를 운영하기 시작했다.

자판기 운영을 시작하자, 이제야 어떤 사람은 신문을 사고, 어떤 사람은 사지 않고 지나치는지 사람들의 모습이 눈에 들어오기 시작했다. 친구와 할 새로운 게임 아이디어가 하나 떠올랐다. 자판기 쪽으로 다가오는 행인이 신문을 구매할지 안 할지를 맞히는 게임이다. 친구에게 이 게임을 제안하자 친구는 흔쾌히 받아들였다. 게임은 1주일 후 같은 요일에 하기로 했다.

제안 당시 나는 구매 여부를 맞히는 것이 도로가 휜 방향을 인지하는 것과 크게 다르지 않다고 생각했다. 그러고는 패턴 인식 시스템의 구현 절차를 떠올렸다. 역시 가장 어려운 문제는 구매자의 어떠한 특성이 신문 구매 여부를 결정하는지를 파악하는 것이다. 그런데 현실적으로 구매자의 마음속을 들여다볼 길이 전혀 없었다. 다가오는 행인이 어제 보고 싶은 야구 경기를 봤는지 여부는 말할 것도 없고, 지금 주머니 속에 동전이 있는지 없는지도 전혀 알 길이 없었다.

그래서 나는 외양적으로 나타나는 단서만을 가지고 패턴 인식 시스템을 만들어 보기로 했다. 고민 끝에 외양을 통해 알 수 있는 특성, 즉 성별, 연령대, 지적 수준, 보행 속도, 빈손 여부를 조사하기로 했다. 지적 수준은 지적 수준이 높은 사람이 신문을 더 잘 살 것이라는 생각에서, 보행 속도는 시간에 쫓겨 급한 사람이 신문을 살 리 없으리라는 생각에서, 그리고 손에 든 것이 많은 사람은 불편해서 신문을 사기 어려울 것이라는 생각에서 채택한 특성이었다.

나는 5일 동안 행인들을 관찰해서 1,000명의 데이터를 축적할 수 있었다. 신경 회로를 학습시킬 '학습용 데이터'가 완성됐다. 데이터 항목은 성별, 연령대, 지적 수준, 보행 속도, 빈손 여부, 신문 구매 여부로 구성했다. 이 데이터를 가지고 나는 구글이 제공하는 머신 러닝 엔진인 텐서플로(TensorFlow)를 사용해서 신경 회로를 완성했다.[2]

학습용 데이터에 신경 회로 모델을 적용한 결과, 그림 17과 같은

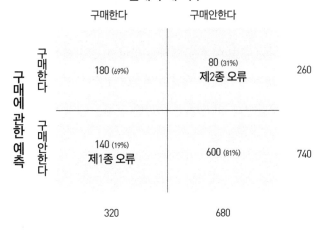

실제 구매 여부

구매한다   구매안한다

구매에 관한 예측

구매한다

180 (69%)   80 (31%)
제2종 오류   260

구매안한다

140 (19%)   600 (81%)
제1종 오류   740

320   680

그림 17 신문 구매에 관한 예측과 실제 결과

예측 결과를 얻었다. 총 1,000명의 행인에 대해 260명은 구매하고, 나머지 740명은 구매하지 않을 것으로 예측했는데, 실제는 320명이 구매했고 680명은 구매하지 않았다. '구매한다'고 예측한 경우의 예측 정확도는 69퍼센트, '구매 안 한다'고 예측한 경우의 예측 정확도는 81퍼센트였다. 전체적으로는 78퍼센트의 예측 정확도를 보였다.

결전의 날이 다가왔다. 나는 이 모델을 사용해서 구매 여부를 예측했고, 친구는 직관으로 예측을 진행했다. 결과는 나의 대승이었다. 나는 전체적으로 67퍼센트의 정확도를 기록했으나, 친구는 고작 45퍼센트의 정확도에 그쳤다. 지난 며칠간 한 고생이 뿌듯한 보람으로 다가왔다. 그런데 게임과 상관없이 한 가지 의문이 들었다. 나의 예측 엔진이 실험 당시에는 78퍼센트의 정확도를 보였는데, 실제 게임에서는 67퍼센트의 정확도에 그쳤다. 곰곰이 생각해 보니, 당연하다는 생각이 들었다. 학습 데이터를 가지고 적중률을 추정했으니, 현장 데이터에 적용할 때는 적중률이 낮게 나올 것은 당연했다.

이 사례는 비록 가상적이긴 하나, 현실에서 발생하는 상황을 충실히 반영하고 있다. 경제 사회 생태계에서 이와 같은 구조와 원리로 작동되는 현상은 헤아릴 수 없을 만큼 많다. 어음이나 신용 카드가 부도나는 것, 기업이 파산하는 것, 불경기와 호경기를 구분하는 것, 각종 경제 사회 현상의 진위 여부를 판단하는 것, 대형 국책 사업의 경제적 타당성 여부를 판정하는 것 등이 모두 이 부류에 속한다.

둘 중 하나로 판정을 해야 하는 이런 부류의 문제를 다룰 때 유념해야 할 사항이 있다. 바로 오류의 문제다. 신문 구매 여부를 예측하는 문제에서 '구매 안 한다'고 예측했는데 '구매하는' 경우와 '구매한다'고 예측했는데 '구매 안 하는' 경우가 생긴다. 이를 학술적으로는 각각 제1종 오류(type I error), 제2종 오류(type II error)라고 하는데, 신문 구매 예측의 경우 각각 19퍼센트, 31퍼센트를 기록했다.

이러한 판정 오류가 나타날 수밖에 없는 이유를 살펴보자. 신경 회로는 성별, 연령대, 지적 수준, 보행 속도, 빈손 여부의 가중 평균으로 구성된 다음과 같은 판별 함수를 도출한다.

$$F = w_1 \cdot \text{성별} + w_2 \cdot \text{연령대} + w_3 \cdot \text{지적 수준} + w_4 \cdot \text{보행 속도} + w_5 \cdot \text{빈손 여부}$$

그러면 예컨대, F값이 적정 임계치 θ보다 크면, '구매한다'고 예측하고, 그렇지 않으면 '구매하지 않는다'고 예측한다. 따라서 임계치 θ 를 높게 설정하면 제1종 오류가 커지고, 임계치를 낮게 설정하면 제2종 오류가 커진다. 신경 회로를 학습시키기 위해 수집한 데이터 량을 늘리지 않는 한, 제1종 오류를 줄이면 제2종 오류가 늘어나고, 제2종 오류를 줄이면 제1종 오류가 늘어난다는 얘기다.

"세상에 공짜는 없다"는 것은 만고불변의 진리다. 자원이나 노력의 추가 투입 없이 성과의 증가는 없다. 경제 사회 생태계에서 할 수 있는 최선은 투입 자원이 주어졌을 때 두 가지 오류에서 기인하는 총손실비용을 최소화하는 것뿐이다. 편의상 C 를 손실비용, P 를 오류가 발생할 확률이라고 하면, 총손실비용은 다음과 같이 계산된다.

$$총손실비용 = C(제1종\ 오류) \cdot P(제1종\ 오류) + C(제2종\ 오류) \cdot P(제2종\ 오류)$$

신경 회로를 학습시킬 때, 학습 방향을 결정하기 위해서는 최상위의 성과 기준이 필요하다고 설명한 바 있다. 우리가 사전적으로 각 오류로 인한 손실비용을 추정할 수 있다면, 이를 최소화하도록 학습하면 된다. 우리가 경제 사회 생태계 문제를 풀 때, 오류의 발생 가능성과 그로 인해 감수해야 할 사회적 비용을 추산하는 일은 기본 중의 기본, 핵심 중의 핵심이다. 이를 간과하는 것은 학술적 배임이거나 정책적 배임에 가깝다.

분석 : 신을 이기는 길

: 분석 능력은 실체적 진실을 파헤치려는 핵심적 수단이다.

'다름'은 곧 변화다. 다름을 동반하지 않는 변화는 없다. 결정론적 세계관에 따르면 변화에는 분명 원인이 있다. 인과관계를 밝히는 것은 다름, 즉 차이를 인지하는 것으로부터 시작된다. 시험 성적의 차이, 영업 이익률의 차이, 경제 성장률의 차이는 물론, 사람 간 인식의 차이, 사상의 차이, 선호의 차이, 행동의 차이에도 분명 이유가 있다. 철없던 아이가 어느 날 갑자기 철이 들어 나타났다면 거기에는 어떤 변화의 계기가 있다.

분석이란 기본적으로 다름을 발견하고 인과관계를 규명하는 일이다. 따라서 분석은 차이를 인지하는 것에서 비롯된다. 다름의 원인이 궁금해지면, 그때 비로소 연구가 시작된다. 신문 자판기 사례에서 누구는 신문을 사고 누구는 신문을 사지 않았다. 이를 인지하는 순간, 바로 의문이 제기된다. 무슨 요인이 신문의 구매 여부를 결정할까? 이에 대한 답을 구하고자 우리는 성별, 연령대, 지적 수준, 보행 속도, 빈손 여부에서 그 원인의 단서를 찾으려 했다.

총량으로 바라본 세계도 크게 다르지 않다. 어느 날은 매출이 25만 원에 달했는데 또 다른 어느 날은 매출이 16만 원에 불과했다. 같은 하루 매출인데, 도대체 9만 원의 매출 차이를 일으킨 요인은 무엇일까? 우리가 이때 가장 먼저 생각하는 원인 변수는 가격이다. 굳이 경제학 이론이 아니더라도 우리는 무의식적으로 '매출' 하면 가격을 떠올린다. 그런데 정말 그럴까?

우리가 당연시 여기던 것이 알고 보니 실체적 진실이 아니었다면 어떻게 할 것인가? 이를 가늠해 보기 위해 신문 자판기 시장을 가지고 역할 모사 게임(simulated role playing game)을 해보자. 이 게임의 무대에는 세 명의 배우가 등장한다. 신과 인간, 인공지능 신문자판기다.

우선 신의 역할을 살펴보자. 신은 실체적 진실을 만드는 존재다. 물론 신이 만드는 세계는 인간에게는 비밀이다. 신은 실체적 진실의 후보로 세 가지 다른 세상, A, B, C를 만들어 보기로 했다. 그 실체의 핵심은 가격이 정해졌을 때 얼마나 많은 사람이 무슨 이유로 신문을 사는지에 관한 것이다. 인간은 다양한 언어를 사용하지만, 신은 단 하나의 언어, 수학을 언어로 사용한다. 인간에게는 비밀이지만, 신이 만드는 세상을 신의 언어로 표현하니 다음과 같았다.[3]

$$p = \left(1 - \frac{P}{2000}\right)\left\{\alpha + \beta\frac{n}{N} + \gamma\left(e^{-e^{-0.45(m-5)}} - 0.12\right)\right\}$$

개략적인 내용은 이러하다. 어느 특정 행인이 신문을 구매할 확률이 p인데, 이 확률은 가격 P, 그날 내 앞에서 신문을 산 사람 수 n, 내가 오늘 이전에 신문을 산 횟수 m의 함수이다. 이 식에 담겨 있는 의미를 설명하면, 나는 가격이 비싸지면 살 확률이 줄어들고, 내 앞에 많은 사람이 신문을 사면 모방 효과 때문에 나도 살 가능성이 늘어나며, 내가 어제까지 신문을 많이 샀으면 일종의 중독 효과에 의해 오늘 신문을 살 가능성이 커진다는 것이다. 따라서 특정 행인이 신문을 구매할 확률은 가격이 쌀수록, 모방 효과가 클수록, 그리고 중독 효과가 클수록 커진다. 각 효과가 최종 구매 의사 결정에 미치는 영향을 가중치로 표시해서 각각 α, β, r로 표기했다. 그러면 특정한 날의 신문 매출액 R은 다음과 같이 계산된다.

$$R = P \cdot \sum_{i=1}^{rN} p_i$$

여기서 r은 날씨가 좋고 나쁨을 나타내는 계수, N은 그 지역의 인구수, P는 가격을 나타낸다. 설명하자면 이렇다. 해당 지역의 관심 인구 N=500명인데, 어느 날 날씨가 좋아서 r=0.7, 즉 그중 70퍼센트, 즉 350명이 거리로 나왔다. 그런데 그들 각각이 신문을 구매할 확률이 p_i이므로 그날 예상 판매부수는 이를 그 350명 각각에 대해서 더한 값이 된다. 이 판매부수에 가격 P를 곱하면, 그 날의 예상 매출액 R이 계산된다.

신은 인간과의 게임을 위해 α, β, r 값을 조정하여 세 가지 세상을 만들어 봤다. 이 세상을 [α, β, r]로 표시하면 세상A는 사람들이 가격에만 반응하고 모방 효과나 중독 효과가 없는 세상, 즉 [α, β, r]=[0.5, 0, 0], 세상B는 사람들이 가격에 반응하고 모방 효과만 있는 세상, 즉 [α, β, r]=[0.5, 0.4, 0], 그리고 세상C는 사람들이 가격에 반응하고 모방 효과와 중독 효과가 모두 있는 세상, 즉 [α, β, r]=[0.5, 0.4, 0.3]이다. 이렇게 해서 신의 역할은 결정되었고, 실제 무대에서 연기하는 것만 남았다.

역할 모사 게임에서 두 번째 등장인물은 인공 지능 신문 자판기다. 인공 지능은 매일 가격을 조정해서 30일 동안의 매출액을 극대화하는 것이 목표이다. 수단으로서 인공 지능은 가격 정책을 정하는데, 그 첫째 변수는 첫날의 신문 가격이고, 둘째 변수는 매일 가격을 변화시키는 알고리즘이다. 신문 자판기에 내장된 인공 지능이 현재 운영하고 있는 알고리즘은 이러하다. '매출액이 늘면 어제의 가격 변동을 오늘에도 적용하고, 매출액이 줄면 어제의 가격 변동과 반대 방향으로 오늘의 가격을 책정한다.' 그리고 인공 지능이 생각하고 있는 첫날의 신문 가격은 200원, 600원, 1,000원, 1,400원이다.

그림 18은 다양한 상황 설정에 따라 30일간 신문 자판기를 모의실험한 결과 얻은 운영 성과를 도식화한 것이다. 세상A가 실체적 진실인 경우 첫날 가격을 1,000원으로 책정했을 때 매출 총액이 310.5만 원으로 최대 실적을 기록했다. 30일 동안의 가격을 평균하였더니, 그 값은 1,130원이었다. 반면, 세상B가 실체적 진실인 경우에는 첫날 가격을 600원으로 책정했을 때 최대의 매출 총액 319.5만 원을 달성했고, 평균 가격은 777원이었다. 마지막으로 세상C가 실체적 진실인 경우, 첫날 가격을 200원으로 책정했을 때 최대 매출 총액은 406만 원, 평균 가격은 637원이었다.

역할 모사 게임에서 세 번째 등장인물은 신과 경쟁하는 인간이다. 인간의 역할은 인공 지능 신문 자판기가 30일 동안 운영하여 얻은 성과를 분석해서, 성과의 차이를 설명하는 인과관계를 밝혀내는 것

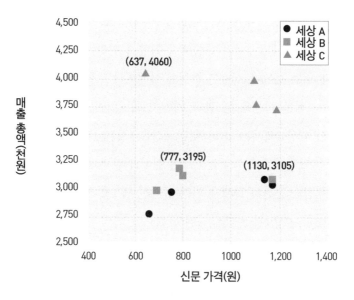

그림 18 다른 세상에서의 신문 자판기 시범 운영 성과

이다. 신과의 게임에서 신은 실체적 진실을 숨기려고 하고, 인간은 실체적 진실을 밝히려고 하므로, 차이들의 제곱합인 전체 변이(variation) 중 인간이 과연 몇 퍼센트를 설명하느냐에 따라 승패가 결정된다. 설명력이 크면 클수록 인간이 신과의 게임에서 이길 가능성이 커진다.

자, 인공 지능 신문 자판기를 세 가지 세상에 대해서, 네 가지 다른 첫날 가격을 가지고 시범 운영한 결과가 나왔다. 신과 게임하는 인간은 그 데이터를 분석해서 각 세상에 내재된 인과관계를 밝혀야 한다. 이를 위해 인간은 그림 18의 결과도 참조하되, 각 시나리오에 대해 30일간의 신문 가격 변화와 변화된 가격별 매출액 데이터를 수집했다. 이제 그 값들을 관찰하여 신을 이길 인과관계를 도출해 내야 한다.

가장 먼저 떠오르는 인과관계는 매출=f(가격)이라는 함수다. 즉 가격의 변화에 따라 매일매일의 매출액이 어떻게 변하는지를 회귀식으로 추정해 보는 것이다. 실제 모의실험 사례에서 도출된 30일간의 데이터에 회기식을 적용해 본 결과, 가격의 설명력이 세상A에서는 R^2=8퍼센트, 세상B에서는 18퍼센트, 세상C에서는 17퍼센트에 불과함을 알 수 있었다.[4] 이 수치로만 보면 신이 인간과의 게임에서 어느 세상을 내밀든 인간의 완패다. 가장 유리한 세상B에 대해서도 전체 변이의 18퍼센트밖에 설명을 하지 못했으니, 아직 신은 82퍼센트를 감추고 있는 데 성공한 것이다. 신과 인간의 성적을 대수로 표기하자면, 82:18로서 완전한 신의 승리다.

1차전에서 참패한 인간은 화가 많이 났다. 경제학 교과서에 나오는 수요 공급 법칙에 따라 인과관계를 규명했는데, 설명력이 고작 18퍼센트라니. 그래서 마음을 가다듬고 2차전을 치르기로 했다. 그 첫 번째 작업으로 30일 동안 매출이 큰 날과 매출이 적은 날을 별도로 분리해서 비교해 보았다. 혹시 가격 이외에 다른 요인이 있는 것은 아닐까 하고 말이다.

그러다가 눈에 번쩍 뜨이는 단서를 하나 발견했다. 매출이 컸던 날은 대체로 날씨가 좋았고, 매출이 적었던 날은 대체로 날씨가 별로 좋지 않았다. 신이 숨기고 있던 날씨 효과의 단서를 발견한 것이다. 그래서 이번에는 가격과 함께 날씨 요인을 지표화해서 회기 분석을 다시 시도해 보았다. 이때 적용한 인과관계는 당연히 매출=f(가격,

날씨)다. 이렇게 해서 얻은 결과는 세상A에서 R^2=56퍼센트, 세상B에서는 76퍼센트, 세상C에서도 76퍼센트였다.

만일 신이 인간의 이러한 성과까지 예측한다면 인간과 게임하는 신의 입장에서는 세 가지 세상 중 세상A를 게임에 내놓을 것이다. 그러면 인간이 실체의 56퍼센트만 설명하는 데 그치고, 신은 아직 44퍼센트를 숨길 수 있다. 이 경우 신과 인간의 성적 44:56을 가지고 인간이 과반을 넘겼으니, 인간이 승리했다고 할 수 있을까?

엄격히 얘기하면, 경제 사회 현상에서 전체 변이 중 56퍼센트 정도를 설명하는 인과관계를 밝힌다면, 결코 작지 않은 성공이다. 신이 충분히 너그럽다면 이 정도 성적을 가지고 인간이 이겼다고 해 줄 만도 하다. 그러나 수조 번의 실험을 해야 단서가 찾아지는 힉스 보손 입자의 존재 여부를 밝히는 것이나, 불량률 0.025퍼센트에 불과한 갤럭시 노트7의 불량 원인을 찾는 게임에서는 56퍼센트 정도의 성공률로는 어림도 없다.

2차전에서 부분적 성공을 거둔 인간이 좀 더 신에 다가가고자 한다면 어떠한 노력이 더 필요할까? 3차전에 나설 생각으로 인간은 현상을 좀 더 살펴보기로 했다. 그림 18에 나타난 시범 운용의 결과를 자세히 살펴보니, 몇 가지 특이한 사항을 발견할 수 있었다. 첫째, 매출 총액은 세상A보다는 세상B에서, 세상B보다는 세상C에서 더 크게 나타났고, 둘째, 세상A에서 세상C로 가면서 최대의 매출 총액을 달성하는 평균 가격이 1,130원, 777원, 637원으로 감소하였으며, 셋째, 그러한 현상이 첫날의 가격과 깊은 연관이 있다는 사실이다.

게임을 관전하고 있는 우리는 세상B는 모방 효과가 추가된 세상이고, 세상C는 거기에 중독 효과까지 더해진 세상임을 안다. 그러나 3차전을 치르려는 인간은 이 사실을 전혀 모른다. 인간이 3차전을 치른다면, 앞서 관찰한 세 가지 특이 사항으로부터 구매자 간에 발생하는 모방 효과와 각자의 구매 이력에 기인하는 중독 효과를 유추해 낼 수 있는지 여부에 따라 신과의 승패는 달라질 것이다.

그런데 이 단계에서 근본적인 문제가 하나 있다. 인간의 능력이 대단해서 이 세 가지 단서로부터 모방 효과와 중독 효과가 있으리라는 심증을 굳혔다고 하자. 그런데 이러한 인과관계가 있다는 사실을 어떻게 실증적으로 입증할 수 있을까? 이들 모방 효과와 중독 효과는 구매자 개인에게 발생하는 현상이어서 매출=f(가격, 날씨)와 같은 총량 모형을 가지고는 설명할 수 없다. 신에 대항하는 인간이 싸울 무기로서 총량 모형만을 가지고 있다면, 이 게임에서 인간이 다가갈 수 있는 최대치는 세상B와 C에서 기록한 최대의 설명력 76퍼센트다.

그렇다면 인간이 신과 3차전을 치르려면 실체적 진실을 밝히는 무기로서 어떠한 것을 준비해야 할까? 결론부터 얘기하자면, 총량적 접근은 버리고, 확률적 결정론, 카오스, 에이전트 기반 모형으로 접근해야 한다.

총량 모형이 하향식 접근이라면, 확률적 결정론과 카오스, 에이전트 기반 모형을 결합한 모형은 상향식 접근이다. 인간이 수학을 사용하여 모형을 정교화하면 할수록 인간의 승리 가능성은 커진다. 좁은 의미의 지능을 두고 신과 인간이 경쟁하는 데 있어서 인간에게는 무한한 발전의 가능성이 있다. 그 궁극적 승리의 비법은 신의 지능을 모사하는 흉내 내기에서 오기보다는 신의 언어를 사용하는 인간의 능력에 있다.

검증 : 진짜와 가짜 구별하기

: 논리적 검증을 실행하기 위해서는 수학과 자연법칙이 필요하다.

인공 지능에 관한 가장 흔한 얘기. "인간은 어린 애라도 고양이와 개는 쉽게 구별하는데, 컴퓨터는 이런 종류의 일은 잘 못한다. 그런데 머신 러닝에 이어 딥 러닝이 개발되면서 이제는 인공 지능이 고양이와 개를 정확도 70~80퍼센트 정도로 구별할 수 있게 되었다. 이러한 추세가 지속되면, 인공 지능이 인간의 능력을 넘어서는 것은 시간문제다." 과연 그럴까?

한번 생각해 보자. 당신이 수억 장의 사진으로 신경 회로를 학습시켜 고양이와 개의 식별 정확도를 99퍼센트까지 끌어 올렸다고 하자. 그런데 누가 당신에게 와서 개와 고양이를 구별하는 것은 이제 됐으니, 이번에는 진짜 개와 가짜 개를 구별하는 인공 지능을 만들어 달라고 하면 어떻게 해야 할까? 불가능하진 않겠지만, 아마 고민이 깊어질 것이다. 사실 인공 지능이 개와 고양이를 정확하게 식별할 수 있게 된 것은 지난 수년 동안 인터넷상에 축적된 수천만 장의 개와 고양이 사진 덕택이다. 학습에 필요한 빅 데이터가 있어서 가능했다는 얘기

다. 그런데 '가짜 개 사진이 과연 이만큼 인터넷상에 존재할까?'

순수한 인식의 관점에서 보면 사진만 보고 진짜 개와 가짜 개를 구별하는 것은 개와 고양이를 구별하는 것과는 비교할 수 없을 만큼 어렵다. 패턴 인식은 패턴의 차이를 구별하는 것인데, 가짜 개를 만드는 사람은 진짜 개와 똑같은 패턴을 갖도록 가짜 개를 만들 것이기 때문이다. 사진을 보고 진짜 개와 가짜 개를 식별하자면, 그 미세한 차이를 패턴상으로 인지해야 한다. 과연 신경 회로 기반의 패턴 인식이 그걸 해낼 수 있을까?

어린아이가 진짜 개와 가짜 개를 어떻게 구별하는지 관찰해 보자. 진짜 개는 살아 움직이고, 가짜 개는 안 움직인다. 안아 봐도 금방 안다. 진짜 개는 따뜻하고 소리를 낸다. 가짜 개는 따뜻하지도 않고 소리도 내지 않는다. 동일한 환경에서 컴퓨터에 아이 정도의 식별력을 요구하려면, 컴퓨터에 인간과 똑같은 감각 기능부터 부여해야 한다. 그러면 컴퓨터도 쉽게 진짜 개와 가짜 개를 구별할 수 있다. 결론은 진짜 개와 가짜 개를 구별하는 방법이 패턴 인식은 아니라는 것이다. 패턴 인식이 가능하다 해도 현명한 방법은 아니다.

개를 대상으로 진짜와 가짜를 식별하는 일은 사실 그리 중요한 일도 아니고, 잘못되어도 크게 문제될 게 없다. 가짜를 구별하지 못해도 그뿐이고 식별을 잘못했다고 해서 큰 손실이 발생하지도 않는다. 그런데 위조지폐, 위조수표, 위조여권 등 각종 문서의 위조는 어떠할까? 위조지폐나 위조수표를 통한 손실도 크지만, 위조여권은 국제 테러와도 연결될 수 있다. 식별 과정에서의 작은 실수가 엄청난 사회적 손실로 이어질 수 있다.

매우 큰 사회적 손실을 일으키는 위조 범죄 중에 회계 부정이 있다. 회계 부정은 회계 장부에 나타나는 숫자를 조작하는 범죄다. 조작의 방법은 여러 가지인데 분식 회계도 그중 하나다. 분식 회계를 통한 회계 부정은 대개 그 실상이 드러나면 해당 기업의 파산으로 이어진다. 실제로 2000년대 초반 엔론(Enron Corporation), 월드컴 (WorldCom), 글로벌크로싱(Global Crossing) 등의 기업이 회계 부정으로 파산했다. 에너지 기업인 엔론의 파산 신청 당시 자산은 634억 달러, 월드컴은 1,040억 달러에 달했다. 우리 돈으로 환산했을 때 경제적 손실이 수십조 원에 달하는 규모다.[5]

진짜 개와 가짜 개를 구별하는 일도 결코 쉽지 않은 일이지만, 수치 조작을 통한 회계 부정은 발견하기가 훨씬 더 어렵다. 이 문제는 수치의 본질적 진위에 관한 문제여서 '패턴 인식의 신'을 가져다 놓아도 해결하기 어렵다. 패턴 인식의 문제가 아니라, 경제 사회 현상에서 나타나는 실체적 진실을 밝히는 문제이기 때문이다. 무엇이 진짜인지를 모르는데, 어떻게 가짜를 구별해 낼 수 있겠는가?

그런데 이 어려운 문제에 희망이 생겼다. 바로 숫자에 내재된 자연법칙이 있어서다. 미국의 천문학자인 사이먼 뉴컴(Simon Newcomb)은 1881년 저명한 수학 저널 《미국 수학 저널(American Journal of Mathematics)》에 다음의 내용이 담긴 두 장 짜리 논문을 발표한다.[6]

"That the ten digits do not occur with equal frequency must be

내용인즉, 당시 과학자들이 많이 사용하던 로그 함수 책을 보니, 유난히 1로 시작되는 앞부분 페이지가 빨리 닳더라는 것이다. 이 현상에 호기심을 가지고 들여다본 뉴컴은 자연에 존재하는 수들의 첫 자리가 1 또는 2일 확률이 상대적으로 다른 수에 비해 크다는 것을 발견했다. 로그 함수 책에서 1로 시작되는 부분이 빨리 닳는 것에 합리적인 이유가 있었던 셈이다.

뉴컴의 발견은 위대한 것이었다. 자연 속에 숨어 있는 비밀을 밝혀냈기 때문이다. 충분히 칭송받아야 마땅했다. 그렇지만 당시 그의 논문은 세간의 주목을 별로 받지 못했다. 논문도 너무 짧았고 수학적 전개도 불충분했다. 그러나 주목을 받지 못한 것이 뉴컴한테는 오히려 다행이었다. 만일 그 논문이 당시 세간의 화제가 되었었다면 그는 이상한 주장을 하는 아주 괴팍한 사람으로 취급받았을지 모른다.

50년쯤 지났을까? 제너럴일렉트릭(General Electric Company, GE)에 근무하던 물리학자 프랭크 벤포드(Frank A. Benford)가 이 문제를 깊게 들여다보게 된다. 그는 실제로 다양한 소스로부터 2만 229개의 숫자를 수집한 후, 그 첫 자리가 무슨 수인지를 세어 보았다. 그 결과, 1은 30.6퍼센트, 2는 18.5퍼센트, 3은 12.4퍼센트, 4는 9.4퍼센트 등 그 빈도가 점차 작아져 마지막 9는 4.7퍼센트에 불과함을 확인했다. 자연에서 발견하는 수의 첫 자리 숫자별 분포가 1의 30퍼센트에서 시

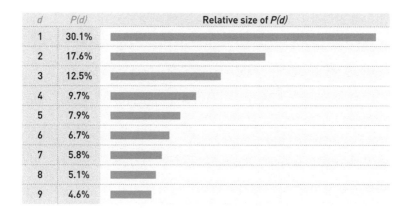

d	P(d)	Relative size of P(d)
1	30.1%	
2	17.6%	
3	12.5%	
4	9.7%	
5	7.9%	
6	6.7%	
7	5.8%	
8	5.1%	
9	4.6%	

그림 19 벤포드 법칙에 의한 첫 자릿수의 분포도

작해서 점차 이렇게 줄어드는 법칙은 나중에 그의 이름을 따서 벤포드 법칙(Benford's law)이라고 명명되었다. 벤포드 법칙에 관한 이론에서 도출된 첫 자리 숫자별 분포도는 그림 19와 같다.

1993년 미국 애리조나 주 공무원인 웨인 넬슨(Wayne J. Nelson)이 주 정부의 돈 200만 달러를 횡령하려고 시도했다. 가짜 납품 업체를 만들어 놓고 주 정부가 가상의 물품 대금을 그 업체에 지불토록 하는 수법을 썼다. 이런 방법으로 약 열흘에 걸쳐 그가 발행한 지급 수표는 총 23장, 수표상의 금액은 가장 작게는 1,927.48달러, 가장 크게는 96,412.21달러였다. 23장의 수표에 적힌 금액을 살펴보니, 전체 23장 중 21장의 수표 첫 자리가 7, 8, 9였고, 나머지 두 장만 첫 자리가 1과 2였다. 이는 벤포드 법칙의 관점에서 보면, 매우 비정상적인 것이었다. 벤포드 법칙에 따르면, 23장 중 30퍼센트에 해당하는 일곱

장은 첫 자리가 1로 시작되고, 18퍼센트에 해당하는 네 장은 첫 자리가 2로 시작되어야 정상이다. 그런데 거의 대부분의 수표가 7, 8, 9로 시작된 것은 벤포드 법칙에서 보면 충분히 의심을 살 만했다.

의심을 받은 넬슨은 내부 감사팀에게 조사를 받았고, 그 결과 23장의 수표가 모두 자신의 계정으로 지급된 사실이 발견되었다. 가짜 공급 업체가 넬슨 자신이었던 것이다. 그가 이 사기 사건으로 감옥행이 된 것은 물론이다. 이를 계기로 벤포드 법칙은 회계 부정을 방지하기 위한 포렌식 회계(forensic accounting), 즉 회계 데이터에 관한 범죄과학 수사 기법으로 널리 활용되기 시작했다.[7]

검증(verification)의 사전적 의미는 '주어진 명제의 참, 거짓을 사실에 비추어 검사하는 일'이다. 그러나 간단하게는 검사하여 증명한다는 의미다. 이를 일반화하면, 그것이 지폐나 수표와 같은 문서, 회계 장부에 기록된 수, 그리고 누군가 사실이라고 주장하는 진술, 그 모두에 대해 내용적 진위를 밝히는 것이라고 할 수 있다. 가짜를 진짜로부터 구별하는 것이다.

진짜의 모습을 알고 있는 상태에서 가짜를 식별하는 지능을 구현하기란 비교적 쉽지만, 회계 장부에 나타난 수치처럼 진짜의 모습이 드러나 있지 않은 경우, 수치의 진위를 밝히기란 매우 어렵다. 그러나 다행스럽게도 벤포드 법칙과 같이 자연 현상이나 사회 현상에는 예외 없이 적용되는 법칙이 많이 존재한다. 법칙은 어떤 주장이나 관찰 결과의 진위를 밝히는 이론적 근거, 실질적 바탕이 된다.

검증에는 두 가지 종류가 있다. 하나는 이미 알려진 자연법칙 또는 사회법칙에 비추어 현실에 나타난 현상의 진위를 밝히는 활동이다. 회계 장부에 나타난 각종 수치가 벤포드 법칙에 위배되는지 여부를 밝히는 통계 처리 활동이 대표적 예다. 벤포드 법칙이 '수치의 단위에 무관하게 성립한다'는 원리를 활용해서 검증 대상 수치에 어떤 수를 곱해 가면서 법칙의 준수 여부를 다단계로 검증하는 것도 여기에 속하는 활동이다.

다른 하나는 검증의 기초가 되는 자연법칙이나 사회법칙 자체를 찾아서 그것이 어떠한 조건에서 성립하는지를 밝혀내는 것이다. 다시 말하면, 자연 현상이나 사회 현상 속에서 법칙의 성립 여부를 다양한 조건과 여건에서 검증하는 것이다. 우리가 기댈 자연법칙과 사회법칙을 많이 찾아내면 낼수록 실체적 진실에 도전하는 인간의 도구는 늘어난다.

검증의 가장 강력한 수단은 수학이다. 진짜 개와 가짜 개를 패턴 인식으로 판별해 낼 수 없는 것과 마찬가지로, 자연법칙이나 사회법칙의 진위를 학습을 통해 가릴 수는 없다. 그것이 통계적 검증이든 수학적 검증이든 검증은 늘 고차원의 수학적 논리를 필요로 한다. 인간 고유의 자유 의지와 상상력에 기초한 논리 체계를 필요로 한다는 말이다. 인공 지능이 아무리 발전해도 인간을 대체하는 것이 불가능한 영역이 바로 이 영역이다.

추론 : 기계는 추론할 수 있는가

: 추론은 인간이 가지고 있는 가장 고차적인 지능 활동 중 하나다.

　1994년 10월 21일 아침 강남 압구정동에서 강북 왕십리 방향으로 차를 몰아 성수대교를 건너고 있었다. 출근하면서 매일 성수대교를 건너는 시간은 일정했다. 당연히 학교에 도착해서 연구실에 들어서는 시간도 일정했다. 만약 누가 내 출근 패턴을 알았다면 매일 같은 시간에 산책을 하던 임마누엘 칸트(Immanuel Kant)를 떠올릴 법도 했다.

　돌이켜 볼 때 그날 기억나는 특이한 상황은 없었다. FM 라디오가 켜 있었고, 라디오에서는 기분 좋은 음악이 흘러나왔다. 나는 성수대교를 지나 500미터 앞에 있는 응봉교 교차로에서 우회전을 했다. 그리고 다시 청계천 변을 따라 약 1킬로미터쯤 달려 성동교 사거리 신호등 앞에 정차했다. 바로 그때, 음악 방송이 중단되더니 긴급 뉴스가 흘러나왔다. 조금 전 성수대교가 붕괴되었다. 믿을 수 없었다. 이게 무슨 소리야? 내가 방금 성수대교를 건너왔는데…….

　놀란 마음으로 차를 몰아 학교에 도착했다. 차를 세우고 계단을 올라 연구실 문 앞에 도착하니, 안에서는 전화벨이 계속 울리고 있었다. 황급히 들어서서 전화를 받았다. 아버지로부터 온 전화였다. 그 시간이면 내가 성수대교를 지날 텐데, 방금 다리가 무너졌다고 해서 놀라 전화했다고 하셨다. 전화 통화 후 안심하셨겠지만, 내가 전화를 받기까지 마음을 꽤 졸이셨으리라. 전화를 끊자마자 바로 또 전화벨이 울렸다. 이번에는 동료 교수. 내가 매일 같은 시간에 출근하는 것을 유일하게 아는 교수의 전화였다. 괜찮다고 하고 전화를 끊었지만, 전화를 끊고 나니 이렇게 나를 걱정해 주는 동료가 있다는 사실이 매우 고마웠다. 마음을 진정하고 나자, 궁금증이 일었다. 대교 상판이 무너져 내리는 순간에 나는 과연 어디를 지나고 있었을까?

우선 무너져 내린 성수대교 상판에서 성동교 사거리까지의 거리를 추정해 봤다. 2킬로미터 정도였다. 내가 사고 지점을 지나 2킬로미터를 달린 후 긴급 방송을 들었으니, 사고 시각에 내 위치는 '신고 후 방송까지의 시간' 동안 내가 달린 거리만큼 후진하면 된다. 한번 그 시간을 추정해 보기로 했다.

'사고가 나자 근처 누군가 112에 신고했다. 그러자 경찰은 그 사실을 방송사에 전화했고, 방송사는 그 전화를 받고 원고를 작성, 생방송 아나운서에게 방송을 지시했을 거다.' 추측컨대, 그 시간은 분명 2분 이내였다. 왜냐하면 내가 사고 지점에서 2킬로미터를 달려 성동교 사거리에 도착하기까지 보통 2분이 걸리기 때문이다. 그 시간이 2분보다 길었다면, 나는 사고 시점에 사고 장소에 못 미쳐 압구정 방향 성수대교 남단에 있었어야 했다. 그렇다면 내가 성수대교를 못 건넜겠지. 그 시간이 2분이고 내가 시속 60킬로미터로 달렸다면 이동 거리는 2킬로미터이므로 사고 시각에 나는 정확하게 붕괴된 상판 위에 있었어야 한다. 그런데 나는 분명 그 상판 위를 지나왔으니, '사고 후 방송까지의 시간'이 2분보다 짧았거나, 아니면 내 운전 속도가 시속 60킬로미터에 못 미쳤어야 한다.

내가 시속 50킬로미터로 운전했다고 하고 계산해 보았다. 2분 동안 시속 50킬로미터로 달리면 1.67킬로미터를 간다. 그렇다면 붕괴당시 나의 위치는 성동교 사거리 후방 1.67킬로미터, 붕괴한 상판을 지나 약 330미터 전방이다. 시간으로 계산하면, 성수대교 상판이 붕괴되기 20초 전에 나는 그 상판 위를 운전해서 지나갔다는 얘기다. 상황 시나리오에 여러 가지 오차가 있을 수 있다. 그러나 어쨌든 내가 20~40초 차이로 붕괴 지점을 통과했다는 것은 거의 확실하다.

당시 성수대교 붕괴 사고는 놀랄만한 큰 뉴스였다. 이 사고로 17명이 다쳤고, 32명이 사망했다. 거기에는 무학여고 학생 여덟 명, 무학여중 학생 한 명이 포함되어 있었다. 너무나 비극적인 사고였지만, 그 사고는 내게는 특별한 경험을 안긴 사고이기도 했다. 간발의 차이로 나도 세상을 달리할 수도 있었던 사고였기 때문이다.

갑자기 성수대교 붕괴 사고 얘기를 꺼낸 것은 추론(inference)을 설명하기 위해서다. 붕괴 직전에 그곳을 지나간 내가 붕괴 당시 내 위치를 역산하여 밝히는 과정도 하나의 추론 과정이다. 추론은 이미 발생한 사건이나 사고를 두고 그 원인을 논리적으로 엄정하게 밝혀내는 활동을 말한다. 그러면 이제부터 추론을 통해 성수대교의 사고 원인과 책임 소재를 따져 보자.

성수대교가 붕괴 하자, 서울시는 바로 조사단을 꾸렸다. 정확한 사고 원인을 밝히기 위해서였다. 조사단이 조사를 진행하는 동안 언론은 원인에 대한 추측 기사를 쏟아 냈다. 주로 거론되는 원인은 세 가지, 공사 부실, 관리 소홀, 과적 차량이었다. 공사 부실은 성수대교 건설을 맡았던 건설사, 관리 소홀은 관리를 맡았던 서울시, 그리고 과적 차량은 제대로 단속하지 않은 경찰을 겨냥하고 있었다. 이때 만일 누군가가 당신에게 성수대교 붕괴의 책임 소재를 가려 배상 청구를 하라고 하면 어떻게 할 것인가?

시민 평가단을 꾸려 물어보면 어떨까? 예컨대 100명으로 평가단을 구성한 후, 이렇게 묻는 것이다. "공사 부실, 관리 소홀, 과적 차량, 이 세 가지 원인 중 성수대교 붕괴에 가장 큰 책임이 있는 원인은 무엇이라고 생각하십니까?" 그러고나서 100명 중 몇 명이 각 원인을 지목했는지를 가지고 배상액을 산정한다. 100명 중 50명이 공사 부실을, 30명이 관리 부실을, 나머지 20명이 과적 차량을 지적했다면, 책임의 비중을 50:30:20으로 판결하는 것이다. 손실액이 1,000억이라면, 건설사에 500억, 서울시에 300억, 경찰에 200억의 배상 책임을 물리는 것이다. 과연 타당한 접근일까?

조사단의 조사 결과를 살펴보자. 서울시의 의뢰를 받아 사고 원인을 조사해 온 대한토목학회 조사반은 1994년 10월 27일 현장 조사 및 자료 분석 작업을 토대로 다음과 같은 중간 결과를 발표했다.[8]

성수대교 붕괴는 용접 부위에 대한 부실 시공이 1차 직접적인 원인이 됐고, 행정 당국의 관리 허술, 설계 용량을 초과한 차량 통행 등이 후속적으로 작용해 일어난 것으로 분석된다.

이 조사 결과 발표는 시민 평가단의 평가와 두 가지 측면에서 다르다. 첫째는 국민 정서에 의존하지 않고 증거를 찾아서 과학적으로 원인을 밝히고자 했다는 점, 둘째, 원인을 1차 원인과 후속 원인으로 단계화한 점이 그것이다. 여론에 기대지 않고 논리적·과학적 증거를 찾아서 결론을 낸 점에서는 크게 진일보했다.

그런데 여기에도 문제가 없지 않다. 이 조사 결과를 가지고, 누구에게 얼마씩의 배상금을 물려야 할지가 분명치 않다. 공사 부실이 1차 원인이라 했으니 600억 원쯤 물리고, 후속 원인으로 두 가지를 동등하게 거론했으니 나머지 400억 원을 둘로 나누어 200억 원씩 물리면 될까? 뭔가 탐탁치 않다.

그렇다면 본격적으로 추론해 보자. 추론의 첫 단계는 원인이 없었을 때의 결과를 예상해 보는 것이다. 공사가 부실하지 않았다면 어떻게 되었을까? 관리를 제대로 했다면 어떠했을까? 과적 차량이 없었다면 어떻게 되었을까? 세 가지 표기를 도입해 보자. 우선 상황은 괄호 안에 표시하고, 상황 앞에 'NOT'이 붙으면 그것은 그 상황이 아니거나 없는 것을 의미한다. 그리고 논리 연산자로서 'AND'는 두 가지 조건이 모두 성립하는 경우를, 'OR'는 두 가지중 한 가지라도 성립하는 경우를 뜻한다. 이를 사용해서 추론 결과를 적으면 다음과 같다.

1. (공사 부실) AND (관리 소홀) AND (과적 차량) = (상판 붕괴): 공사 부실, 관리 소홀, 과적 차량 세 가지가 겹치면 당연히 상판은 붕괴된다.

2. *(공사 부실) AND (관리 소홀) AND(NOT 과적 차량) = (상판 붕괴):* 과적 차량을 단속했다 하더라도 공사 부실과 관리 소홀이 겹치면 상판 붕괴는 시간 문제다. 과적 차량은 시기를 앞당기는 역할만 했다.

3. *(공사 부실) AND (NOT 관리 소홀) AND (과적 차량) = (NOT 상판 붕괴):* 공사 부실이 있었더라도 관리 소홀만 하지 않았다면 수리에 돈은 들었겠으나, 재시공을 하든지 강화 공사를 했을 것이고 상판 붕괴는 막을 수 있었다.

4. *(NOT 공사 부실) AND (관리 소홀) AND (과적 차량) = (NOT 상판 붕괴):* 설사 관리 소홀과 과적 차량이 있었다 하더라도 공사 부실만 없었다면 상판 붕괴는 일어나지 않았다.

5. *(공사 부실) AND (NOT 관리 소홀) AND (NOT 과적 차량) = (NOT 상판 붕괴):* 설사 공사 부실과 과적 차량이 있었다 하더라도 관리 소홀만 없었다면 상판 붕괴는 일어나지 않았다. 수리에 돈은 들었겠으나 재시공을 하던지 강화 공사를 했을 것이다.

6. *(NOT 공사 부실) AND (관리 소홀) AND (NOT 과적 차량) = (NOT 상판 붕괴):* 설사 관리 소홀이 있었더라도 공사 부실과 과적 차량이 없었다면 상판 붕괴는 일어나지 않았다.

7. *(NOT 공사 부실) AND (NOT 관리 소홀) AND (과적 차량) = (NOT 상판 붕괴):* 설사 과적 차량이 있었더라도 공사 부실과 관리 소홀이 없었다면 상판 붕괴는 일어나지 않았다.

이로부터 우리는 다음과 같은 추론 결과를 얻을 수 있다.

IF (NOT 공사 부실) OR (NOT 관리 소홀), THEN (NOT 상판 붕괴).

즉 공사 부실이나 관리 소홀 두 가지 중 어느 하나만 없었어도, 성수대교의 상판 붕괴 사고는 막을 수 있었다는 결론이다. 정서적으로나 감정적으로 책임을 물려야 할 것 같은 과적 차량은 상판 붕괴에는 책임이 없다. 1~7의 추론에 따르면, 공사 부실과 관리 소홀은 논리적으로 대등한 원인이다. 따라서 공사 손실 1,000억 원에 대한 배상 책임은 건설사에 500억, 그리고 서울시에 500억을 물리는 것이 타당하다.

우리가 성수대교 붕괴 사고와 같은 문제를 접할 때, 가장 많이 범하는 실수는 문제를 정식화하는 단계에서 일어난다. 제대로 검증되지 않은 잠재적 원인들을 열거한 다음, 그 요인들이 합쳐져 사고를 일으킨다고 무의식적으로 생각하는 것이다. 예컨대 성수대교 붕괴 사고의 경우 세 가지 요인의 가중 합이 특정 임계치보다 커지면 상판 붕괴가 일어난다는 논리를 무의식적으로 세우는 것이다.

IF $W_1 \cdot$(공사 부실)+$W_2 \cdot$(관리 소홀)+$W_3 \cdot$(과적 차량)>임계치, THEN (상판 붕괴)

이 논리는 신경 회로의 학습 원리이기도 해서 언뜻 보면 매우 합리적으로 보이지만, 붕괴 사고의 원인을 밝히는 추론에는 전혀 맞지 않은 논리다.

그 이유로 첫째, 세 가지 원인이 계량화할 수 없는 원인이어서 억지로 계량화하는 과정에서 오류가 발생한다. 둘째, 계량화할 수 없는 요인에 가중치를 곱하는 것은 무의미하고, 설사 계량화했다 하더라도 가중치를 합리적으로 부여할 논리가 존재하지 않는다. 셋째, 가중 합으로 평가한다는 의미는 예컨대 공사 부실이 심해도 과적 차량을 줄이면 상판 붕괴를 막을 수 있다는 얘기인데, 현실적으로 이들 붕괴 원인 간에 대체성은 존재하지 않는다. 즉 어느 하나가 충족되지 않을 때 다른 요인을 강화함으로써 만회할 수 없다. 공사 부실과 관리 소홀이 있는 상태에서 과적 차량을 완벽하게 차단해도 상판 붕괴는 일어난다. 마지막으로 임계치 설정의 문제가 있다. 이 임계치를 설정하는 과정에서 아무런 논리적 근거가 없는 주관적 판단이 개입될 수 있다.

자, 이번에는 전혀 다른 상황을 다루어 보자. 어느 병원에 배가 아프다며 환자가 찾아 왔다. 의사는 환자를 진단해서 그 원인을 밝힌 후 적절하게 처방해야 한다. 의사가 환자를 진단해서 병의 원인을 밝히는 활동은 가장 일반적인 추론 과정이다.

의사는 환자를 보면서 머릿속에 다음 페이지의 그림 20과 같은 진단 논리 구조를 떠올렸다. 배가 아픈 원인을 인과관계의 역순으로 찾아가면서 다계층 논리 문제를 풀어 밝혀내야 한다. 배가 아프다면 가장 먼저 문진을 해서 윗배가 아픈지, 아랫배가 아픈지를 확인해야 한다. 윗배가 아프다면 원인은 위궤양 또는 담낭염이고, 아랫배가 아프다면 맹장염이거나 골반염이다. 문진한 결과, 윗배가 아픈 것으로 판

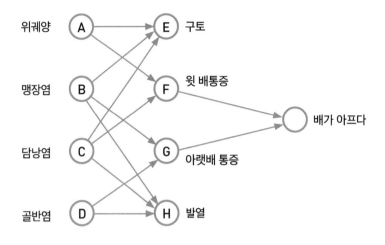

위궤양 A → E 구토

맹장염 B → F 윗 배통증

담낭염 C → G 아랫배 통증

골반염 D → H 발열

배가 아프다

그림 20 배 아픈 환자의 진단을 위한 의사의 진단 논리 구조

정되었다 하자. 그러면 원인은 위궤양과 담낭염 중 하나인데, 원인을 좁히기 위해 이들의 증상을 체크해야 한다. 위궤양은 구토를 동반하는 반면, 담낭염은 구토와 함께 발열을 동반한다. 그렇다면 발열 여부만 체크해도 위궤양인지 담낭염인지를 파악할 수 있다. 발열이 있다면 담낭염이고, 발열이 없으면서 구토가 있으면 위궤양이다. 환자에게 물어보니 구토가 있다고 해서 의사는 위궤양을 의심하고 내시경을 통해 확진해 보기로 했다.

한편, 문진한 결과, 아랫배가 아픈 것으로 판정되었다 하자. 그러면 원인은 맹장염이거나 골반염이다. 그런데 맹장염은 구토와 발열을 동반하고 골반염은 발열만을 동반하므로 둘을 구별하려면 구토 여부를 체크하면 된다. 환자에게 물어보니 구토 증상은 없고 발열이 있다

대답했다. 결과를 종합해 보니 골반염으로 보인다. 의사는 골반염 확진을 위해 일단 초음파 검진을 해 보고, 필요 시 컴퓨터 단층촬영을 고려해 보자고 했다.

이 상황은 비록 가상 상황이기는 하나, 추론이 어떠한 논리 추적 또는 전개 과정인지를 잘 보여 준다. 이러한 추론 기능을 인공 지능에 반영하려는 노력은 일찍이 2011년 IBM의 슈퍼컴퓨터 왓슨에 의해 가시화되었다. 미국의 퀴즈 프로그램 〈제퍼디 쇼(Jeopardy Challenge)〉에 출연한 왓슨이 인간 달인들을 제치고 우승을 했다. 당시 우승 상금은 7만 7,000달러였다. 이 성공에 힘입어 IBM은 왓슨을 여러 응용 분야의 전문가 시스템으로 키우기로 했다. 그중 의료 분야에 적용된 것이 닥터왓슨(Dr. Watson)이다.

닥터왓슨은 특정 질병에 대해 질문을 받으면 내부에서 추론을 진행한 후, 그 결과를 답으로 제시한다. 추론 과정은 (1) 질문을 가설로 변환, (2) 가설에 대한 답변 후보를 발굴, (3) 답변 후보들에 대한 증거 기반 추론 및 평가, (4) 결과의 종합 및 평가 점수 도출로 이루어 져진다. 닥터왓슨은 진단 추론을 위해 의학 저널 데이터베이스인 메모리얼 슬론 케터링 암 센터(Memorial Sloan Kettering Cancer Center)의 환자 기록 수천 건, 의학적 증거 60만 5,000건, 200만 페이지의 문서, 2만 5,000건의 연수 사례를 참조하여 지식 베이스(knowledge base)를 구축했다.[9]

닥터왓슨이 인간 의사와의 경쟁에서 최종 승자가 될지 여부는 아직 불투명하다. 그러나 구조적으로 여러 측면에서 인간보다 우월한 경쟁력을 가지고 있다. 첫째, 닥터왓슨은 슈퍼컴퓨터이므로 인간에 비해 더 많은 정보와 지식을 담을 수 있다. 둘째, 닥터왓슨은 기계이 므로 인간 의사에 비해 일관성이 있고 정확한 진단을 내릴 수 있다. 셋째, 닥터왓슨은 클라우드 기반의 슈퍼컴퓨터로서 전 세계에 하나 만 존재한다. 클라우드 기반에서 한번 구축되고 나면 전 세계 어디에 서나 접속이 가능하며 서비스 제공 시 한계 비용은 거의 0에 가깝다.

암 진단 및 처방용 왓슨이 상용화된 지 수년이 지난 지금, 닥터왓 슨의 성능에 대한 평가와 기대는 엇갈린다. 닥터왓슨이 논리 연산을 하는 방식은 알파고를 만든 신경 회로와는 전혀 다르다. 물론 음성 인식이나 자연어 처리에 신경 회로 방식의 인공 지능을 사용할 수는 있다. 그러나 닥터왓슨의 추론 엔진은 20세기 후반, 21세기 전반까지 유행하던 규칙 기반 전문가 시스템(rule-based expert system)에 가깝다. 현재 닥터왓슨의 지식 베이스는 메모리얼 슬론 케터링 암 센터의 의 사 마크 크리스(Mark Kris)의 지휘하에 지속적으로 학습하며 업그레이 드되고 있다.

닥터왓슨의 추론 엔진에 대한 평가와 기대가 엇갈리는 이유는 한 때 유행했다가 특이점을 돌파하지 못하고 외면당했던 전문가 시스 템의 악몽이 남아 있어서다. 추론은 인간이 가지고 있는 가장 고차적 지능 활동 중 하나다. 그래서 암 진단 및 처방과 같이 고차원적 추론 기능을 수행할 수 있는 인공 지능은 머신 러닝과 딥 러닝뿐 아니라, 다양한 형태의 논리 프로그래밍(logic programming)을 필요로 한다. 규 칙 기반 전문가 시스템이 그중 하나다. 의료 분야나 사이버 보안 분야에서 필요한 인공 지능은 매우 복잡한 사용자 인터페이스와 확률적 논리 연산에 의한 추론 기능까지 필요로 한다. IBM의 닥터왓슨이 언제 그 요구를 충족하여 상업적 성공에까지 이르게 될지는 불분명하다. IBM 닥터왓슨의 상업적 성공 여부는 향후 인공 지능의 현실적 유용성뿐 아니라, 인공 지능이라는 혁신 기술에 대한 소비자의 신뢰에도 큰 영향을 미치게 될 것이다.

예측 : 미래 훔쳐보기

: 미래에 관한 예측은 과학이면서 동시에 예술이다.

18세기 결정론적 사고가 팽배했을 당시 미래는 과거의 연장에 불과했다. 세계는 아무런 불확실성도 없고, 시계 톱니바퀴처럼 정해진 법칙에 따라 움직이는 기계일 뿐이었다. 그러나 기계론적 세계관은 미립자 세계를 지배하고 있는 불확정성 원리에 의해 깨졌고, 이후 나타난 새로운 세계관인 카오스, 복잡계 등에 의해 대체되었다. 그래서 우리는 지금 미래는 예측(forecasting)이 가능할 수도 있고 그렇지 않을 수도 있다는 다분히 다중적인 세계관을 가지고 있다. 내일 삼성전자의 주가가 얼마가 될지, 심지어 오를지 또는 내릴지조차 예측할 수 없다고 생각하면서도, 내년도 경제 성장률은 0.1퍼센트 오차 이내로 맞출 수 있다고 생각한다. 이 양극단의 무기력함과 자신감은 도대체 어디서 오는 것일까? 실상을 한번 파헤쳐 보자.

결정론적 세계관은 미래 예측의 가장 큰 후견자다. 설사 내가 결정론적 세계의 작동 원리를 완벽하게 알지 못한다 해도 앞으로 일어날 일을 알 수 있는 가능성은 늘 열려 있다. 미래로의 여정이 이미 정해져 있기에 누군지는 모르지만 미래를 알고 있는 존재가 있다고 생각한다. 결정론적 세계관의 극단은 사건 수준에서까지 미래가 정해져 있다고 보는 것이다. 내가 모르고 있을 뿐, 예컨대 내일 어디에서 어떤 사고가 일어날지 이미 프로그램되어 있다는 것이다.

이러한 세계관을 가장 잘 표현한 영화가 〈노잉(knowing)〉이다. 이 영화는 50년이 지난 타임캡슐에서 꺼낸 종이 한 장을 모티브로 하고 있다. 그 종이는 50년 전 한 여자 어린이가 쓴 숫자들로 채워져 있다. 이 종이를 건네받은 남자 아이의 아버지가 그 숫자의 의미를 파헤치면서 이야기가 전개된다. 그 숫자는 과거에서 현재를 거쳐 미래로 가는 각종 사고의 GPS 위치와 사망자 수를 적고 있는데, 그 종착점은 지구의 멸망이다.

확률적 결정론은 사건 수준의 무작위성(randomness)을 인정한다는 점에서 사건 수준의 결정론과 대비된다. 경제 사회 생태계 수준의 상위 계층은 결정론이 지배하나, 사건 이하의 하위 계층에서는 무작위성이 작동한다는 것이다. 예컨대 내일 비가 온다는 것은 결정론적이지만 구체적으로 물방울 각각이 어디에 떨어질지는 무작위적이라는 얘기다. 무작위성의 실체적 진실이 진짜 통계적 무작위성(statistical randomness)인지, 아니면 그 미세한 세상에도 인과관계가 존재하나 인간이 이를 무시하고 있는 것인지는 불분명하다. 이런 관점에서 보면,

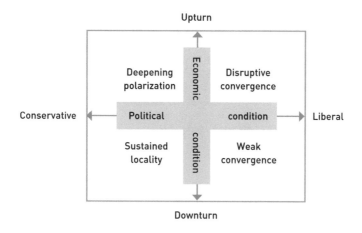

그림 21 ICT 생태계 시나리오

확률적 결정론은 사건 수준의 근사(近似) 결정론이라고 할 수 있다.

지능 활동 중 예측 또는 예견은 바로 이 확률적 결정론을 바탕으로 한다. 인간이 존재한다고 믿고 이해할 수 있다고 생각하는 수준의 인과관계를 바탕으로 미래 세상의 전개를 맞추어 보겠다는 식이다. 사건이나 사고 수준에서 일어나는 일은 무작위적이라고 간주하더라도 그 상위 계층의 세상에서는 어떤 구조적 변화 원리가 작동한다고 본다. 따라서 '엘리뇨(El Niño) 현상이 있으면 태풍이 강해진다'는 수준의 인과관계만으로 태풍이 언제 어디서 발생해서 한반도 인근에 영향을 미칠 것이라는 전망을 할 수 있다는 것이다.

그림 21은 우리나라의 ICT 생태계가 정치·경제 환경의 변화에 의해 어떻게 다른 방향으로 전개될 것인지를 네 가지 시나리오로 예상한 것이다.[10] 정치 환경은 이른바 보수와 진보, 경제 환경은 호황과 불

황으로 나누었고, 이를 조합하면 네 가지 시나리오가 만들어진다. 어느 국가든 정치는 늘 보수 진영과 진보 진영 간의 대립과 경쟁에 의해 전개되며 각 진영이 추구하는 가치와 정책 기조에 따라 경제 정책과 운용의 메커니즘이 달라진다. 경제 역시 세계 경제 위기나 시장 개방, 경기의 부침 등에 따라 움직이며 상승 국면과 하강 국면을 반복한다.

정치·경제적 환경의 향방을 우리는 비교적 쉽게 예견하거나 예상한다. 그 논리적 근거는 이를 설명하는 많은 이론과 역사적으로 겪어 온 많은 경험 사례다. 2016년 미국 대선의 경우, 공화당 도널드 트럼프 후보의 당선을 나름의 인과관계를 가지고 예견해 보면 이렇다.

미국의 개방주의로 인한 중국 등 저임금 국가의 경제력 향상과 오프쇼링에 의한 해외 생산으로 미국의 자동차 산업 등 일자리 기반인 제조업이 붕괴했다. 그 결과 일자리 감소에 이민 증가까지 겹쳐 취업 기회가 줄어듦에 따라 미국 백인 계층의 불만이 고조되었고, 이는 다시 보호주의와 고립주의로의 회귀로 이어졌다. 백인 사회를 중심으로 한 이러한 반세계화 정서는 공화당 승리의 가장 큰 정치적 기반이 되었다.

우리나라의 경우, 좌우 이념적 대립이 심한 상태에서 보수 진영과 진보 진영 간 정치 양상이 어떠한 결정론적 메커니즘에 의해 전개되는지에 대해서는 대부분 짐작으로 알고 있다. 우리가 개략적으로 이해하고 공감하고 있는 결정론은 이러하다.

전반적 국민 정서는 성장보다는 분배, 재벌보다는 중소벤처, 그리고 소득 증대보다는 양극화 해소에 호의적인 상황이다. 이러한 분위기에서 사회 갈등을 유발하는 각종 사건·사고가 증가하고 정치적 대립 양상까지 겹치면서 세대 간 가치관과 인식 격차가 더욱 더 벌어지고 있다. 경제 상황은 주력 산업의 퇴조와 신성장 동력의 개발 지연으로 지속적 경제 성장에 빨간 불이 켜져 있는 상태에서, 해외 시장 개척이나 수출 시장 여건도 미국의 보호주의 회귀로 어려워지고 있다. 반도체와 스마트폰과 같은 첨단 IT 영역에서 보유하고 있는 글로벌 리더십이 경기 순환을 타고 시장 팽창으로 이어지고 있는 것은 그나마 희망적이다. 그러나 그 낙관적 미래가 지속되리라는 보장은 없다. 실제로 이미 IT와 가전 영역에서 중국의 추격이 무섭게 이루어지고 있고, 드론이나 인공 지능 등 일부 미래 시장 영역에서 시장 선점을 위한 중국의 진취적 행보가 뚜렷하게 관찰되고 있다.

이러한 형식의 논리 전개에 따라 거시 환경, 예컨대 정치 및 경제 환경의 미래가 어떠한 결정론적 힘에 의해 움직이며 그 힘의 쏠림에 의해 어떠한 미래 상황 시나리오가 만들어질지를 예상하는 것은 그리 어렵지 않다. 앞의 그림 21은 이러한 논리로 도출된 네 가지 조합 시나리오를 보여 준다. 각 시나리오에 대해 간략하게 설명해 보면, 다음과 같다.

●우물안 개구리(sustained locality): 경기 하강으로 경제 전반의 구매

력은 약화되는 반면, 보수적 정책 운용으로 규제는 완화되지 않아 IT분야의 신시장 개발은 쉽지 않다. 수직 계열화된 시장은 더욱 고착화되고 신시장 개발 및 시장 혁신 메커니즘으로서의 컨버전스 (convergence)는 지체된다.

- 울며 겨자 먹기(weak convergence): 컨버전스 혁신은 규제 완화의 바람을 타고 힘을 받으나, 경기 하강으로 인한 기력 약화로 진전은 매우 더디게 나타난다. 그 결과, 컨버전스 융합 생태계의 출현보다는 현재 스마트폰 중심의 ICT 생태계에서 데이터 소비만 증가하는 현상만 나타난다.

- 갈수록 태산(deepening polarization): 규제 환경은 혁신지향적으로 개선되지 않은 상태에서 경제가 호황 국면을 맞아 기존의 양극화 체제가 더욱 확대되고 고착화된다. 그 결과 스마트 컨버전스의 혜택을 크게 누리는 계층과 그렇지 않은 계층 간의 격차가 커지는 스마트 디바이드(smart divide) 현상이 심화된다.

- 파괴적 혁신(disruptive convergence): 경제가 호황 국면으로 전환되면서 규제 완화, 시장 개방, 사업자 간 제휴 분위기를 타고 다양한 컨버전스 혁신 바람이 분다. 데이터 중심의 서비스는 점차 정보서비스화, 지능서비스화 됨으로써 다양한 응용 영역이 컨버전스 혁신 바람을 타고 ICT 영역으로 편입된다.

일단 이렇게 거시 환경 변수의 조합에 의해 네 가지 시나리오가 만들어지면, 그 큰 환경적 여건하에서 미시 환경 요인들이 상호 동태적 인과관계를 형성하게 된다. 그 인과관계는 미시 환경을 구성하는 주요 플레이어들이 상호 작용을 하면서 상호 경쟁하고 협력하는 상황 속에서 만들어진다. 관심 대상이 되는 주요 플레이어로서는 구글, 아마존, 마이크로소프트(Microsoft), 오라클(Oracle Corporation) 같은 글로벌 IT기업, KT, SK텔레콤, LG유플러스와 같은 국내 통신 기업, 그리고 응용 영역에서 넷플릭스, CJ미디어, 네이버, 다음카카오, KBS, MBC, SBS, CJ헬로비전, 티브로드, 씨앤앰(C&M) 등의 미디어 기업을 들 수 있다.

시나리오 플래닝(scenario planning)은 미래를 예측하는 데 가장 기본적인 사고 프레임워크다. 메가트렌드 수준의 거시 환경 분석을 전제하지 않고 미시 영역의 미래를 점치는 것은 단기적으로는 유효할지 몰라도, 중장기적으로는 유효하지 않을 가능성이 크다. STEEPLEV의 거시 환경 요인 중 미래 상황 전개에 가장 큰 영향을 주면서도 불확실성이 가장 큰 요인을 가지고 시나리오를 만들고 이를 전제로 미래를 예측해야 그나마 '작은 것에 집착하느라 큰 것을 못 보는 오류'를 줄일 수 있다.

일단 큰 틀 속에서 미래에 대한 조망이 이루어지면, 그 조건하에서 미시 환경 수준의 미래 예측을 구조적으로나 계량적으로 시도해 볼 수 있다. 그 방법론으로 가장 많이 사용되는 것이 트렌드 분석(trend analysis)이다. 트렌드 분석은 인과관계에 집중하지 않는 대신, 시계열 데이터 속에 감추어져 있는 체계적 변동 요인을 찾아내는 데 주력한다. 즉 시간 축에 따라 관심 대상 데이터가 어떠한 패턴으로 변화해

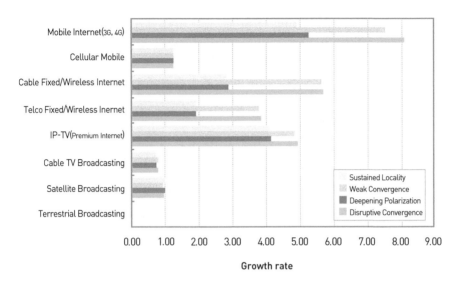

그림 22 시나리오에 따른 미시 시장에서의 비즈니스 모델별 성장률 비교

가는지에 주목한다는 말이다.

그림 22는 앞서 도출한 네 가지 시나리오에서 ICT 생태계의 각종 비즈니스 모델별로 시장 성장률을 예측한 결과를 예시적으로 보여 주고 있다. 이러한 계량적 지표에 의해 미래를 예측하고자 하는 경우, 상당한 양의 과거 데이터가 필요하고, 그 데이터 속에 감춰 있는 체계적 변동 요인을 찾아내기 위한 데이터 분석이 필요하다.

시나리오 플래닝과 트렌드 분석은 미래를 예측하는 지능 활동을 구성하는 가장 중요한 방법론이자 도구다. 시나리오 플래닝은 정량화할 수 없는 정성적 미래를 예견하는 방법인 반면, 트렌드 분석은 시나리오 플래닝에 의해 예견되는 미래 세상의 틀 속에서 관심 있는 정량적 지표의 변화 추세를 예측하는 것이다.

트렌드 분석은 시간 축에 대해 특정 정량 지표의 변화 추세를 그려내는 일종의 시계열 분석(time series analysis)이다. 생태계 수준의 예측에는 하나의 지표나 변수가 아니라 여러 개의 지표와 변수가 상호 작용하면서 동시에 움직이기 때문에, 그 상호 작용을 이해하는 것이 매우 중요하다. 상호 작용은 크게 환경과 생태계 참여자 간의 상호 작용, 생태계 참여자끼리의 상호 작용, 그리고 참여자 자신 내의 시간적 상호 작용으로 나눌 수 있다.

환경과 생태계 참여자 간 상호 작용으로서의 계절성

인간은 자연과의 상호 작용 속에서 생활하고 살아간다. 자연이 인간 생활에 미치는 영향 중 가장 흔한 요인은 계절이다. 계절이 바뀌어 봄이 여름이 되고, 여름이 가을, 가을이 겨울, 겨울이 다시 봄이 될 때 그에 대한 인간의 대응 행동은 매년 거의 똑같이 반복된다. 이뿐 아니라, 계절에 따른 방학이나 국경일은 평상시와는 다른 생활 패턴을 유발한다. 해외여행이 급증한다든지, 도로에 다니는 차량 수가 감소한다든지, 에어컨의 가동으로 전기 사용량이 대폭 증가한다.

이렇게 자연의 규칙성에 인간이 대응해서 만든 또 다른 규칙성이 결합하면서, 인간 사회에서는 계절성(seasonality)이 개입된 크고 작은 변화가 일어난다. 계절성은 실제로 봄, 여름, 가을, 겨울로 나타날 수도 있고, 월 단위로 나타날 수도 있다. 계절성을 만드는 인과관계는 계절 변화가 인간의 제도적 변화, 생활 방식의 변화를 만들어 내고,

이 변화는 전기 사용량, 해외여행자 수, 도로 혼잡도 등 경제 사회 지표의 체계적 변화로 이어진다.

계절성은 계절 주기를 시차로 설정했을 때 데이터 간에 자기 상관계수(autocorrelation coefficient)가 높아지는 형태로 나타난다. 가구당 전기 소비량을 예로 들어 보자. 데이터는 계절별로 수집되었고, 그 결과 시점 t는 계절 단위로 번호를 붙였다고 하자. 그러면 시점 t의 데이터 값 $d(t)$와 시점 $t-4$의 데이터 값 $d(t-4)$ 간에는 높은 상관관계가 나타나게 된다. 이로부터 계절성의 존재 여부는 물론 계절 주기조차 잘 모르는 경우, T값을 변화시켜가면서 $(d(t), d(t-T))$ 간의 상관관계를 분석함으로써 계절성의 존재 여부를 알 수 있다.

생태계 참여자끼리의 상호 작용

시나리오 플래닝에 따라 거시 환경적 여건에 대비되는 네 가지 시나리오가 주어지면, 그 속에서 미시 환경의 시장 참여자가 어떻게 대응하고 어떻게 상호 작용하는지, 그 양상이 드러나게 된다. 예컨대 정부가 특정 시장을 심하게 규제하면, 규제 기관을 대표하는 정부와 이에 대항하는 사업자 집단 간에 생태계의 대결 구도가 형성된다. 이 경우, 상호 경쟁에 의한 사업자 간 시장성과의 편차는 작게 고착화되고, 정부 규제의 강약에 의한 시장 전체 성과의 등락은 심해진다. 이러한 현상이 자주 나타나고 있는 대표적 생태계가 우리나라의 통신 시장이다.

이와 대조적으로 정부가 특정 시장에 대해 규제를 대폭 완화하고,

자유 경쟁 시장으로 성장할 수 있도록 내버려 두면, 시장 참여자 간 이합집산이나 전략적 제휴, 완전 경쟁 시장에서의 경쟁 심화 현상이 나타난다. 이 경우, 다양한 서비스 간 대체 효과와 보완 효과가 다양한 형태로 나타난다. 두 가지 서로 다른 서비스에 대한 시계열 데이터를 $d(t)$와 $g(t)$로 표기했을 때, 상관관계 $correlation(d(t), g(t))$가 양의 값을 가지면 서로 보완 효과가 있고, 음의 값을 가지면 서로 대체 효과가 있다.

서로 다른 서비스 간에 나타나는 상호 작용으로서 대체 효과와 보완 효과 외에 시너지 효과가 있다. 시너지를 가장 쉽게 표현한 것이 '1+1>2'이다. 시너지는 다른 종류의 서비스 간에서 일어나는 일종의 상승 효과를 말한다. 성과 P를 투입 A, B의 함수로 나타낼 때, $P(A+B)>P(A)+P(B)$ 이면 시너지 효과가 존재하는 것이다. 반면에 그 부호가 반대로 나타나서 $P(A+B)<P(A)+P(B)$이면 서로 다른 서비스 간에 시너지가 아니라 잠식 효과가 존재한다는 의미다. 결국 시간이 지나면서 나타나는 생태계 참여자끼리의 상호 작용은 대체 혹은 보완, 시너지 또는 상호 잠식의 다양한 유형으로 나타난다.

생태계 참여자 자신 내의 시차적 상호 작용

동일한 서비스 내에서 나타나는 상호 작용은 자기와 자기 간의 상호 작용이므로, 내용적으로는 시차를 두고 나타나는 상호 작용을 의미한다. 순수한 데이터의 관점에서 보면, 계절성도 자신 내의 상호 작용 중 하나라고 할 수 있다. 계절 주기만큼의 시차를 두고 자기 상관

계수를 구했을 때 상관 계수 값이 높게 나오기 때문이다.

그러나 계절성 이외에도 자신 내의 상호 작용은 다양하게 존재한다. 우선 가속 현상과 감속 현상을 보기 위해 성과 P를 투입 A의 함수로 다시 나타내 보자. 이때 $P(2A) > 2P(A)$이면 가속 현상, 즉 자기 시너지가 있다고 한다. 통신 시장에서 가입자가 1,000만 명일 때, 총매출액이 1조 원이었는데, 가입자가 2,000만 명이 되니 총매출액이 2조 5,000억 원이 되었다면, 가입자 수가 매출액에 미치는 영향에 가속 현상이 존재하는 것이다. 이와 반대로 $P(2A) < 2P(A)$이면 감속 현상, 즉 자기 잠식이 있다고 한다. 통신 시장에서 가입자가 1,000만 명일 때 총매출액이 1조 원이었는데, 가입자가 2,000만 명이 되니 총매출액이 1조 6,000억 원이 되었다면, 가입자 수가 매출액에 미치는 영향에 감속 현상이 존재하는 것이다.

시계열 데이터에 있어서 가속 현상은 데이터 값의 증가 속도가 증가하는 현상으로 나타나고, 감속 현상은 데이터 값의 증가 속도가 감소하는 현상으로 나타난다. 사실 가속과 감속은 데이터의 외형적 변화를 현상적으로 표현한 것이고, 그 저변의 메커니즘은 따로 존재한다. 가속은 대개 선발자의 행위를 후발자가 모방하는 경우에 많이 발생한다. 언덕 위에서 눈 위로 굴린 눈덩이가 비탈길을 내려가면서 점차 더 많은 눈을 뭉치게 되는 현상, 거리에 무언가 보고자 모인 인파가 많을수록 더 많은 인파가 모이는 현상, 사회·문화적으로 사회적 규범이 만들어져 확산되는 현상은 가속 현상을 예시한다.

한편 감속은 특정 시장이 포화 시장에 접근하면서 아직 서비스에 가입하지 않은 잠재 소비자의 주관적 효용이 떨어지는 경우에 많이 발생한다. 예컨대 시장에 갤럭시 노트8이 출시되었다고 하자. 출시 초기에는 비교적 소득이 높고 기술 선호도가 높은 사람들이 흥미를 가지고 이 스마트폰의 구입에 열을 올린다. 그러다가 대부분의 사람들이 구입에 동참하여 보급률이 높아지면 소득이 낮아 구입 여력이 없거나 기술 기피적인 소비자만 남게 된다. 시장 보급률이 높아질수록 보급률을 더 높이기가 점차 어려워질 것임은 쉽게 짐작할 수 있다.

대개 시장에 새로운 제품이나 서비스가 출시되는 경우, 시장 보급은 초기에 가속을 경험하다가 점차 감속으로 전환되는 양상을 보인다. 그래서 서비스나 기술이 시장에서 채택되고 보급, 확산되는 현상은 이른바 S모양의 곡선을 띤다. 우리 인간이 태어나서 키가 자라는 속도, 체중이 늘어나는 속도도 S곡선을 띤다. 많은 형태의 생명 주기가 S형태의 곡선으로 표현되는 것은 자연법칙과 무관하지 않다.

운동 경기 중 정신력의 영향을 많이 받는 운동으로 골프가 있다. 프로 골프 선수가 한번 슬럼프에 빠지면 헤어나오지 못하는 경우도 있고, 어제 골프 성적이 좋았던 선수가 그 자신감으로 오늘 골프를 더 잘 치는 경우도 있다. 와이어 투 와이어(wire to wire) 우승은 선두를 내주지 않고 우승하는 예다. 이런 경우를 수학적으로 나타내기 위해 골프 성적을 P라고 하고, 골프를 친 날을 t로 표시하면, $correlation(P(t-1), P(t)) > 0$ 이 된다. 즉 자기 상관 계수가 0보다 크다는 것이다. 그런데 이와 반대로 어제 골프를 잘 치면 오늘 잘 치겠다는 의욕과 기대가 높아져서 실제로는 잘 못 치고, 어제 골프를 못 치면 오늘도 못 칠 것이라고 생각하고 마음을 내려놓는 바람에 실제로는 잘 치게 되는 경우도 자주 나타난다. 프로 골프 경기에서 최종 라운드에서 역전이 일어난 경우는 대개 이런 경우다. 이 경우, $correlation(P(t-1), P(t)) < 0$ 이 된다. 실제 현실에서 두 가지 중 어떤 현상이 나타나느냐는 순전히 골프 선수 개개인의 정신력에 달려 있다.

시계열 데이터 속에 숨어 있는 체계적인 동인을 밝혀내고 이를 미래에 관한 예측으로 연결하는 것은 인간이 할 수 있는 아름다운 지능적 활동으로, 예술에 가깝다고 해도 과언이 아니다. 그것이 특히 인간의 깊은 심리와 연결되어 있을 때는 더욱 그렇다. 알 것 같으면서도 잘 모르는 인간 심리의 탐구가 쉬운 것 같으면서도 진짜 어려운 것은 바로 이 때문이다.

판단과 의사 결정 : 가장 좋은 답 찾기

: 판단과 의사 결정의 주체는 인간이다. 인공 지능의 역할은 어디까지나 위임한 범위 내에 머물러야 한다.

우리는 늘 크고 작은 판단을 하면서 살아간다. 판단은 대개 두 가지 중 하나를 택한다. 좋다 또는 싫다, 아름답다 또는 추하다, 유리하다 또는 불리하다, 기회이다 또는 기회가 아니다. 이렇듯 판단은 '좋다 또는 싫다'와 같이 개체나 사물에 대한 개인적 선호를 반영한 판단도 있지만, '지금이 주식을 살 기회다. 아니다. 팔 기회다'와 같이 상황에 대한 유불리를 가리는 판단도 있다. 이들을 군이 구별하자면, 전자는 취미 판단이고 후자는 상황 판단이다.

그렇다면 '옳다 또는 그르다' 같은 판단은 어떠한가? 이는 취미 판단인가, 상황 판단인가? 그 어느 것도 해당되지 않는다. 거기에는 윤리적이거나 도의적 가치가 개입되므로 별도로 가치 판단으로 분류하는 것이 옳다. '가난한 사람은 무조건 원조 형식으로 도와주어야 한다. 아니다. 가난한 사람은 스스로 설 수 있도록 자립의 기회를 주어야 한다.' 누가 이에 대한 당신의 판단을 요구할 때, 당신은 무엇을 기준으로 판단할 것인가? 아마 수혜자의 선(善)을 주된 판단 기준으로 삼지 않을까?

사실 판단에는 개인적 선호, 상황 인지, 윤리적 준거 등 많은 요소가 개입되지만, 앞서 예시한 복지 정책 기조에 관한 판단에는 '수혜자의 선'이라는 일차적 가치 기준이 작용한다. 이후 그 실행이 현실성이 있느냐 하는 문제에는 수단적 관점의 가치 판단이 개입된다. 우리가 현실에서 겪는 어려움은 그러한 가치 판단의 기준이 종종 상충한다는 데에 있다. 파급성은 크나 실현 가능성이 낮은 대안과 파급성은 작으나 실현 가능성이 높은 대안 사이의 선택이 대표적 예다.

취미, 상황, 가치에 관한 판단 이외에 현실 문제에서는 논리 판단을 자주 경험한다. 예컨대, 삼단 논법에서 대전제로 '인간은 모두 죽는다'와 소전제로 '소크라테스는 인간이다'가 주어졌을 때, 논리적 결론은 '고로 소크라테스는 죽는다'이다. 삼단 논법에서 대전제와 소전제는 모두 판단이기보다는 사실이고, 이들 사실의 논리적 결합으로 도출된 '소크라테스도 죽는다'는 예측 진술이다. 이렇게 도출된 결론을 우리는 '논리 판단'이라고 한다.

사실 판단의 결과로 어떠한 진술이 도출될 때, 그 진술의 근거가 논리적 추론이라면 그때 개입된 판단은 논리 판단이 된다. 연구 활동을 통해 논리적으로 도출된 인과관계에 관하여 연구자가 내린 최종 결론은 논리 판단이다. '소크라테스도 죽는다'라는 진술이 점쟁이의 입에서 나온 예언이라면 이를 두고 논리 판단이라고 하지는 않는다. 그러나 같은 진술이라도 그 논리적 근거가 삼단 논법이라면 그 과정도 결론도 모두 우리는 논리 판단이라고 한다.

인간의 지능 활동 중에 판단과 의사 결정만큼 고차적인 활동은 없다. 판단과 의사 결정은 가장 복잡하고 어려운 지능 활동이다. 복잡한 이유는 고려해야 할 요소가 많고 이들 요소 간의 관계가 매우 복잡하기 때문이고, 어려운 이유는 이해관계자 간 의견이 첨예하게 대립하기 때문이다. 결혼 상대를 선택할 때, 지원할 대학을 선택할 때, 대학에서 전공을 선택할 때, 졸업 후 취업할 때, 노후에 대비하고자 할 때, 우리는 매우 복잡하고 다양한 요소에 대해 판단한다.

마찬가지로 창업할 때 자본을 어떻게 조달할지, 기업의 조직 구성을 어떻게 할지, 생산과 마케팅 계획을 어떻게 짤지, 시장 경쟁에서 이기기 위한 경쟁 전략은 어떻게 수립할지, 글로벌 기업과의 전략적 제휴는 어떻게 해야 할지, 매물로 나온 기업의 인수합병을 해야 할지 말지, 기업 차원의 전략적 의사 결정 역시 매우 복잡하고 다양한 거시 환경 및 미시 환경 요소에 대한 판단을 한다.

정부의 정책 실행은 한층 더 광범위한 영역과 다양한 이해관계자에 관한 정책적 판단과 전략적 선택을 요구한다. 정책 분야마다 다른 정책 생태계가 존재하고 정책 생태계마다 다른 이해관계자가 존재한다. 의료·복지 생태계를 예로 들면, 보건복지부, 의료보험관리공단, 건강보험심사평가원, 병원, 한방 병원, 지역 보건소, 민간 보험 회사, 제약사, 의료 장비 회사, 의사 단체, 간호사 단체, 소비자 단체, 환자 등의 이해관계자가 법적 책임과 의무로, 그리고 업무적으로 서로 복잡하게 얽혀 있다.

이렇게 복잡하고 어려운 영역에 인공 지능이 겁 없이 도전장을 내밀었다. 2016년 6월 22일 〈뉴욕 타임스〉는 총격 사건에 사용된 차를 몰고 경찰 검문을 피해 달아난 혐의로 6년 형을 선고받은 에릭 루미스(Erik Loomis) 사건을 보도했다. 이야기는 루미스가 형을 선고받은 3년 전으로 거슬러 올라간다. 당시 판사는 콤파스(COMPAS)라는 컴퓨터 알고리즘이 분석·제시한 재범 확률을 참고해 루미스에게 6년 형을 선고했다.[11]

이에 루미스는 자신의 재범 확률을 계산한 COMPAS 알고리즘의 세부 내용을 밝혀 달라면서 바로 항소했다. COMPAS 알고리즘이 형량 결정에 영향을 미쳤다면, 재판 과정에서 그 논리적 근거를 밝혀야 한다. 그런데 정작 COMPAS 알고리즘을 판매한 회사 노스포인트(Northpointe)는 그것을 거부했다. COMPAS 알고리즘은 사적 재산이며 기업 비밀이기에 보호되어야 한다는 논리였다. 결국 항소심에서는 '정체를 알 수 없는 알고리즘이 계산한 재범 확률이 양형 산정의 기준으로 사용될 수 있는가?'가 핵심 쟁점으로 떠올랐다.

이 이슈가 단지 루미스 사건에만 해당되는 문제가 아님을 인식한 항소 법원은 위스콘신 주 대법원에 루미스 재판의 재심에 관한 심리를 요청했고, 2016년 7월 13일 위스콘신 주 대법원은 심리 결과를 이렇게 발표하면서 루미스의 청구를 기각했다.[12]

> 2013년 재판에서 판사가 형량을 산정하는 데 있어서 COMPAS가 계산한 재범 확률은 다른 여러 요소들과 함께 고려된 정보였고, COMPAS의 사용이 다른 요소들의 사용을 배제하지 않았다. 따라서 적절하게만 사용된다면, COMPAS의 사용은 피의자가 정당하게 재판을 받을 권리를 침해하지 않는다. 또한 COMPAS가 재범 확률을 계산할 때 남자와 여자를 동등하게 취급하지 않음으로써 루미스가 차별적 대우를 받았다는 주장 역시 기각한다. 이 계산에 성별을 반영하는 것은 COMPAS의 예측 정확도를 높이고 이것은 오히려 사회 정의 실현의 방향에 부합한다.

이러한 위스콘신 주 대법원 발표에도 불구하고, COMPAS와 같은 컴퓨터 알고리즘에 의한 판단이 법제도적으로 적법하고 타당한가에 대한 논쟁은 끊이지 않고 있다. 위스콘신 대학교의 한 법학 교수는 이렇게 지적했다.

> 정체불명의 블랙박스로부터 나온 재범 확률을 가지고 재판에서 양형

선고의 근거로 삼는데, 그 계산이 정확한지, 과연 공정한지, 그리고 신뢰할 만한 것인지를 검증할 수 없다면 그것은 매우 심각한 문제다. 더 근본적으로는 재범 확률로 평가된 위험의 실체가 무엇인지도 분명하지 않다. 과연 투명성의 결여 속에서 피의자의 인권이 훼손되어도 괜찮은 것인가?

한편, COMPAS와 같은 알고리즘이 다시 범죄를 저지르거나 더 심한 폭력을 행사할 거라고 예측한 재소자 중 오직 20퍼센트만이 실제로 그렇게 행동했다는 분석 결과도 있다. 그런데 그것보다도 더 심각한 것은 이 프로그램이 백인과 흑인 혐의자를 동등하게 처리하지 않는다는 주장이다. 재범 확률에 인종차별적 요소가 개입된다고 보는 것이다. 위스콘신 주 대법원이 남녀 차별에 대해서는 판단했으나, 이 문제는 여전히 논쟁거리로 남아 있다.

이러한 실증적 논쟁과 함께 보다 근본적인 문제도 지적되었다. 범죄 예측에 기반하여 형을 선고하는 것이 과연 법 정신에 부합하느냐는 것이다. 즉 형법은 사람이 이미 저지른 범법 행위에 대해서 처벌하도록 규정하고 있지, 범죄를 저지를 가능성에 대해 처벌하도록 규정하고 있지 않다는 것이다. 이 이슈는 영화 〈마이너리티 리포트 (Minority Report)〉를 생각나게 한다. 이 영화는 범죄가 실제 일어나기 전에 범법자를 찾아 처벌하는 범죄 예측 및 방지 시스템을 소재로 하고 있기 때문이다.

사실 COMPAS와 같이 특정 영역에서 판단과 의사 결정을 지원하는 시스템은 지난 30여 년 동안 경영 정보 분야에서 의사 결정 지원 시스템(Decision Support System)이라는 이름으로 널리 사용되어 왔다. 그럼에도 이들의 사용이 사회적 논쟁이 된 경우는 별로 없었다. 그 이유는 첫째, 그들이 COMPAS와 같이 인신을 구속하는 상황과는 거리가 있는 기업 경영 분야에서 주로 사용되었고, 둘째, 그 내부의 논리 구조가 객관적으로도 합리적인 이론에 바탕을 두고 있으며, 셋째, 사용에 앞서 논리적 무결성에 관한 검증을 대부분 거쳤기 때문이었다.

현재 현장에서 부딪히는 복잡한 문제를 풀고자, 인간의 판단을 돕는 인공 지능 기반 의사 결정 지원 시스템이 다방면에서 개발되고 있다. 인간 사회에서 판단과 의사 결정은 인신 구속이나 손해 배상과 같이 매우 심각한 처분을 동반한다. COMPAS에 관한 논쟁은 겉으로 보기에 끝난 것으로 보이나, 사실은 이제 시작이다. 인공 지능 알고리즘의 투명성 이슈는 지속적으로 논쟁의 핵심이 될 것이며, 적용 단계에서 수많은 법적 분쟁을 야기할 것이다.

인공 지능을 구현하는 많은 방법 중 신경 회로는 빅 데이터 기반의 머신 러닝 또는 딥 러닝을 통해 지능을 구축한다. 신경 회로는 최근 알파고의 성공에 힘입어 그 우수성과 확장성에 대한 기대를 한껏 모으고 있으나, 학습에 의해 구축된 지능은 그 논리 구조와 미래 행동을 예측하기 어렵다는 구조적 한계를 가지고 있다. 그렇다면 지식 재산권이나 업무 비밀 때문에 공개를 거부하고 있는 COMPAS와는 달리, 원천적으로 투명해질 수 없는 인공 지능에 과연 우리는 얼마만큼의 판단을 의뢰하고 그에 대한 법제도적 책임을 물릴 수 있을까?

이 문제는 우리가 오랜 시간을 두고 차분히 풀어가야 할 매우 중대하고 심각한 이슈다. 인공 지능은 이제 막 인간 사회로 본격적 진입을 시작했다. 이것은 법적 책임과 의무, 그리고 자신뿐 아니라 타인의 존엄성을 지키고 존중해야 하는 인류의 일원이 되기 시작했다는 것을 의미한다. 그러나 인공 지능이 자유 의지를 가지고 있지 않은 한, 인공 지능이 인간 사회에서 지켜야 할 윤리적·법적 책임과 의무를 규정하는 것은 전적으로 인간의 역할이며 책임이다.

지능과 알고리즘

신경 회로와 의미 네트워크

: 지능은 신경 회로와 의미 네트워크로 표현할 수 있다.

20세기 전반에 컴퓨터라는 범용 수치 연산 기계가 만들어지자, 인간은 컴퓨터에 연산 처리를 위한 알고리즘을 심기 시작했다. 물론 알고리즘을 고안하고 실행하기 위한 다양한 컴퓨터 언어의 개발이 선행되었다. 이렇게 개발된 수많은 컴퓨터 알고리즘은 적용 분야별로 특화된 아주 훌륭한 지능이었고, 그 지능의 처리 능력은 엄청났다. 인간이 수십 년에 걸쳐 계산해 낸 원주율 소수점 이하 수백 자릿수를 컴퓨터는 불과 수초만에 계산해 냈다. 정보 처리 영역에서 인간 능력의 1,000배, 1만 배 이상이 되는 처리 능력을 보여 준 것이다.

20세기 후반으로 넘어오자, 컴퓨터를 좀 더 일상적인 업무에 투입할 수 있는 방안이 없을까 고민이 시작됐다. 일상 업무에서 활용하려면 컴퓨터 언어가 아니라 인간 언어로 소통할 필요가 있었다. 이

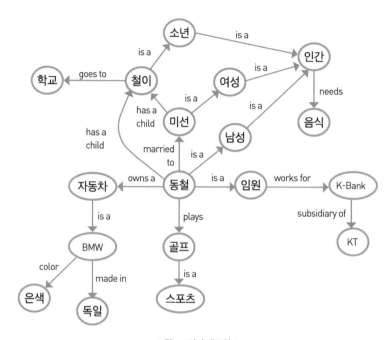

그림 23 의미 네트워크

에 인간 언어를 컴퓨터에 가르쳐야 했고, 인간의 언어 구조를 컴퓨터에 이식해야 했다. 그렇게 해서 나온 것이 의미 네트워크(semantic network)다. 의미 네트워크는 1956년 케임브리지 언어 연구 센터(Cambridge Language Research Unit)의 리처드 리첸스(Richard H. Richens)가 고안했다.[1] 개체 간의 관계를 표현하는 것으로 시작된 의미 네트워크는 개체 간의 관계에 제약 조건을 부가하더니, 점차 지식을 표현하는 도구로 변모해 지식 그래프(Knowledge Graph)로 발전해 갔다. 그림 23은 의미 네트워크를 예시한다.

의미 네트워크는 '철이는 소년이다'나 '철이는 학교에 다닌다'와 같은 어문을 개체(object)나 개념(concept) 간의 관계로 표현하고자 고안되었다. 그런데 '여성은 인간이다'나 '골프는 스포츠다'와 같은 일반적 지식도 표현 가능함을 알게 되자, 사건과 사건, 사건과 현상, 현상과 현상 간의 인과관계로 표현 영역을 확장하기 시작했다. 의미 네트워크가 지식 그래프로 발전하게 된 연유는 이를 테면 일반화였던 것이다.

그림 23에서 '철이는 학교에 다닌다', '미선이 가진 애가 철이다', '동철은 골프를 친다'는 진술은 구체적 사실의 기록이다. 반면, '여성은 인간이다', '남성은 인간이다', '골프는 스포츠다'는 일반적 지식이다. 우리는 둘 간의 관계가 논리적 인과관계로 표현되는지 여부를 가지고 사실과 지식을 식별할 수 있다. 즉 'A이면 B이다'라는 규칙으로 표현되면 지식이고, 그렇지 않으면 사실이라는 것이다. 'A: 철이'이면 'B: 학교에 다닌다'거나 'A: 동철'이면 'B: 골프를 친다'는 일반적 논리로 성립하지 않는다. 그러나 '여성이면 인간이다'나 '남성이면 인간이다', '골프면 스포츠다'라는 진술은 일반적 논리로 성립된다. 결국 어떤 진술이 지식이라면, 'A이면 B이다'라는 형식의 일반적 규칙으로 표현 가능해야 한다. 거꾸로 말하면, 규칙으로 표현 가능한 진술에 한하여 우리는 지식이라고 할 수 있다.

그러면 그림 20으로 되돌아가서 배 아픈 환자의 진단 논리 구조를 살펴보자. 이 진단 논리 구조는 '배 아픔'을 유발하는 인과관계를 모두 모은 것으로서 이 역시 하나의 의미 네트워크였음을 알 수 있다. 그림 23과 그림 20 간에 차이가 있다면, 전자는 사실과 지식을 넓은 영역에 걸쳐 포괄적으로 담은 반면에, 후자는 배 아픔을 유발하는 인과관계만을 모았다는 것이다. 이로부터 우리는 의미 네트워크가 일반적 사실과 지식을 기록할 수 있을 뿐 아니라, 추론의 기반 구조, 즉 인과관계도 효과적으로 담을 수 있음을 알 수 있다.

자, 그럼 관찰된 현상 정보에 기초하여 바람직한 대처 행동을 도출해 내는 지능은 과연 어떻게 표현할까? 우리는 앞서 지능이란 수집된 상황 정보에 기초하여 바람직한 대처 행동을 도출해 내는 능력이라고 했다. 그리고 학습은 상황에 대해 바람직한 대처 행동을 매치시키고 이를 강화하여 하나의 신경 회로로 구현하는 과정이라고 했다. 그렇다면 여기서 궁금증이 하나 생긴다. 의미 네트워크로는 지능을 구현할 수 없을까? 결론부터 말하면, 의미 네트워크에서의 링크는 인과관계뿐 아니라, 상황과 행동 간 매칭을 표현할 수도 있다. 즉 의미 네트워크를 규칙 기반 지능을 표현하는 도구로 사용할 수 있다는 말이다. 그림 20에서 '배가 아프다'는 증상에 관한 다양한 인과관계를 나타내는 의미 네트워크를 증상별로 적합한 처방을 내리는 의미 네트워크로 확장하는 것은 그리 어려운 일이 아니다.

지금까지의 논의를 정리하면, 우리가 지능을 컴퓨터에 담는 방법은 크게 두 가지다. 하나는 인간 두뇌를 모사한 신경 회로를 통해 지능을 구현하는 것이고, 다른 하나는 지식 베이스를 규칙 기반 지능(rule-based intelligence)으로 구현하는 것이다. 후자의 경우, 의미 네트워크를 코딩하기 위한 논리 프로그래밍 언어(logic programming language)가 필요한데, 리스프(LISP)와 프롤로그(Prolog)가 대표적이다.

우선 신경 회로를 통해 지능을 구현하기 위해서는 다계층의 신경 회로를 설정해 놓고, 입력 신호인 상태 정보를 출력 정보인 판정이나 행동으로 연결하는 것이 필요하다. 수천만 장의 고양이, 개 사진이 입력 신호라면, 실제 사진별로 '개다' 또는 '고양이다'라는 것은 출력 정보인 판정이다. 일단 이렇게 입력 신호와 출력 신호 간의 매칭 결과가 주어지고 나면, 남은 일은 빅 데이터를 통한 학습, 즉 머신 러닝과 딥 러닝을 실행하는 것이다.

이에 반해, 규칙 기반의 지능은 논리 프로그래밍 언어를 활용해서 지식과 지능을 표현하는 규칙들을 다양한 방법으로 도출하여 쌓아간다. 이는 학습 기반 시스템이 아니기에 빅 데이터를 필요로 하지 않는다. 대신, 수많은 전문가가 논리적·실증적 연구를 통해 구축한 지식과 지능을 규칙으로 변환하여 코딩한 후 컴퓨터에 이식한다.

신경 회로와 규칙 기반 지능은 모두 나름의 장단점을 가지고 있다. 신경 회로는 지식을 담는 하나의 플랫폼이므로 빅 데이터 쌍(입력 신호, 출력 신호) 만 있으면 응용 분야가 무엇이든지 폭넓게 적용할 수 있다. 또한 머신 러닝 알고리즘은 이미 플랫폼화되어 있어, 구글의 텐서플로(TensorFlow)나 아마존의 아마존 머신 러닝(Amazon Machine Learning, AML) 등의 오픈 소스 툴을 활용해서 구현할 수 있다. 이 점은 신경 회로 기반의 지능이 갖는 최대의 장점이다.

그런데 이 방식의 가장 큰 약점은 완성된 지능에 담긴 로직(logic), 즉 판정의 논리가 블랙박스라는 점이다. 인공 지능 내에서 무언가 돌아가기는 하는데, 아무도 저변의 메커니즘은 알 수가 없다. COMPAS

와 같이 인공 지능의 활용이 법적 윤리적 책임과 연결되는 경우, 이는 매우 큰 논쟁을 유발할 소지가 있다. 개발자조차 원천적으로 설명할 길이 없기 때문이다.

블랙박스와 함께 지적되는 다른 약점으로는 높은 데이터 의존성을 꼽을 수 있다. 데이터는 늘 과거형이기에 높은 데이터 의존성은 곧 높은 과거 의존성을 의미한다. 적용 여건이 바뀌면 무용지물이 될 가능성이 있다는 얘기다. 예를 들어, 당신이 개와 고양이를 기가 막히게 구별하는 인공 지능을 만들었다 하자. 그런데 어느 날 개와 고양이의 잡종이 나타났다. 생물학적으로는 불가능한 일이지만 그렇다고 하자. 인공 지능의 판별 능력이 급격히 떨어질 것임은 불 보듯 뻔하다. 그렇다고 잡종을 새롭게 학습시키기도 어렵다. 개체 수가 별로 없어 축적된 데이터가 부족하기 때문이다. 진부화의 위험은 데이터 의존성에 내재된 원천적 약점이다.

한편 규칙 기반 지능은 지능을 구축하기 위한 재료로 데이터 대신 인간 사회에서 발견된 규칙들을 수집한다. 따라서 신경 회로와는 달리 내부의 논리 구조를 언제든 살펴볼 수 있는 장점이 있다. 따라서 투명성 이슈나 상황 변화에 대한 적응 능력에 있어서도 신경 회로에 비해서 훨씬 우수하다. 상황 변화로 달라지는 로직을 가지고, 기존의 지식 베이스와 지능 베이스를 갱신해 주면 되기 때문이다.

그런데 규칙 기반 지능은 신경 회로에 비해 범용성이 훨씬 떨어진다. 응용 분야가 다르면, 그 응용 분야에 적합한 규칙들을 새롭게 모아야 한다. 적용 과정에서 적합성도 따로 검증해야 한다. 해당 분야에서 지식과 지능을 보유한 전문가 인력이 부족하거나 개발하기 어렵거나 개발된 지식이 전문가 간에 서로 일치하지 않는 경우, 구축된 지능의 객관적 타당성을 의심받을 수밖에 없다.

앞으로 신경 회로와 규칙 기반 지능 이외의 다양한 지능 구축 방법이 다양한 분야에서 시도될 것이다. 신경 회로 기반의 인공 지능과 규칙 기반의 인공 지능이 결합한 하이브리드형 인공 지능도 출현할 것이고, 분야별로 특화된 새로운 인공 지능 아키텍쳐도 만들어질 것이다. IBM이 개발한 왓슨은 15테라바이트(terabyte)의 램(RAM), 2,880개의 프로세스 코어, 처리 속도 80테라플롭(TeraFLOPS, 1테라플롭은 초당 1조 번의 연산 횟수를 말한다.)의 환경에서 돌아간다. 왓슨은 대부분 자바(Java)로 쓰였고, 상당한 부분에서 C++와 논리 연산 언어인 프롤로그를 사용했다.

최근 세간의 이목을 끈 알파고와 왓슨의 대결은 단순한 인공 지능 간 대결이 아니다. 오히려 인공 지능 개발 방법 간 대결 양상으로 전개되고 있다. 인간 사회로 진입한 신경 회로 기반 인공 지능과 규칙 기반 인공 지능이 향후 어떻게, 어떤 방향으로, 영토 확장을 얼마만큼 경쟁적으로 해 나갈지 눈여겨 지켜볼 일이다.

내 주위의 알고리즘

: 우리가 주위를 알고리즘으로 채우면, 알고리즘으로 채워진 환경은 다시 우리를 변화시킨다.

의미 네트워크가 사실과 지식을 표현할 뿐만 아니라, 지능도 어렵지 않게 표현할 수 있음은 이미 설명한 바 있다. 예컨대 의미 네트워크가 '여성이면 인간이다'라는 지식을 표현했는데, 여기에서 '여성'을 '자극'으로 바꾸고 '인간'을 '행위'로 교체하면 지능을 묘사하는 진술이 만들어진다. 플라나리아의 경우, '먹이가 있으면 전진한다'나 '유해물이 있으면 후진한다'는 지능을 의미 네트워크로 표현할 수 있다는 얘기다.

실제로 의미 네트워크에서 개체, 진술, 행위를 서로 연결시키는 링크는 거기에 담기는 내용이 무엇이냐에 따라 그 의미가 달라진다. 의미 네트워크에서 '동철은 골프를 친다'의 링크 'plays'는 행위를 나타내고, '남성이면 인간이다'의 링크 'is a'는 포함 관계를 나타낸다. 그런데 '먹이가 있으면 전진한다'의 링크, 즉 'If 먹이, Then 전진한다'는 판단에 근거한 일종의 행동지침을 뜻한다.

이렇게 해서 지능을 의미 네트워크로 표현할 때 의미 네트워크상의 링크는 알고리즘이 된다. 입력-처리-출력의 3단계로 표시되는 정보 처리 과정에서 입력이 자극이고, 출력이 행동이라면, 그 사이 처리 부분이 알고리즘이 되듯 말이다. 사실 의미 네트워크에서는 입력인 자극과 출력인 행동을 연결해 주는 부분을 그저 링크로 표시했을 뿐, 그 자세한 내용은 생략되어 있다.

최적의 세계 여행 일정을 짜 주는 알고리즘

바쁘게 인생을 살면서 머릿속에 하나둘씩 채워가는 꿈이 있다. 조금 한가해져서 휴가를 낼 수 있거나, 아예 은퇴해서 시간이 많이 남으면 '이것은 꼭 하겠다'며 마음에 담아 두는 것 말이다. 바로 버킷 리스트다. 버킷 리스트는 사람마다, 연령대별로 다를 것이지만, 비교적 가장 많이 포함되는 항목이 있다면 바로 세계 여행이다.

많은 사람이 세계 여행을 꿈꾸나 돈이 있을 때는 시간이 없고 시간이 많으면 돈이 없다. 한번 상상해 보자. 당신은 얼마 전 은퇴했고, 아내 또는 남편과 함께 버킷 리스트에 1순위로 기재된 세계 여행을 계획한다고 하자. 가장 걸리는 것은 당연히 돈일 것이고, 가장 바라는 것은 여행에서 기쁨이나 의미를 최대화하는 것이다.

당신은 죽기 전에 가는 마지막 여행이라고 생각하고 퇴직금에서 거금 1,500만 원을 이 여행에 투자하기로 마음을 먹었다. 그리고 가고 싶은 장소 열 곳을 뽑았다. 당신이 원하는 것은 이 예산으로 부부가 함께 가는 여행에서 얻을 기쁨을 최대화하는 것이다. 당신은 그 답을 어떻게 구할까? 답을 구하자면 체계적이고 구체적인 해법, 즉 알고리즘이 유용하다.

어느 날, 이 부부가 내게 찾아와서 주어진 예산으로 가장 만족할 수 있는 여행 일정을 짜 달라고 부탁했다고 하자. 나는 일단 이들 부

가고 싶은 명소	체류 기간(일)	체류비(만 원)	매력도	매력도/비용
이집트 샤름 엘 세이크	2	100	350	3.50
카나리아 제도 테네리페	2	120	500	4.17
프랑스 구셰빌	1	80	250	3.13
스코틀랜드 하이랜드	2	120	320	2.67
아이슬란드 레이캬비크	1	100	260	2.60
일본 교토	2	60	120	2.00
폴리네시아 보라보라	3	100	360	3.60
미국 뉴욕	3	150	240	1.60
그리스 산토리니	2	200	500	2.50
스페인 바르셀로나	3	180	240	1.33

표 1 여행 일정 수립에 필요한 기본 데이터

부가 가기를 원하는 명소, 명소별 체류 기간, 명소별 매력도를 물어서 조사했고 필요한 체류비를 추정했고.[2] 이렇게 해서 수집된 데이터는 표 1과 같았다. 그러고는 전체 상황을 한번 판단해 보았다. 가고 싶은 명소를 전부 가자면 체류 기간은 21일, 체류비는 1,210만 원이 필요하다. 그러나 체류비는 비행기나 기차로 이동할 때 드는 경비를 포함하지 않은 것이므로 예산 1,500만 원으로 열 군데를 모두 들르는 것은 무리다.

일단 제약 조건부터 점검해 보았다. 총여행일정은 비행기나 기차로 이동하는 시간에 총체류기간을 더하면 된다. 그런데 이 부부는 이미 퇴직을 해서 여행 기간은 늘어나도 문제가 없다. 다만 여행 경비는 체류비에 비행기나 기차로 이동하는 이동 경비까지 더해서 1,500만 원을 초과하면 안 된다.

이러한 제약조건하에 전체 알고리즘을 구상해 보았다. 사실 알고리즘을 고안하는 것은 매우 이론적이면서 동시에 창의적인 작업이다. 일단 수학 모형으로 정식화하고 이를 뒷받침하는 각종 이론을 활용해서 알고리즘의 세부 사항을 설계한다. 그러나 여기서 그 세부 과정을 밟을 수는 없으므로 개략적 절차만을 다루기로 하자.

- 단계1: 열 곳의 명소를 비용당 매력도 순으로 나열한다. 그리고 여행 일정에 포함할 명소의 숫자를 n으로 표기하고, 그 초기 값을 적당한 값으로 설정한다.
- 단계2: 비용당 매력도가 큰 순서대로 n개의 명소를 선택한다. 그리고 총체류비를 계산한다.
- 단계3: 항공편 및 철도편을 이용해서 선택된 n개의 명소를 모두 들르는 이동 경로 중 비용이 가장 적게 드는 이동 경로를 찾는다.
- 단계4: 선택된 여행 일정에 필요한 체류비와 이동 경비의 총합이 1,500만 원을 초과하는지 여부를 판단한다.
- 단계5: 총여행경비가 1,500만 원을 초과하면 단계6으로 간다. 만약 총여행경비가 1,500만 원에 미달하면 n을 하나 더 늘린 후, 단계2로 간다.
- 단계6: 현재까지 도출된 여행 일정을 최적 일정으로 제안한다.

n	포함되는 명소(기본+추가)	체류비	이동 경비	총 여행경비	누적 매력도
3	카나리아, 폴리네시아, 이집트	320	640	960	1,210
4	프랑스 구셰빌(추가)	400	720	1,120	1,460
5	스코틀랜드 하이랜드 (추가)	520	860	1,380	1,780
6	아이슬랜드 레이캬비크	620	940	1,560	2,040

표 2 여행 일정을 짜는 알고리즘의 전개

이 알고리즘에 따라 최적의 여행 일정을 찾는 절차를 진행시키면 표 2와 같다. 우선 예산 범위를 감안하여 $n=3$에서 시작했다. 우선순위는 표 2에 이미 계산된 단위 비용당 매력도를 기준으로 설정했고, 우선순위가 높은 카나리아, 폴리네시아, 이집트가 선정되었다. 이때의 체류비는 320만 원, 이동 경비는 640만 원으로 추정되었다. 이렇게 해서 총여행경비를 계산해 보니, 960만 원이 되었다. 이 금액은 예산에 크게 못 미치므로 방문 명소의 수를 하나 늘렸다.

표 2의 우선순위에 따라 추가되는 명소는 프랑스 구셰빌이다. 이때의 체류비와 이동 경비는 각각 400만 원, 720만 원으로 총여행경비는 1,120만 원이 된다. 이 역시 예산 이내에 들므로 방문 명소의 수를 하나 더 늘린다. 그다음 순위는 스코틀랜드 하이랜드다. 같은 방식으로 계산된 총여행경비는 1,380만 원. 역시 예산을 초과하지 않으므로 방문 명소를 하나 더 늘려 이제는 아이슬란드를 추가한다. 이 때 발생하는 총여행경비는 1,560만 원으로, 예산 1,500만 원을 초과한다. 알고리즘에 따라 절차를 마감하고 도출된 여행 일정을 검토한다.

도출된 여행 일정 중 검토할 일정은 5개국 일정과 6개국 일정이다. 5개국 일정은 총여행경비가 1,380만 원인 반면, 6개국 일정은 1,560만 원으로 예산을 약간 초과한다. 이들 부부는 남은 인생에서 마지막 세계 여행이 될 것이라는 판단하에 6개국을 다녀오기로 하되, 초과 경비 60만 원은 경비를 아껴서 해결하기로 했다. 이렇게 해서 이들 부부가 생각하는 최적의 여행 일정이 마련되었다. 이 알고리즘을 통해 우리는 이들 부부의 만족도를 최대화하는 여행 일정을 찾는 데 성공한 것이다.

이 사례는 매우 단순해 보이나, 경영과학 분야에서 매우 잘 알려진 배낭 문제(knapsack problem)와 외판원 문제(traveling salesman problem)를 포함하고 있다. 배낭 문제는 한정된 공간의 배낭에 물건들을 골라 넣되 선택된 물건들의 총값을 최대화하는 문제이고, 외판원 문제는 주어진 도시들을 최소 비용으로 돌아오는 경로를 찾는 문제다. 여행 일정에 포함할 명소를 고르는 문제는 배낭 문제이고, 방문할 명소들이 정해졌을 때 최소 비용의 이동 경로를 찾는 것은 외판원 문제다.

이론적으로 배낭 문제에서는 단위 크기당 값어치가 높은 순으로 물건을 채우면 최적화가 된다고 알려져 있다. 이에 반해 외판원 문제는 최적화 조건이 명시적으로 존재하지 않을 뿐 아니라, 방문하는 도시 수가 많아질수록 난이도가 급격히 상승하기 때문에 쉽지 않은 문제다. 세계 여행 일정을 찾는 문제는 이 두 가지 요소가 함께 결합된 문제로서 이론상으로도 재미있는 문제다.

이렇게 알고리즘은 늘 주위에서 인간의 생활을 이롭게 하는 데 기여하고 있다. 생산 현장에서 쓰이고 있는 생산 및 물류 계획, 항공사의 비행 일정 편성, 항공기 승무원의 근무 교대 일정은 물론, 우리 차량 내에 장착된 내비게이션의 최적 경로 알고리즘은 우리 주위에서 늘 작동하고 있는 알고리즘이다. 아마존 물류 창고에서는 지금도 키바 로봇(kiva robot)이 배송할 물건들을 열심히 실어 나르고 있다. 자율적으로 움직이는 것처럼 보이는 이들을 보이지 않는 곳에서 지시하고 통제하는 것도 사실은 알고리즘이다.

보이지 않으나 편재해 있는 알고리즘

2005년 8월 4일 미국 테네시 주 멤피스 경찰은 범죄 단속을 위해 긴급 출동에 나섰다. 불과 세 시간 동안의 단속으로 꽤 많은 범죄용의자를 체포했고, 3일 동안 같은 방식으로 단속해 체포된 용의자 수는 1,200명에 달했다. 블루 크러시(Blue Crush)라는 단속 작전 덕에 2011년까지 멤피스 시의 범죄율은 24퍼센트나 감소했다.[3] 도대체 블루 크러시가 무엇이길래 이러한 변화를 만들어 냈을까?

크러시(Crush)는 'Criminal Reduction Utilising Statistical History'에서 앞 자를 딴 말로, 해석하자면 '통계 데이터를 활용한 범죄 단속' 프로그램이다. 이 프로그램은 멤피스 대학교의 연구진이 IBM의 예측 분석 소프트웨어를 이용해서 만든 일종의 범죄 예측 프로그램이다. 과거에 일어난 범죄들의 시간, 장소, 날씨, 기타 조합 가능한 정보들 간의 상관관계를 분석하여 범죄가 일어날 만한 장소와 시간을 예측해 준다.

이 프로그램은 실제 현장에 적용해 적지 않은 성과를 냈으나, 논쟁의 소지가 없는 것은 아니다. 앞서 소개한 COMPAS와 함께 영화 〈마이너리티 리포트〉를 떠올리게 하며, 논쟁의 이슈 역시 같다. 행하지 않은 범죄를 어떻게 봐야 하느냐 하는 이슈 말이다. 그렇지만 이 프로그램은 매우 성공적이어서 폴란드와 이스라엘 등 해외로 퍼져 나갔고, 2010년에는 영국에서도 이 프로그램을 일부 사용한다는 보도가 있었다. 최근 들어, 금융 영역에서 알고리즘을 활용한 트레이딩이 보편화되고 있다. 증권사들이 개발한 트레이딩 시스템을 활용해서 기관투자자나 자산운용사들은 물론, 개인투자자도 프로그램 트레이딩(program trading)을 할 수 있는 환경이 제공되고 있다. 그 결과 주식시장 거래가 인간의 통제를 벗어나는 사건도 발생하고 있다. 2010년 5월 6일 다우존스 지수가 어느 순간 갑자기 1,000포인트 하락했다가 20분이 지나서야 다시 회복된 사건이 발생했다. 지수가 떨어지면 매도 주문을 내도록 프로그램된 알고리즘이 매도 방아쇠를 당기자, 지수가 떨어지고 떨어진 지수는 다시 연쇄적으로 매도 방아쇠를 당기도록 하는 악순환이 반복된 것이다.

알고리즘은 그 자체로 매우 유용하고, 현실적으로 수입을 증가시키거나 비용을 절감하는 구체적 행동 지침을 알려주기도 한다. 크리스토퍼 스타이너(Christopher Steiner)가 쓴 책 《알고리즘으로 세상을 지배하라: 기계 vs 인간의 일자리 전쟁(Automate This: How Algorithms Came to Rule Our World)》에는 다음과 같은 일화가 있다. 마이크 맥크레디(Mike McCready)라는 개발자가 크게 히트를 친 노래의 멜로디, 템포, 화음 전개 등을 분석하는 알고리즘을 개발했는데, 그 알고리즘을 사용해서 노라 존스(Norah Jones)와 마룬5(Maroon5)의 데뷔 앨범이 대성공할 것임을 정확하게 맞혔다는 것이다. 이게 사실이라면 새로운 노래를 작곡했을 때 거기에 이 알고리즘을 적용해서 히트 가능성을 예상해 보고, 히트 가능성이 낮으면 아예 출시하는 않는 웃지 못할 일도 발생할 수 있지 않을까? 국내 모기업이 이미 회사 내에 축적된 직원들의 인사 고과 데이터를 그들이 입사할 때 받은 시험 점수, 이력, 추천서, 면접 점수 등과 연계하여 효과적인 면접 알고리즘을 개발하는 프로젝트를 시행한 바 있다. 이 면접 알고리즘의 효능이 실증적으로 입증되면 앞으로 입사 지원자의 입사 여부가 알고리즘에 의해 좌우될지도 모를 일이다.

지금 내 차에는 모빌아이(Mobileye)의 첨단 운전자 보조 시스템(Advanced Driver Assistance System, ADAS)이 장착되어 있다. 이 시스템은 내 차와 앞 차와의 거리를 시차로 표시해 주고, 내가 설정한 반응 시간 1.5초 이내로 차 간 거리가 좁혀지면 경보를 울린다. 앞에 갑자기 사람이 나타날 때는 내가 깜짝 놀랄 정도의 심한 경보가 울린다.

이 시스템이 나를 가장 당혹스럽게 할 때는 차선을 변경할 때다. 원래 이 시스템이 중점을 둔 것은 졸음 방지다. 대개 운전자가 졸음운전을 하면 자신도 모르는 사이에 차선을 이탈하기에 이 시스템은 차선 이탈을 매우 정확하게 집어낸다. 차선을 이탈하면 바로 경보는 물론 좌석에 장착된 고강도 진동기를 울려 나를 화들짝 놀라게 한다.

30년이 넘게 자가운전을 해 온 나는 아직 이렇다 할 사고를 겪지 않았다. 위험했던 순간이 없었던 것은 아니나, 사고로 연결되지는 않았다. 운도 좋았지만 평상시에 안전에 매우 주의를 기울이며 운전한 덕이라고 생각한다. 그럼에도 모빌아이의 ADAS를 장착한 후 운전 습관에 변화가 생겼다. 가장 크게 달라진 점은 차선 변경 시 예외 없이 좌우 회전 깜빡이를 켜는 습관이 단단히 자리 잡았다는 점이다.

ADAS의 로직은 이러하다. 좌회전 깜빡이를 켜고 좌측으로 차선을 변경하면 경보가 울리지 않는다. 우회전의 경우도 마찬가지다. 그런데 깜빡이를 켜지 않은 채, 차선을 변경하면 ADAS는 이것을 졸음운전이라고 해석한다. 바로 경보 소리와 심한 진동으로 나에게 경고한다. 그런데 오작동이 없지는 않다. 각종 공사로 인해 사선으로 그어진 차선이 그냥 남아 있는 경우에는 내가 아무런 잘못을 하지 않았는데도 경보 소리와 심한 진동으로 '고문'을 당하는 일이 종종 있다.

요즘 나는 가끔 스스로 달라진 내 모습에 놀라곤 한다. 졸지도 않고 정상 운전 방향에서 이탈하지 않았는데도 선이 잘못 그어진 공사 구간에서는 상황에 맞도록 깜빡이를 켜는 내 모습을 스스로 발견한 것이다. 경보와 진동의 고문을 피하기 위해 나도 모르는 사이에 머릿속에 조건 반사 회로가 형성된 듯하다.

인간은 삶을 편하고 안전하게 누리기 위해 각종 알고리즘을 개발하여 주위에 심었다. 연구실 입구의 보안 장치에서부터 공공 영역에서의 CCTV, 고속 도로의 과속 단속 장치 등 보이지 않는 곳에서 수많은 알고리즘이 지금도 돌아가고 있다. 이들을 설계하고 도입할 때, 알고리즘 장치 때문에 우리가 달라질 것이라고 예상하지는 않았을 것이다. 그런데 돌이켜 생각해 보니, 우리가 주위를 알고리즘으로 채우면 알고리즘으로 채워진 환경은 다시 우리를 변화시킨다. 계산기를 쓰면서 암산 능력을 잃어버린 계산대의 점원, 인터넷 검색에 익숙해져 기억력이 떨어지고 있는 학생들, 운전 기사가 모는 차에 익숙해져 운전 면허증은 있지만 점차 운전 능력을 잃어가고 있는 사장님들, 우리는 보다 나은 세상을 위해 많은 알고리즘을 개발하여 운용하려 하지만 알고리즘 세상에서 생활하는 인간은 인간 본연의 능력을 잃어갈 위기에 처해 있는지 모른다. 이제는 바야흐로 인간과 알고리즘 간의 조화로운 상생을 고민해야 할 때이다.

모사 현실

: 모사 현실은 다가올 미래에 지능을 가장 포괄적으로 담을 수 있는 그릇이 될 것이다. 모사 현실의 미래가 궁금하면, 지금부터 사이버 물리 시스템의 발전 방향에 주목하라.

역시 유명하고 볼 일이다. 누군가 "우리는 지금 컴퓨터 시뮬레이션 속에 살고 있다"고 얘기하면 당신은 뭐라 할 것인가? 아마 "말도 되지 않는 얘기 당장 집어치워"라고 하면서 미친 사람 취급할 것이다. 그런데 전기차 전문 회사인 테슬라(Tesla)와 우주 운송 서비스 기업인 스페이스X(SpaceX)를 만든 일론 머스크(Elon R. Musk)가 이렇게 얘기했을 때 세상의 반응은 달랐다.[4]

2016년 6월 1일 〈코드 콘퍼런스(Code Conference)〉라는 방송 프로그램에 출연한 머스크는 인터뷰 중에 인공 지능의 미래와 관련해서 다음과 같이 얘기했다. "우리가 사는 세계가 실질적으로 존재하는 세계가 아니라, 영화 〈매트릭스(The Matrix)〉처럼 컴퓨터 시뮬레이션 속의 세상일 가능성이 99.9999999퍼센트다." 논리는 이러했다.

현재 가상 현실(Virtual Reality)이 발전하는 속도로 보면, 1만 년 후쯤 가면 가상 현실은 현실과 구분이 불가능한 상태에 도달하고, 그때의 인류는 수많은 선조 시뮬레이션 게임을 즐길 것이다. 이 시뮬레이션 게임을 모사 현실(simulated reality)이라고 한다면 미래 인류가 가지고 놀 모사 현실의 수가 1조 개쯤 되지 말라는 법도 없다. 그렇다면 내가 현재 직면하고 있는 현실이 그 1조 개의 모사 현실이 아닐 확률은 1조분의 1도 되지 않는다.

그런데 더 기가 막힌 논리가 있다. 만일 우리가 그러한 모사 현실에서 살고 있는 게 아니라면 인류 문명은 조만간 소멸한다는 것이다. 생각해 보자. 인류 문명이 영속적으로 발전하면 현실과 가상 현실의 구분이 언젠가 사라지고, 그 시대에는 수많은 모사 현실이 쉽게 만들어질 것이다. 만일 지금의 현실이 모사 현실이 아니라면, 인류는 현실과 구별되지 않는 가상 현실을 만드는 수준에 도달하지 못한다는 것이고, 그것은 인류 문명이 그 전에 소멸한다는 것을 의미한다. 정리하면, 우리는 '지금의 현실이 모사 현실이다'라는 사실을 받아들이거나,

아니면 '인류 문명이 언젠가는 소멸한다'라는 사실을 받아들여야 한다는 얘기다.

사실 이러한 생각의 원조는 따로 있다. 일찍이 2003년에 옥스퍼드 대학의 철학자 닉 보스트럼(Nick Bostrom)은 〈당신은 컴퓨터 시뮬레이션에 살고 있는가?(Are you living in a computer simulation?)〉라는 논문에서 "다음 세 가지 진술 중 적어도 하나는 진실이다"라고 적었다. 즉 (1) 인류는 포스트휴먼(post-human)이 되기 전에 소멸한다. (2) 포스트휴먼은 자신들의 과거를 시뮬레이션하지 않는다. (3) 우리는 컴퓨터 시뮬레이션 속에서 살고 있다. 내용적으로 머스크는 보스트럼의 주장을 인용한 셈이다. 이 얘기가 학계에 흥미로운 이슈로 부각되자, 머스크, 더 거슬러 올라가서 보스트롬의 주장은 황당하고 터무니없다는 반박이 이어졌다.[5] 그런데 이 논쟁에 천체물리학자, 이론물리학자 등이 가세하면서 논쟁은 걷잡을 수 없는 방향으로 번져 나갔다.

우리의 현실이 모사 현실이라는 주장은 분명 시간을 때우며 철학 배틀을 하기에 매우 좋은 소재임에 틀림없다. 그러나 그 진위를 확인하기 위해 머스크가 말한 1만 년을 기다릴 수는 없다. 우리가 살고 있는 우주가 무한 개의 우주 중 하나라는 다중우주론(multiverse theory)의 진위를 따져 해결할 것도 아니다. 그래도 이 이야기가 유익한 것은 모사 현실에 대한 관심을 모으고 주의를 환기시키기 때문이다.

머스크가 얘기하는 수준의 모사 현실은 아니더라도, 우리는 이미 적지 않은 모사 현실을 경험하고 있다. 심시티(SimCity)라는 게임도 있었고, 세컨드라이프(Second Life)라는 모사 현실 플랫폼도 상용화된 적이 있다. 이외에도 현실과의 괴리는 크나, 많은 대규모 다중 사용자 온라인 롤 플레잉 게임(Massive Multiplayer Online Role Playing Game, MMORPG)이 사실 모사의 현실적 요소를 많이 가지고 있다. 최근에는 미국을 중심으로 연구되고 있는 사이버 물리 시스템(Cyber Physical Systems, CPS)이 주목받고 있다.

CPS는 2006년 미국 국립과학재단(National Science Foundation, NSF)이 주도한 연구로서, 실세계와 컴퓨터 속의 사이버 세계를 실질적으로 연결하려는 시도다. 예컨대 실세계에서 가스 터빈이 움직이면, 사이버 세계에 투영된 가스 터빈도 똑같이 움직인다. 일종의 사물 아바타인 셈이다. 이를 구현하려면, 실세계 개체에 관한 실시간 상태 정보를 수집하여 사이버 세계의 아바타, 일명 디지털 트윈(digital twin)에 대응시켜야 한다. 이를 위해서는 실시간 상태 정보를 수집하여 컴퓨터로 전송할 수많은 사물인터넷(Internet of Things, IoT) 센서가 필요하다.

CPS는 모사 현실을 구현하는 하나의 플랫폼으로서, 현재 매우 많은 응용 분야를 가지고 있다. 전력망 제어를 위한 스마트 그리드(Smart Grid), 자율 주행 자동차, 로봇 수술, 무인 드론 조종 등이 그것이다. 그렇다면 CPS에서 두뇌 역할은 누가 하며, 어디에 위치할까? 당연히 CPS의 두뇌는 컴퓨터 속에 존재한다. 다만 팔다리가 실세계로 뻗어나와 있을 뿐이다. CPS는 현실 속의 개체를 컴퓨터 속 사이버 세상으로 넣을 수가 없어, 사물 아바타를 만들었다. 일단 사물 아바타, 즉 디지털 트윈이 사이버 세상 속에 들어가면 컴퓨터는 알고리즘을 통해 사물 아바타를 완전하게 통제할 수 있다. 현실 세계 속 사물이 사이버 세상 속 사물 아바타와 똑같이 행동한다.

CPS의 위력은 상상을 초월한다. 실세계에서 직접 자동차 충격 실험을 하는 것은 너무 위험하고 비싸다. 충격 실험을 할 때마다 비싼 차 한 대 값이 날아간다. 그러나 자동차의 디지털 트윈을 잘만 만들면 CPS 속에서 실제처럼 충격 실험을 할 수 있다. 다양한 상황에서 충격 실험을 진행해도 비용이 전혀 들지 않는다. 물론 실물과 똑같은 물성을 갖는 디지털 트윈이 사이버 세상에서 구현 가능하다는 것이 전제되어야 한다. 그러기 위해서는 많은 물리 법칙과 물성이 사이버 상의 개체에 부여되어야 함은 물론이다.

CPS는 4차 산업 혁명이 추구하는 대표적인 미래 플랫폼 중 하나다. CPS상의 개체를 실세계의 개체와 똑같이 구현할 수 있다면 우리는 머스크의 모사 현실에 한 발짝 다가갈 수 있다.[6] 그리고 그 CPS의 세상에서 수많은 실험을 통해 매우 값진 지능을 구현할 수 있을 뿐 아니라, 아예 처음부터 사이버 공간상의 개체들에게 학습 기능을 부여할 수도 있다. 실세계에서 실행하기 어려운 학습 과정을 사이버 공간에서 구현함으로써 현실에서 100년 만에 얻을 수 있는 지능을 불과 수일 내에 얻을 수도 있다.

다가오는 미래 사회를 변화시킬 지능은 앞으로 CPS 플랫폼을 기반으로 학습되고 개발되고 축적될 가능성이 크다. 누가 "수십 년 내에 머스크가 얘기한 모사 현실이 비슷한 모습으로라도 구현될 수 있을까?"라고 묻는다면 나는 주저하지 않고 답할 것이다. 그것이 궁금하면 지금부터 CPS의 발전 방향에 주목하라고.

12장

신의 알고리즘

자연 선택

: 자연 선택은 자연 생태계의 지속 가능 알고리즘이다.

자연 속에 지능이 존재한다면 어떠한 형태로 존재할까? 그것이 알고 싶으면 자연 속에 존재하는 지능이 무엇인지부터 규명해야 한다. 우리는 넓은 의미의 지능을 '환경으로부터 주어진 자극에 대응하여 합리적인 반응을 이끌어 내는 능력'으로 정의했다. 그리고 자연 속에 존재하는 대부분의 동식물은 이러한 지능을 가지고 있다고 했다.

그런데 우리가 관심을 갖는 것은 개별 생명체가 아니라 생태계 차원에서 지속 가능성을 극대화하는 진화 원리와 메커니즘이다. 만일 그러한 원리를 좁은 의미의 지능이라고 한다면, 그것은 어디에 어떠한 형태로 존재할까?

최재천 교수는 〈성의 기원〉이라는 글에서 생명체의 진화와 관련해 '성(sex)이 왜 존재하느냐'라는 질문을 던졌다.[1] 자연 속에 존재하는 생명체 중에는 단성 생식을 하는 것도 있고, 유성 생식을 하는 것도 있다. 그렇다면 생명체는 왜 하필 추가로 유성 생식을 선택했느냐는 질문이다. 이 선택은 정년 퇴임한 부부가 여행지로 카나리아, 폴리네시아, 이집트를 선택한 것과 다르지 않다. 이들 부부가 주어진 예산 내에서 만족을 극대화하기 위해 알고리즘을 채용했듯이, 자연 생태계도 지속 가능성을 극대화하기 위해 어떠한 알고리즘을 채용했을 것이다. 그렇다면 그 알고리즘의 실체는 무엇일까?

이를 유추하기 위해 당신이 자연 생태계의 설계를 신으로부터 위임 받았다고 가정해 보자. 당신에게는 지구라는 세계가 있다. 그런데 지구는 태양계에 속하면서 시간당 일정한 양의 에너지를 공급받는다. 그리고 지구에는 물과 흙과 공기 등 일정한 천연자원이 존재한다. 이들 자원을 통틀어 M이라고 하면, 당신에게 주어진 임무는 M이라는 자원 범위 내에서 지구상 생명체들의 지속 가능성을 극대화하는 알고리즘을 설계하는 것이다.

그렇다면 이 임무를 수행하기 위해 당신은 자연 생태계를 어떻게 설계해야 할까? 생태계의 지속 가능성을 높이기 위해 우선 다양성과 건강성을 수단적 목표로 설정하고, 이들을 극대화하는 모종의 메커니즘을 모색해야 하지 않을까? 왜냐하면 변화무쌍한 자연환경 변화에 직면하여 다양성이 큰 생태계가 그렇지 않은 생태계보다 살아남을 가능성이 클 것이기 때문이다. 건강한 개체가 건강하지 않은 개체보다 더 오래 살 것은 말할 것도 없다.

모든 생명체는 고유한 DNA 염기 서열을 가지고 있다. DNA 염기 서열의 종류가 많을수록 생태계의 다양성은 커진다. 단 조건이 있다. DNA 염기 서열을 섞어도 생명체는 보존되어야 한다. 염기 서열을 마구 섞어 생존 불가능한 이상한 생명체가 나오면 안 된다. 물론 이러한 생명체는 나와도 자연 도태된다. 이러한 조건을 충족하면서 다양성을 극대화하는 알고리즘이 바로 유성 생식과 돌연변이다.

유성 생식에 의한 종족 번식은 '두 배 손실의 법칙(Twofold cost of sex)'을 따른다. 무성 생식은 부모 세대의 유전자 양이 자손 세대에서 그대로 보존되나, 유성 생식은 n 세대로 진행되면서 보존되는 유전자의 양이 $1/2^n$로 감소한다. 또한 암수가 서로 만나 짝짓기를 하기까지 매우 큰 에너지 소모가 필요하다. 공작새처럼 암컷의 호감을 사기 위해 화려하지만 거추장스러운 날개를 가지고 다녀야 하고, 극락조처럼 암컷 앞에서 현란한 춤을 오랜 시간 동안 춰야 한다.

그럼에도 자연은 왜 유전자 전달에 비효율적인 유성 생식을 선택할까? 독일의 진화생물학자 어거스트 바이스만(August Weismann)은 이렇게 얘기했다. "암수의 유전자를 섞으면 새로운 유전자형(genotype)이 만들어지고, 그 결과 더욱 다양하고 많은 대안 중에서 자연 선택이 일어난다." 한 반에서 제일 잘 뛰는 육상 선수보다 전교에서 제일 잘 뛰는 육상 선수가 더 우수하다. 유성 생식은 자연 선택의 성과를 좋게 한다는 얘기다.

암수의 유전자가 섞이는 과정에서든, 개체가 독립적으로 성장해 가는 과정에서든 유전자에 변형이 나타나면 그것은 돌연변이다. 돌연변이는 컴퓨터 프로그램에 비유하면 일종의 버그(bug)에 해당한다. 돌연변이가 나타난 개체는 병이 들거나 오래 살지 못한다. 그러나 간혹 새롭고 환경에 적응력이 강한 형질이 발현되는 경우, 새로운 종의 탄생으로 이어지기도 한다.

자, 그럼 건강성을 극대화하는 알고리즘은 어떤 모습일까? 아프리카 초원에는 사자 떼와 들소처럼 생긴 누(Wildebeest) 무리가 함께 살고 있다. 먹이사슬상으로는 사자가 누보다 위에 있어서 사자는 늘 누를 좇아 사냥을 한다. 사자가 누 사냥을 잘 하려면 체력이 좋아야 하고 달리는 속도가 빨라야 한다. 마찬가지로 누도 사자의 사냥을 피하려면 체력이 좋아야 하고 달아나는 속도도 빨라야 한다. 이 경쟁이 오랜 진화 과정 속에서 반복되면 어떠한 생태계적 현상이 일어날까?

누 무리에서는 연약하고 힘없고 병들었거나 쇠약한, 더러는 둔한 누가 제거되고, 사자 무리에서도 사냥 실력이 형편없는 사자들이 진화 경쟁 속에서 도태된다. 먹이사슬 속의 자연 선택이라고나 할까? 누와 사자 간의 잡고 잡히는 경쟁은 시간이 지나면서 누 무리에서나 사자 무리에서 건강한 유전자만을 후대로 전달케 한다. 경쟁하는 두 무리의 건강성이 상승 사이클을 밟는 것이다. 이 현상을 일컬어 붉은 여왕 효과(Red Queen Effect)라고 한다.

루이스 캐럴(Lewis Carroll)의 소설 《이상한 나라의 앨리스(*Alice's Adventures in Wonderland*)》의 속편 《거울 나라의 앨리스(*Through the Looking-Glass, and What Alice Found There*)》에 보면, 붉은 여왕이 앨리스에게 "제자리에 있고 싶으면 죽어라 뛰어라!"라고 말한다. 붉은 여왕

의 세계에서는 누가 움직이면 주변 세계도 그에 따라 함께 움직이기 때문이다. 자연 생태계 경쟁에서 무리 간 생존 경쟁이 두 무리의 건강성을 모두 증진시켜 생태계의 지속 가능성을 높이는 효과를 '붉은 여왕 효과'라고 한 것은 바로 이 때문이다.[2]

대서양 서안 맹그로브 숲에는 맹그로브 피시(mangrove snapper)라는 송사리과 물고기가 산다.[3] 문제는 이 숲이 건기와 우기를 반복한다는 건데, 우기에 물속에서 유성 생식을 하던 맹그로브 피시는 건기가 되면 180도 모습을 바꾼다. 습기 찬 나무 구멍 속에 들어가 몇 달씩 생존한다. 극한 상황에서 이 물고기가 생존하는 방식은 참으로 눈물겹다. 우선 번식을 위해 유성 생식을 단성 생식으로 바꾼다. 난정소에서 난자와 정자를 모두 배출해 체내에서 자가 수정을 하고 체외로 수정란을 배출하여 부화시킨다. 생존을 위해 아가미를 개조하여 질소 폐기물을 배출하고 피부를 새로운 단백질로 덮는다. 또한 맹그로브 피시는 평소에 영역 다툼을 심하게 하는 편이지만 나무속에서 살 때만큼은 공격성이 줄고 다른 개체들과 공존하는 행동을 보인다고 한다. 환경 변화에 따라 겉모습과 성질을 변화시켜 생존해 내는 맹그로브 피시는 자연에 내재하는 적응형 알고리즘의 표상이다.

자연 생태계에서의 지능은 DNA 염기 서열 속에 코드화되어 있다. 그리고 코드화되어 있는 지능이 발현되면서 생명체의 두뇌에, 먹이 사슬 내의 상호 작용 속에 자연 선택이라는 생태계 차원의 알고리즘을 만들어 낸다. 개체와 개체 간의 상호 작용이 모여 사회적 지능을 형성한다는 아이디어는 조금 생소하게 들릴 수 있다. 그러나 우리가 살고 있는 세상이 계층 구조라는 사실을 인정한다면 그것은 지극히 당연해진다. 계층 구조를 갖는 자연 생태계에서는 지능이 특별히 어느 한 계층에만 존재해야 할 이유가 없기 때문이다.

보이지 않는 손

: '보이지 않는 손'은 경제 사회 생태계의 지속 성장 알고리즘이다.

자연 생태계에 지능이 있다면, 경제 사회 생태계에도 당연히 지능이 존재하지 않을까? 인간의 경제 사회 생태계는 자연 생태계의 부분집합이다. 그렇다면 경제 사회 생태계에도 선천적으로 코딩된 어떤 지능이 있으리라고 생각하는 것은 자연스럽다.

경제 사회 생태계는 인간이 만든 인공 생태계라는 점이 자연 생태계와 다르다. 경제 사회 생태계에서 활동하는 개체는 생명체로서의 인간이기보다는 경제인으로서의 인간, 그리고 그 인간이 경제 사회 시스템 내에서 만들어 낸 인공물이다. 인간이 생산하는 제품이나 서비스, 생산 활동을 하기 위해 설립한 기업, 국가 사회의 운영에 필요한 각종 법제도와 정부 조직 등이 인공물에 해당한다.

그렇다면 자연 생태계에 내재된 지능이 그대로 경제 사회 생태계에서도 성립하는지 점검해 보자. 가장 먼저 체크할 사항은 목적 함수다. 자연 생태계의 궁극적 목적 함수는 지속 가능성이다. 그렇다면 이 목적 함수는 경제 사회 생태계에도 그대로 차용될 수 있을까? 답은

'그렇다'이다. 그렇지 않다면, 이는 우스갯소리로 "오늘 배불리 먹고, 내일 죽어도 좋다"는 뜻이 된다.

다음으로 체크할 것은 다양성 극대화 알고리즘이 경제 사회 생태계에서 작동하는지 여부다. 경제 사회 생태계에 내재된 다양성 극대화 알고리즘은 제품이나 서비스 간의 융합, 창조 동기에 의한 기술 혁신, 그리고 경제 사회 전반에 심어진 학습 메커니즘이다. 자연 생태계에서 이를 이끄는 핵심 동인이 '이기적 유전자'라면, 경제 사회 생태계의 핵심 동인은 '인간의 이기심과 자유 의지'다. 성과 면에서 보면, 인간의 다양성 생산 능력은 결코 자연 생태계의 능력에 못지않다. 아니 훨씬 넘어선다.

그러면 건강성 극대화 알고리즘은 어떠한가? 이른바 붉은 여왕 효과가 경제 사회 생태계에서도 작동하는가? 답은 '대체로 그렇다'이다. 인류 역사를 볼 때 과거보다는 현재가, 현재보다는 미래가 더 건강할 것이라고 기대할 수 있다. 18세기 산업 혁명 이후 이룩한 생산성의 획기적 증가, 20세기 초 전기와 통신의 발명이 가져다준 편리한 생활, 20세기 후반에 시작된 정보화 시대가 실현하고 있는 자유, 참여, 공감의 세상을 보면 더욱 그러하다.

그러나 한편으로 붉은 여왕 효과를 가져다주는 자연 선택이 경제 사회 생태계에서도 그대로 작동하는가를 생각해 보면 고개가 갸우뚱해진다. 사실 '먹이사슬 내의 자연 선택'은 자연 생태계의 이른바 '보이지 않는 손'이다. 그러나 자연 선택의 경제 사회 생태계 버전인 애덤 스미스(Adam Smith)의 보이지 않는 손에 대해서는 의견이 엇갈린다.

자연 생태계에서 생존력이 약한 누가 생존력이 강한 사자에게 잡아먹히는 것은 지극히 자연스러운 일이다. 잡아먹히는 누가 인간의 눈에는 측은해 보여도 우리가 사자를 '악(惡)'으로 규정하지는 않는다. 그것이 자연 질서임을 받아들이기 때문이다. 그런데 경제 사회 시스템에서는 어떠한가? 힘이 약한 소상공인이 대형 유통 업체의 등장으로 삶의 터전을 잃으면 정서적으로 대형 유통 업체를 악으로 보는 시각이 엄연히 존재한다.

　바로 이 점에서 자연 선택, 즉 보이지 않는 손에 대한 평가가 엇갈린다. 자연 생태계에서 '보이지 않는 손'은 최고의 선이지만, 경제 사회 생태계에서 스미스의 '보이지 않는 손'은 최고의 선이 아니라는 주장이 많다. 그런데 그러한 시각 차이가 근본적으로는 보이지 않는 손 자체에 있는 것 같지는 않다. 오히려 인간 사회에 축적된 갖가지 모순, 불순한 정치적 동기, 참지 못하는 경박한 조급함이 숨겨진 진짜 이유일지도 모른다.

　스미스가《국부론(The Wealth of Nations)》을 쓸 당시에는 지금의 경제 사회 시스템은 존재하지도 않았고 상상할 수도 없었다. 자본주의가 태동하기도 전이었다. 스미스는 중상주의 시대의 끝자락에서 자유 시장 경제로의 방향 전환을 이끌 기발한 아이디어를 주창했다. "우리가 저녁을 먹을 수 있는 건, 푸줏간 주인, 술집 주인, 빵집 주인의 자비심이 아니라, 각자 최선을 다해 자신들의 이익을 챙기려 하는 그들의 이기심 덕분이다".[4]

　경제 사회 시스템에서 자연 선택을 주창한 스미스는 1859년 진화론을 발표한 찰스 다윈을 훨씬 앞섰다. 다윈이 진화론을 발표하기 정확히 100년 전인 1759년에 스미스는 자신의 책 《도덕감정론(The Theory of Moral Sentiments)》에서 '보이지 않는 손'을 처음으로 언급했다. 경제 사회 생태계에서의 자연 선택 이론이 발표되고 나서 100년이 지나서야 자연 선택에 의한 진화론이 발표된 것은 역사적 아이러니다.

각자의 이기심이 사회 전체의 안녕과 부를 증가시킨다는 스미스의 주장은 "이기적 유전자가 자연 생태계의 번성을 촉진하기에 더 이타적"이라는 리처드 도킨스(Richard Dawkins)의 주장을 닮았다. 아니, 도킨스가 주장한 '이기적 유전자'가 오히려 스미스의 '보이지 않는 손'을 닮았다고 하는 것이 맞겠다. 도킨스가 《이기적 유전자(The Selfish Gene)》를 출간한 것이 1976년이다. 스미스가 《도덕감정론》을 출간한 이후 217년 만이다.

인간은 누구나 이기적이다. 그런데 이기적이라는 말은 듣기 싫어한다. 이율배반적이다. 실질적으로는 이기적이나 이기적으로 보이지 않기란 여간 어려운 것이 아니다. 이기적인 사람을 우리는 욕심이 많다고 하거나, 때로는 위선적이라고 한다. 말 못 할 이런 심리적 갈등 속에 사는 인간에게 '개인의 이기심이 공공의 선에 기여한다'는 스미스의 '보이지 않는 손', 다윈의 '자연 선택', 그리고 도킨스의 '이기적 유전자'는 원래부터 이기적이었던 우리의 마음을 편하게 한다.

자연 생태계든 경제 사회 생태계든 각자 자신을 위해 최선을 다할 때, 사회 공동체의 선도 최대화된다는 '보이지 않는 손'이야말로 최고의 지능이 아닐까 싶다.

집단 지성

: 집단 지성은 군집 속에서 구현되는 시냅스 가소성의 다른 표현이다.

용감한 개미, 토미가 개미집을 막 나섰다. 먹이를 찾기 위해서다. 개미집 주변을 배회하다가 먹이가 없자 먼 길로 나섰다. 그런데 집에서 점차 멀어지면서 불안해지기 시작했다. 돌아가는 길을 못 찾을 것 같은 두려움이 몰려왔다. 그래서 페로몬(pheromone)을 띄엄띄엄 뿌리며 다녔다. 혹시 길을 잃으면 페로몬 냄새를 맡으며 집으로 안전하게 돌아갈 수 있을 거라는 생각에서다.

그러다가 먼 곳에서 우연히 풍부하고 좋은 먹잇감을 발견했다. 다 가져갈 수가 없어 일부만 챙겨 집으로 돌아왔다. 가져온 먹이는 일단 창고에 저장하고 남겨 둔 먹이를 가지러 다시 나섰다. 막 나서는 순간, '아뿔싸!' 먹잇감이 어디에 있었는지 기억이 나지 않았다. 토미는 자책한 후 새로운 결심을 했다. '다음부터는 좋은 먹잇감을 찾으면, 돌아올 때 꼭 길을 표시해 두어야지.'

실패를 경험한 토미는 행동을 바꿨다. 먹잇감을 발견한 후 집으로 돌아올 때, 페로몬을 듬뿍 쭉 뿌리며 돌아왔다. 그래야 다시 그 장소로 갈 때 냄새만 쫓아가면 될 것이기 때문이다. 실제로 먹이를 저장한 후 다시 길에 나선 토미는 자신이 올 때 표시해 둔 페로몬 길을 따라 먹잇감이 있는 장소로 직행할 수 있었다. 사실 토미의 이러한 행동은 다른 개미를 염두에 둔 행동은 전혀 아니었다.

개미는 군집 동물이다. 수천 마리에서부터 심지어 수억 마리까지 집단을 이루고 산다. 소집단별로 역할을 나누어 분업을 하는데, 먹이 탐색이 주 임무인 무리만 해도 수백 마리에서 수천 마리에 달한다. 군집의 규모에 따라 그 수는 커질 수도 작아질 수도 있다. 자, 그럼 토미와 동시에 먹이 탐색에 나선 개미가 수백 마리라면 어떤 일이 발생할지 한번 생각해 보자.

수백 마리 개미 중에서 같은 먹잇감을 찾은 개미가 토미 말고도 여럿이 있을 것이다. 편의상 거기에 제니와 맥도 있다고 하자. 같은 먹잇감을 발견했으나, 이들이 먹이를 가지고 집으로 돌아오는 길은 서로 다르다. 예컨대 토미는 가까운 길로 와서 벌써 도착했는데, 제니와 맥은 아직 먼 길을 돌아오는 중일 수 있다. 그러면 제니와 맥이 도착하기 전에 개미집에서 새로이 먹이 탐색에 나서는 다른 개미들은 당연히 토미가 표시해 둔 페로몬 길을 따라 나선다. 페로몬 냄새가 강한 길로 나서라는 '자연의 명령' 대로 말이다. 시간이 오래 지나면, 토미뿐 아니라 제니와 맥이 만든 페로몬 길도 결국 완성된다. 그러나 거리가 가장 가까운 경로에서 가장 먼저 페로몬 길이 완성될 것이므로, 시간이 가면 갈수록 최단 경로에 페로몬이 많이 쌓이고 그 결과 탐색 개미들이 몰릴 가능성은 점점 더 커진다. 결국 다수의 개미가 참여하는 먹이 탐색 게임에서 개미들은 점차 가장 가까운 길을 통해 먹잇감을 나르게 된다.

돌이켜 보면 토미의 페로몬 사용 전략은 다분히 자신만의 이기적인 생각에서 도출된 것이었다. 그런데 그 전략이 집단 속에서 운용되면서 집단 전체가 최단 경로의 혜택을 공유하는 결과로 이어졌다. 데자뷰가 떠오르지 않는가? '개개의 이기심이 공공의 선, 집단의 이타심으로 이어진다'는 자연 속의 '보이지 않는 손' 말이다. 개미 집단의 이러한 행위는 개미 집단 최적화(Ant Colony Optimization, ACO)라는 이름으로 잘 알려져 있다.

자연 속에 감추어져 있으나, 인간이 발견해 낸 최초의 천연 알고리즘인 개미 집단 최적화가 학술적으로 주목을 받기 시작한 것은 1990년대 초다.[5] 이후 이 자연계 천연 알고리즘을 활용하여 경제 사회 생태계의 문제를 풀려는 시도가 급물살을 타기 시작했다. 일정 계획 수립 문제, 배차 및 수송 경로 탐색 문제, 할당 문제, 다중 배낭 문제, 장치 용량 설계 문제, 이미지 처리 문제, 데이터 마이닝 문제, 단백질 접힘 문제, 파산 예측 문제 등이 그것이다.[6]

우리는 개인 차원의 지능과 집단 차원의 지능을 구별하고 있다. 그리고 그 중 후자를 특별히 집단 지성(collective intelligence)이라고 부른다. 집단 지성 개념은 1910년 미국의 곤충학자 윌리엄 휠러(William M. Wheeler)가 개미의 협업 행동을 관찰하여 출간한 《개미: 그들의 구조·발달·행동(Ants: Their Structure, Development, and Behavior)》에서 처음 제시했다.[7] 이후 집단 지성에 관한 관심은 더욱 확대되어 군집 지능(swarm intelligence)으로 확장되었다.

그로부터 얻은 교훈은 이러했다. 첫째, 군집이 스마트하면 군집을 이루는 개체도 스마트할 것이라는 예상은 틀렸다. 스마트한 것은 개체가 아니라 군집이다. 둘째, 군집에는 당연히 대장이 있고 계급이 있고 잘 설계된 계층적 조직이 있다고 생각했다. 그렇지 않으면 수십만, 수백만에 이르는 군집을 어떻게 통제하겠는가? 그러나 그렇지 않았다. 군집에는 지휘자도 관리자도 없었다. 그저 개체 간 상호 작용에 관한 단순한 규칙만 존재했다. 셋째, 개체는 이기적이다. 자신의 역할을 다하기 위해 자신이 할 수 있는 최선을 다할 뿐, 다른 개체의 행위에 간섭하거나 영향을 미치려 의도하지 않았다. 최소한의 상호 소통만으로도 충분했다.

개인 차원의 지능은 두뇌에 담긴다. 그리고 두뇌에 지능을 담는 원리는 시냅스 가소성이다. 신경 회로에서 신호가 자주 다니는 회로는 강화되고, 그렇지 않은 회로는 도태되는 매우 단순한 메커니즘이다. 그렇다면 개미 집단의 지능은 어떠한가? 용도가 있는 페로몬 길은 강화되고, 용도가 없어진 페로몬 길은 소멸하지 않았던가? 생체적 구조로 보면 우리의 뇌도 하나의 군집임에 틀림없다. 임무가 다를 뿐, 개체 혹은 군집 수준에서 시냅스 가소성이 있는 인간 두뇌와 개미 군집은 다르지 않다.

자연 생태계에서 지능은 진화한다. 개인 차원이든 집단 차원이든 진화하는 지능을 구현하는 메커니즘은 동일하다. 구사하는 지능에 차이가 나는 것은 두 가지, 즉 지능의 진화 속도와 진화 기간의 차이 때문이다. 시간이 짧아도 빨리 달렸다면 먼 거리를 갔을 것이고 시간이 길어도 천천히 달렸다면 멀리 가지 못했을 것이다. 같은 기간이라 하더라도 세대를 거듭하면서 더 많은 지능 요소를 만들어 후대에 전달한 개체나 군집이 지능 진화 경쟁에서 앞선다는 것이다.

그런데 이쯤에서 의문이 생긴다. 우리가 그토록 이기적이라고 몰아세운 유전자, 신경세포, 개미가 과연 이기적이기나 하냐는 의문이다. 자연 속에 내재된 가장 순수한 의지조차 이기적이라고 바라보는 우리의 마음이야말로, 너무나 이기적이고 작위적인 것은 아닐까? 우리의 편협함을 스스로 극복하지 못하는 한, 자연은 우리에게 다가오지 않을 것 같다.

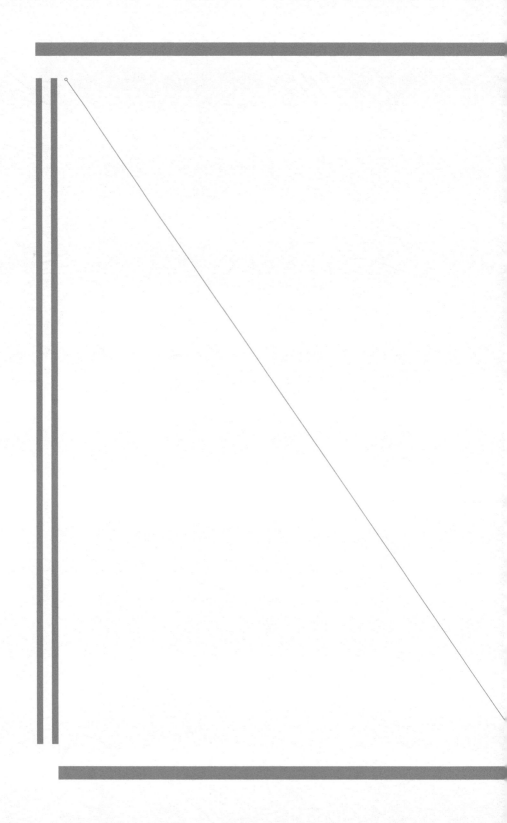

4부

지혜의 시대
데이터가 지혜가 되는 순간

데이터 시대, 지혜란 무엇인가

빅 데이터와 정보가 홍수를 이루고 지식이 힘의 원천이 되는 현대 사회에서 지혜란 무엇일까? 사전적 정의에 따르면, 지혜는 '사물의 도리나 선악을 분별하는 마음의 작용'이다.[1] 지능이 '환경으로부터 주어진 자극에 대응하여 합리적인 반응을 이끌어 내는 능력'이라면, 지혜는 '지능을 사리에 맞도록 올바르게 사용하는 마음'이라는 것이다. 따라서 지혜는 지능을 사용하는 데 있어서 두 가지 요소를 필요로 하는데, 하나는 올바른 가치관이고, 다른 하나는 세상 이치에 관한 깊은 이해다. 이를 중심으로 지혜란 무엇인지 논의해 보자.

어떤 가치를 우선순위에 둘 것인가

: 지혜의 출발점은 큰 가치와 사소한 가치를 구별할 줄 아는 것이다.

아주 오래전에 대학 선배에게 이야기 하나를 이메일로 받은 적이 있다. 출처를 밝히고자 해도 출처를 찾을 수 없어 기억 속에 남아 있는 대충의 줄거리만을 소개하고자 한다.

어느 날 교수가 강의실에 골프공을 가득 채운 상자를 하나 들고 들어왔다. 그리고 잔자갈이 든 양동이와 모래가 든 양동이도 함께 들고 들어왔다. 교수는 상자를 교단 위에 올려놓고는 학생들에게 물었다. "여러분, 이 상자는 꽉 차 있습니까?"

학생들은 골프공으로 꽉 채워져 있는 상자를 보고 모두 "그렇습니다"라고 대답했다. 그러자 교수는 양동이에 든 잔자갈을 상자 위에 쏟아붓고는 상자를 전후좌우로 몇 차례 흔들었다. 그러자 골프공 위에 수북이 쌓여 있던 잔자갈이 골프공 사이로 모두 들어갔다. 교수는 학생들에게 다시 물었다. "여러분, 이 상자는 꽉 차 있습니까?"

학생들은 골프공과 잔자갈로 꽉 채워져 있는 상자를 보고 모두 "그렇습니다"라고 대답했다. 그러자 교수는 양동이에 든 모래를 상자 위에 다시 쏟아붓고는 상자를 전후좌우로 몇 차례 흔들었다. 그러자 상자 위에 수북이 쌓여 있던 모래는 골프공과 잔자갈 사이로 모두 들어갔다. 교수는 학생들에게 또다시 물었다. "여러분, 이 상자는 꽉 차 있습니까?"

학생들은 골프공과 잔자갈과 모래로 꽉 채워진 상자를 보고 모두 "그렇습니다"라고 대답했다. 그러자 교수는 교단 밑에서 포도주 두 병을 꺼내더니 상자 위로 붓는 것이 아닌가. 아깝다는 생각이 드는 순간 포도주 두 병은 흔적도 없이 상자 속으로 스며들어 버렸다. 이를 쭉 지켜보던 학생이 더 이상 참지 못하고 교수에게 질문했다. "교수님, 도대체 무슨 말씀을 하시려고 그러십니까?"

그제야 교수는 자세를 고치고 난 후 얘기를 시작했다.

"나는 여러분에게 인생에 관한 얘기를 하고자 합니다. 오늘 내가 가져 온 골프공, 잔자갈, 모래는 바로 여러분의 인생을 채워 갈 가치를 의미 합니다. 골프공은 큰 가치 또는 큰 뜻을 의미하고, 잔자갈은 그보다는 작은 가치나 작은 뜻을 의미합니다. 모래는 그에 비해 아주 자질구레 한 욕심이나 미련 같은 것을 의미합니다.

여러분이 인생 상자를 채울 때는 큰 것부터 먼저 넣고 작고 자질구레 한 것은 나중에 넣어야 합니다. 그렇지 않고, 인생 상자를 작은 가치나 자질구레한 욕심부터 채우고 나면 정작 중요한 큰 가치나 큰 뜻은 들 어갈 자리가 없어집니다. 여러분은 세속적인 욕심이나 미련에 얽매여 설사 돈과 재산을 많이 모아도 삶에 있어서는 각박하고 불행한 삶을 살게 될 것입니다."

그러자, 학생은 다시 질문을 한다. "그렇다면 마지막에 부은 포도 주는 무슨 의미입니까?" 교수는 답한다.

"여러분이 크고 작은 삶의 목표와 뜻으로 여러분의 인생을 아무리 꽉 채웠다 하더라도, 그리하여 단 한 순간의 여유도 찾기 어렵다하더라 도, 여러분이 함께 해야 할 사람들과 포도주 몇 잔을 함께 나눌 여유 는 있습니다. 바쁘다는 강박관념에 젖어 인생에서 가장 중요한 사람 들과 함께 하는 여유를 놓치고 살면 후회밖에 남는 게 없습니다."

그렇다. 지혜는 바로 왜 사느냐의 문제와 직결되어 있다. 어떤 가치와 의미를 가지고 삶을 살아가느냐, 어떤 비전과 가치 목표를 가지고 기업을 운영하느냐, 어떠한 국가관을 가지고 나라를 운영하느냐를 다루는 게 바로 지혜다. 이 얘기가 주는 메시지는 단순하다. 작은 일에 얽매이지 말고 큰 가치를 좇되, 삶 자체의 의미를 찾는 여유는 잃지 말아야 한다는 것이다.

이제까지 지혜는 개인 차원에서 많이 논의되어 왔다. 생활에 짓눌려 힘겹게 살던 사람이 지혜를 얻고자 고승을 찾아갔더니, 모든 것을 버리라고 했다는 얘기는 유명하다. 부와 쾌락과 명예를 포기할 수 없어 찾아간 사람에게 마음을 비우는 것이 답이라고 한다면, 우리는 과연 이것을 온전한 지혜라고 할 수 있을까?

사실 지혜는 객관적으로 논의할 주제는 아니다. 개인이든 기업이든 매우 주관적인 가치 영역에서 이루어지는 것이기 때문이다. 큰 가치부터 채우라고 하나 개인별, 기업별로 큰 가치의 선택이 다를 수밖에 없고, 여유에 대한 판단도 다르다고 보는 것이 현실적이다. 따라서 삶을 살아가는 현장, 즉 경제 사회 생태계가 아마 우리가 함께 지혜에 대해 논의할 수 있는 유일한 대상일 것이다.

그렇다면 경제 사회 생태계 차원에서 지혜란 무엇일까? 이 이야기가 주는 메시지를 생태계 차원으로 재해석해 보자.

첫째, 작은 일에 얽매이지 말라는 것은 생태계 차원에서는 생태계의 순리를 따르라는 것이고, 둘째, 큰 가치를 좇으라는 것은 생태계 차원의 기본 목표를 설정하라는 것이며, 셋째, 삶 자체의 의미를 찾으라는 것은 생태계 참여자 모두가 존재의 의미를 찾아야 한다는 것이다. 그렇다면 이들 생태계 차원의 지혜 각각에 대해서 구체적으로 살펴보자.

경제 사회 생태계의 순리를 따르라

우선 생태계의 순리란 자연 생태계에 내재된 자연법칙을 말한다. 이에 대해서는 이미 12장에서 충분히 논의했다. 자연 생태계에서와 마찬가지로 경제 사회 생태계에서도 지속 가능성이야말로 궁극적 선(善)이다. 이 가치는 생태계 존재의 이유이기에 생태계 운용의 기본 철학이 되어야 한다.

이 가치를 지키기 위해 시장 경제 및 공정 거래 제도는 생태계의 다양성과 건강성을 최대화하는 방향으로 운영되어야 한다. 그 과정에서 생태계의 핵심 동인인 인간의 자유 의지가 훼손되지 않도록 정부의 개입은 적정선에서 자제되어야 한다. 이와 함께 기업뿐 아니라 정부도 생태계의 일원임을 자각하고, 생태계 차원의 집단 지성 원리가 작동하도록 최선을 다해야 한다.

생태계 차원에서 '부가 가치 생산성의 극대화'를 꾀하라

생태계의 기본 목표는 생태계 운영 방향을 좌우하는 매우 중요한 요소다. 이에 가장 적합한 지표는 '생태계 부가 가치 생산성'이다. 여기서 생태계 부가 가치는 생태계 구성원 각각이 창출한 부가 가치의 합으로서 이를 생산 과정에 투입된 총노동시간으로 나누면, 시간당 생태계 부가 가치, 즉 부가 가치 생산성이 된다. 기업의 경우, 창출한 부가 가치는 총매출액에서 재료비, 감가상각비, 이자, 보험료, 임대료 등 타인급부(他人給付)의 비용을 뺀 금액으로 계산된다. 개인이나 정부 조직에 대해서도 같은 방식으로 계산하면 된다.

생태계 부가 가치 생산성은 어떤 규모의 생태계에 대해서도 계산이 가능하다. 이를 국가 단위에 적용하면, 노동시간당 GDP(GDP per hour worked)가 된다. 가장 최근 발표된 2015년 데이터를 보면, 세계 순위 5위까지는 룩셈부르크 93.4달러, 아일랜드 87.3달러, 노르웨이 81.3달러, 벨기에 69.7달러, 미국 68.3달러이며, 영국은 52.1달러로 15위, 일본은 41.9달러로 20위, 그리고 우리나라는 31.9달러로 30위를 차지했다. 그런데 이 순위로 35위까지의 국가 중 주당 노동시간은 한국이 40.7시간으로서 멕시코 41.2시간에 이어 2위를 기록했다.[2] 아직도 우리 현실은 낮은 노동 생산성 때문에 오랜 시간을 일할 수밖에 없다는 것이다.

생태계 기본 목표로서 이 지표의 타당성에 대해서는 매우 긴 논의가 필요하다. 여기서는 그 핵심 논리만을 간략히 살펴보기로 하자.

- 기본 가치의 요건: 부가 가치 생산 자체를 늘리지 않고는 소득 증가도, 일자리 창출도, 공평한 사회도, 행복의 추구도 이룰 수 없다. 생태계 차원에서 추구할 수 있는 다양한 가치들에 대해 가장 기본적인 필요조건이 바로 부가 가치의 생산이다. 부가 가치 생산이 없는 그 어떤 가치의 추구도 모두 사상누각(沙上樓閣))이

다. 그래서 부가 가치 생산은 기본 가치이면서 최고의 가치다.

- 매슬로의 계층적 욕구와 부가 가치의 관계: 심리학자 에이브러햄 매슬로(Abraham Maslow)에 따르면, 인간의 욕구는 최하위 계층의 생존 욕구에서 시작하여 안전 욕구, 사회적 욕구, 성취 욕구, 자아실현의 욕구로 점차 고도화되며, 하위 욕구가 충족되어야 상위 욕구가 발현되는 욕구 위계성(hierarchy of needs)을 갖는다.[3] 부가 가치 생산이란 이들 욕구를 충족시키기 위한 수단, 즉 재화, 서비스, 정보 등을 생산하는 행위다. 욕구 위계성은 자유 시장 경제하에서 산업 구조가 1차 산업에서 2차, 3차 산업을 거쳐 4차, 5차 산업으로 발전하게 하는 핵심 동력이다. 부가 가치 생산 극대화는 생태계 참여자 개개인에게는 '욕구 충족의 고도화'로, 산업 차원에서는 '산업 구조의 고도화'로 이어진다.

- 행복과 부가 가치의 관계: 행복은 매우 주관적인 가치 기준이다. 행복은 주관적이지만, 상대적이기도 하다. 같은 소득 수준이라 하더라도, 주변의 소득 수준이 낮으면 행복도가 올라가고 주변의 소득 수준이 높아지면 행복도가 떨어진다.[4] 미국의 경우 소득 증가가 더 이상 행복 증가로 이어지지 않는 임계점은 가구당 평균 연 소득 7만 5,000달러지만, 주별로는 차이가 나서 미시시피 주는 연 소득 6만 5,000달러, 캘리포니아 주는 연 소득 9만 5,000달러다. 평균적인 노동시간당 GDP에 가구당 노동시간을

곱하면 가구당 소득이 된다. 부가 가치 생산 없이 소득 증가 없고, 적어도 이 임계점까지는 소득 증가 없이 행복 증가 없다.

- 공리주의와의 관계: "최대 다수의 최대 행복"을 주창한 제러미 벤담(Jeremy Bentham)과 존 밀(John S. Mill)의 공리주의(utilitarianism)는 민주주의 정치 제도와 경제적 자유주의, 그리고 노동 입법이나 단결권 같은 사회적 입법의 기초 사상이다.[5] 벤담과 밀은 공리주의를 주창하면서, 행복의 계량화에 힘씀과 동시에 인간의 존엄성을 공리(公利) 개념에 포함시키려 노력했다. 생태계 차원의 최고의 가치로서 "최대 다수의 최대 행복"은 매우 강력한 후보임에 틀림없다. 그러나 관념론에 머물고 있는 인간 존엄성에 대한 논의는 분명 다변화된 현대 사회에 적용하기에 한계가 있어 보인다. 그런 점에서 공리주의의 현대적 해석은 인간의 존엄성을 매슬로의 '욕구 충족의 고도화'와 연계시키고, 행복 수준을 소득과 연계하여 평가하는 것이다.

- 공평한 사회와의 관계: 단위 시간당 부가 가치 생산이 평균적으로 주어져 있을 때, 노동시간 선택에 충분한 기회와 자유가 주어지는지 여부는 매우 중요한 생태계적 이슈다. 누군가 단위 시간당 부가 가치 생산의 극대화가 공평한 사회를 보장하느냐고 물으면 대답은 '아니다'이다. 그러나 생태계 차원에서 단위 시간당 부가 가치 생산이 높을수록 노동의 기회가 늘어날 가능성이 크

고, 자유롭게 노동시간을 정할 가능성이 크다. 그런 점에서 부가 가치 생산의 극대화가 공평한 사회와 상충되는 가치는 아니다. 공평한 사회는 부가 가치 생산 극대화와 함께 추구할 부수적 가치다.

생태계 참여자 모두 최소한의 여유를 확보하라

생태계 참여자 모두가 존재의 의미를 갖게 하려면 어떻게 해야 할까? 존재의 의미는 존재의 필요성에서 나온다. 자신을 제외한 경제 사회 생태계의 구성원이 자신을 필요로 하지 않는다면 존재의 의미는 약해진다. 경제 사회 생태계에서 필요성이 없어진 개인, 기업, 조직, 기관의 역할은 도태된다. 그렇기 때문에 살아남기 위해 변신하려는 노력을 하게 되고 그 결과 살아남은 자는 스스로 존재의 당위성을 갖게 된다. 선택되지 않는 역할이 도태되는 것은 자연의 섭리다. 자연의 섭리를 거스르는 것은 지혜가 아니다.

지혜로운 삶의 모습에서 여유는 두 가지 목적을 달성하기 위해 필요하다. 하나는 미래를 위한 변신을 준비할 여유고, 다른 하나는 자신의 삶을 찾아 즐기기 위해 필요한 여유다. 만약 적정 수준의 소득이 보장된다면 당신은 추가 소득과 여유 중 무엇을 선택하겠는가? 평균적으로 가계 소득이 임계 소득이 될 때까지는 여유보다 추가 노동을 원하고, 임계 소득을 넘어서면 추가 노동보다 여유를 원할 가능성이 크다. 우리의 삶에 있어서 여유는 자신을 돌아보고 삶의 의미를 찾아가는 출발점이 된다.

이에 관해서 흥미로운 연구 결과가 하나 있다. 한 인터넷 조사에 따르면, 노동시간당 GDP가 높은 국가일수록 주당 평균 노동시간이 짧았다.[6] 그것은 국가 간 비교에서뿐만 아니라, 연도별로 한 국가의 노동시간당 GDP가 높아질수록 주당 평균 노동시간이 줄어드는 추세를 보였다. 이 실증 분석 결과는 사회가 발전하면서 노동시간당 GDP가 높아지면, 생태계 내에서 여유의 확보를 통해 '욕구 충족 고도화'를 추구하는 사람 수가 늘어남을 시사하고 있다. 결국 생태계 차원의 지혜 중 세 번째 지혜는 첫 번째 지혜와 두 번째 지혜로부터 파생되는 지혜인 셈이다.

신뢰와 주도권을 확보하라

: 생태계를 지배하고자 하는 자는 자신의 가치보다는 생태계의 가치를 추구해야 한다.

생태계 지혜가 개인의 지혜와 다른 점은 자신이 아닌 다른 생태계 참여자와의 상호 작용을 고려해야 한다는 점이다. 생태계 일원으로서 내가 얻을 혜택은 나를 제외한 다른 생태계 구성원이 어떻게 행동하느냐에 따라 달라질 것이기 때문이다. 따라서 생태계 지혜의 출발점은 내가 아닌 다른 생태계 참여자의 존재와 그들의 자율 의지를 인정하는 것이다.

존 내시(John Nash)는 경제 사회 생태계 구성원들의 행동을 게임 이론으로 정립했다. 영화 〈뷰티풀 마인드(A Beautiful Mind)〉로 잘 알려진 내시는 게임 이론의 발전에 기여한 공로로 1994년 노벨경제학상을 수상했다. 그리고 2015년 교통사고로 세상을 떠나기 전, 수학 분야에서 최고의 상인 아벨상(Abel prize)도 받았다.

게임 이론은 두 명의 공범자가 검사에게 각각 따로 심문을 받는 상황을 그린 일명 죄수의 딜레마(Prisoner's dilemma)를 통해 널리 알려졌다. 두 공범자가 모두 죄를 자백하지 않으면 처벌을 안 받지만, 한 사람만 자백하면 자백하지 않은 사람이 강한 처벌을 받는 상황이라, 결국 두 사람이 모두 자백하여 처벌을 받게 된다는 내용이다.

상대방이 선택을 바꾸지 않는 한, 나도 선택을 바꿀 동기가 없는 균형 상태를 내시 균형(Nash equilibrium)이라 한다.[7] 죄수의 딜레마는 두 사람 모두에게 최선인 내시 균형이 이루어지지 않고, 두 사람 모두에게 차선인 내시 균형이 이루어짐을 지칭하는 표현이다. 내시가 입증한 바에 따르면, 게임 참여자의 수가 유한하고 그들의 선택 대안도 유한한 게임은 적어도 한 개 이상의 내시 균형을 가진다.[8]

내시의 게임 이론이 생태계에 주는 시사점은 무엇일까? 첫째, 게임에 참여하는 생태계 참여자 간 상호 신뢰가 없을 때, 내시 균형은 최선이 아니라 차선 또는 차악에서 이루어진다. 둘째, 각자가 자신의 이해를 따져 최선을 다해도, 그들의 집합체인 생태계는 최선에 이르지 못한다. 이는 스미스의 '보이지 않는 손'이 만능이 아니라는 것을 반증한다. 셋째, 게임 이론은 생태계 참여자 그 어느 누구의 순수한 동기(incentive)도 존중한다. 나의 최선은 나의 행동에 대한 상대의 대응 행동까지 감안한 최선의 선택이어야 한다. 그 의사 결정에서는 어떠한 당위론적 압력이나 도덕적 의무가 모두 배제된다.

사실 내시의 게임 이론은 대개 내시 균형이 어떠한 상태로 이루어지느냐에 초점을 두어 왔으며, 내시 균형에 대한 해석 역시 게임의 특성이나 구성에 집중되어 왔다. 그러나 생태계 차원의 지혜를 다룰 때는 내시의 게임 이론을 조금 다른 측면에서 살펴볼 필요가 있다. 즉 내시 균형이 최선에 이르지 못하고 차선이나 차악에 머무는 이유, 그리고 게임에 참여하는 참여자 간 정보의 비대칭성이 어떠한 영향을 미치는지에 주목할 필요가 있다. 그 이유를 알 수 있고, 그 영향을 파악할 수 있다면 우리는 내시의 게임 이론에서 몇 가지 생태계 지혜를 도출할 수 있다.

신뢰 회복을 통해 생태계 참여자 각각의 행위에 대한 예측 가능성과 투명성을 높여라

생태계와 생태계 간 경쟁에서는 특정 생태계 내의 참여자 간 신뢰 수준이 그 생태계의 성과, 경쟁력, 비교 우위를 결정한다. 죄수의 딜레마에서처럼 두 공범자가 모두에게 최선인 선택을 하지 못하고 차선의 선택으로 몰린 것은 상대에 관한 신뢰 부족 또는 상대 행위에 대한 정보 부족 때문이다. 두 공범자가 상대방을 완벽하게 신뢰하고 있거나 소통할 수 있는 창구가 있었다면 죄수의 딜레마는 발생하지 않았을 것이다.

일반적으로 생태계에서의 게임은 소비자와 소비자, 기업과 기업,

정부 조직과 정부 조직처럼 수평적 게임도 있지만, 소비자와 기업, 소비자와 정부 조직, 기업과 정부 조직 간의 수직적 게임도 있다. 생태계 참여자 각각이 각자의 행동에 대해 어떻게 반응할지에 대한 예측 가능성이 높을수록 내시 균형은 생태계 차원의 최선에 접근한다.

스미스의 '보이지 않는 손'이 작동하지 않는다는 반증이 바로 죄수의 딜레마다. 각자가 자신만의 이기심으로 최선을 선택했지만, 생태계 차원에서는 차선이 되었다. 드물긴 하지만 경우에 따라서는 최악으로 가는 경우도 발생한다. 2003년 미국 북동부에서 발생했던 대규모 정전 사태와 2009년 미국에서 시작된 글로벌 금융 위기, 2010년 프로그램 트레이딩에 의한 다우존스 지수의 순간 폭락 사태, 2016년 1조 2,000억 원의 손해를 피하기 위해 생태계 차원에서 17조 원의 사회적 비용을 부담해야 했던 한진해운 사태가 대표적 사례들이다.

그렇다면 개미의 집단 지성 행동은 어떻게 해서 생태계 차원에서 모두에게 최적의 결과를 가져다주었을까? 한 개미가 먹이를 발견하고 돌아오는 길에 페로몬을 강하게 쭉 뿌리면서 왔다 하더라도, 개미집에서 새로이 출발하는 개미들이 그 개미가 뿌려 놓은 페로몬에 대해 신뢰하지 않았다면 그 길을 따라 먹잇감에 이를 수 있었을까? 이를 앞에서는 '자연의 명령'이라고 했지만, 사실 '자연의 명령'의 실체는 바로 동료 개미에 대한 선천적 신뢰였다. 시장 참여자에 대한 신뢰 없이 스미스의 보이지 않는 손은 작동하지 않는다.

나의 행동에 대한 상대의 대응 행동을 예견하여 게임의 주도권을 확보하라

생태계 참여자의 자유 의지를 존중한다면, 다음 사실도 인정해야 한다. '나의 행동은 상대방의 대응 행동을 유발한다.' 혁신적인 소비자 집단이 첨단 제품에 대한 소비를 시작하면 그 소비 행위가 모방 소비자 집단을 자극하여 후속 소비가 나타난다. 소비자 집단의 모방 소비 행위를 예견하는 기업과 그렇지 못한 기업의 시장 성과는 크게 차이가 날 수밖에 없다.

기업 간 경쟁에서 내가 가격을 낮추면 경쟁사도 가격을 낮출 것이다. 생태계의 자연스러운 반응 행동을 무시하고 내가 가격을 낮추면 소비자가 내게로 몰릴 것이라고 기대한다면 그건 큰 착각이다. 반대로 수입을 늘릴 생각으로 가격을 높이면 과연 수입이 늘어날까? 가격에 민감하게 반응하는 소비자가 많은 경우 시장 수요의 감소로 총수입이 오히려 줄어드는 일도 발생한다.

정부가 기업이나 소비자의 행위를 직접 규제하거나 통제하면 단기적 효과는 얻을 수 있다. 그러나 그들의 대응 행동은 오래지 않아 그 효과를 무효화시킨다. 시장 참여자의 본성이 바뀌지는 않기 때문이다. 정부가 시장에 직접 개입하는 것이 불가피하다 하더라도 이를 최소화해야 하는 이유는 장기적으로 내성이 길러지기 때문이다. 자체 면역력으로 극복할 수 있는 감기에 항생제를 자주 처방하면 환자는 항생제에 내성을 갖게 되고 그 다음에는 감기에도 더욱 강한 항생제를 써야 하는 것과 같은 이치다.

정부의 직접적인 시장 개입이 가져올 폐해에 특히 유의해야 한다. 첫째, 피규제자 입장에 있는 시장 참여자의 잦은 대응 행동은 기회주의적 행위로 고착화된다. 이는 중장기적으로 생태계 자체 경쟁력을 크게 훼손시키고, 정부에의 의존도를 높인다. 둘째, 항생제의 치료 효과가 좋다고 해서 부작용이 없는 것은 아닌 것처럼 모든 정부 시책이나 기업 전략은 효과가 있으면 부작용도 함께 따라오기 마련이다. 생태계 자체적으로 자정 기능이나 학습 효과가 나타나기까지 기다려 줄 수 있다면 과도한 정책 처방 없이도 시장의 자생력을 키울 수 있다.

과도한 의욕을 줄이고 마음을 비워서 생태계 차원의 성과를 높일 수 있는 주체가 있다면, 그건 바로 생태계에 지배력을 가지고 행사하는 참여자들이다. 진흥 정책과 행정 지도 권한을 가지고 있는 정부 부처, 강력한 규제 권한을 가지고 있는 규제 기관, 그리고 과도한 시장 지배력을 가지고 있는 대기업 집단이 그들이다. 이들에게는 상대의 대응 행동을 충분히 연구하고 예견하여 자신의 행위가 생태계 차원에서 최선의 결과로 이어지도록 노력해야 할 의무가 있다. 생태계를 지배하고자 하는 자는 자신의 목표보다는 생태계의 목표를 추구해야 한다. 그렇지 않다면 생태계를 지배할 자격도 이끌어 갈 명분도 없다.

나만의 역할을 구축하라

: 생태계 지혜를 확보하려면 생태계적 사고가 필요하다. 자신만의 차별적이고 독자적인 정체성과 역할로 생태계 파트너십의 성과를 높이기 위해 노력하라.

게임 이론에서 나의 선택을 전략(strategy)이라고 한다. 왜 의사 결정이나 대안 선택이라고 하지 않고 굳이 '전략'이라는 용어를 썼을까? 그것은 바로 상대가 있는 상황에서 하는 선택이기 때문이다. 즉 상대의 의사 결정은 나에게는 도전이 되고, 그에 대한 나의 대응 의사 결정은 응전이 된다. 나의 의사 결정이 도전에 대한 응전이기에 이를 '전략'이라고 하는 것이다.

생태계 내에서나 생태계 사이에서 내가 처한 상황을 동태적 게임으로 인식하는 한, 나의 의사 결정은 바로 나의 전략이 된다. 이 게임에서 상대는 첫째 거시적 환경, 즉 STEEPLEV 중 그 어느 것도 될 수 있고, 둘째, 미시 환경에서 활동하는 공급자, 경쟁자, 고객, 잠재 시장 진입자, 대체재 중 하나가 될 수 있다. 이들이 내게 도전 과제를 던져주고, 던져진 도전 과제에 대해 내가 대응하는 방식을 하나의 전략이라고 한다면 전략의 구사가 생태계 차원에서는 지혜가 된다.

독자적인 글로벌 생태계를 구축하려고 노력하라. 그것이
여의치 않으면 경쟁력이 있는 생태계에 파트너십을 가지고
참여하라

과거에는 경제 사회 생태계의 경계를 국경으로 인식하는 경우가
많았다. 그러나 지역 시장 간 경계가 무너지고 공급 사슬(supply chain)
이 세계화됨에 따라 경제 사회 생태계의 범위가 국경을 넘어가는 경
우가 점차 늘어나고 있다. 따라서 생태계 전략을 구사하고자 할 때,
가장 먼저 정해야 하는 전략적 선택은 전 세계를 대상으로 생태계 구
성원을 조직하는 일이다. 일단 생태계 구성을 마치고 나면, 생태계 외
부와는 경쟁적 관계로, 생태계 내부는 협력적 관계로 발전한다. 생태
계 전략은 일종의 편먹기 게임이며, 편을 어떻게 가르느냐가 승패를
좌우한다는 얘기다.

생태계는 정의하기에 따라서 비즈니스 생태계, 사회 생태계, 가치
생태계 등으로 나누어진다. 우선 비즈니스 생태계는 가치 사슬을 중
심으로 미시 환경의 주요 시장 참여자 외에 각종 금융 기관, 협회, 표
준화 기구, 노동 조합, 정부와 산하 공공 기관, 각종 소비자 단체 등으
로 구성된다. 여기에 경제, 사회, 문화 영역의 법제도적 기구들까지
포함하면 경제 사회 생태계가 된다. 공동 운명체라는 의식을 가지고
지식의 공유와 이전을 통해 경쟁과 협력을 동시에 추구하는 자율 통
제 구조의 경제 사회 집단을 특별히 '가치 생태계(value ecosystem)'라
고 한다.

IBM이 대형 컴퓨터를 중심으로 그 운영에 필요한 데이터베이스

관리 시스템(Data Base Management System, DBMS), 프로그래밍 언어, 컴퓨터 네트워크, 카드 판독기와 프린터, 그 외 각종 저장 장치를 생산하고 그 컴퓨터 시스템을 기반으로 각종 업무 시스템을 턴 키(turn key)로 공급하던 1980년대 이전만 하더라도 생태계라는 개념이 없었다. 그러나 1980년 이후 오픈 아키텍처 기반의 IBM PC가 나오면서 비로소 PC 생태계가 형성되기 시작했다. 생태계의 주요 참여자는 인텔, 마이크로소프트, 씨게이트(Seagate) 등 IBM PC 호환 기종의 핵심 컴포넌트(component)를 생산하는 회사들, PC용 소프트웨어나 게임을 만드는 회사들이었다.

2000년대로 넘어오면서 스마트폰이 등장하자, 글로벌 스마트폰 생태계는 애플의 아이오에스(iOS)를 기반으로 한 애플 생태계와 구글의 안드로이드(android)를 기반으로 한 안드로이드 생태계로 양분되었다. 이 두 스마트폰 생태계에 적극 참여한 삼성전자는 애플 생태계에서는 강력한 공급자 중 하나로, 안드로이드 생태계에서는 가장 강력한 스마트폰 생산 업체로 자리매김했다. 반면 이 시기에 스마트폰 생태계 참여에 실패한 노키아(Nokia)는 이후 쇠락의 길을 걷게 되었다.

글로벌 시장이 하나로 통합되고 이 시장에서 주요 경쟁사 수가 한 자릿수로 줄어들고 있는 지금, 시장 경쟁은 스마트폰, 클라우드 서비스, 자동차, 가전, 전자 상거래, 금융을 가리지 않고 가치 생태계 간 경쟁 양상으로 변화하고 있다. 경쟁에서 살아남는 지혜 중 으뜸은 성공하는 생태계에 파트너십을 가지고 참여하는 것이다.

생태계의 경쟁력 기반은 플랫폼에서 나온다. 새로운 생태계 구축을 위한 플랫폼의 개발 및 확산에 주목하라. 일단 생태계가 구축되고 나면, 생태계 내에서 동반자로서의 독자적이고 차별적인 위치를 확보하라

변화 속도가 빠른 디지털 비즈니스 세상에서 전략의 으뜸은 단연 포지셔닝이다. 좋은 위치와 시기를 선점하면 적은 자원 투입으로도 높은 경쟁력을 확보할 수 있다. 시기적으로 개척자 위치에서는 불확실성에 따른 위험이 크지만, 대신 유리한 고지를 선점하는 데서 오는 큰 실물 옵션(real option) 가치를 갖는다.

실물 옵션은 위험을 감수한 기업만이 가질 수 있는 성장의 기회다. 예를 들어 보자. 전자 상거래 업체로 잘 알려져 있는 아마존은 기회를 보고 전자 상거래 서점을 열었지만, 전 세계 최초의 산업인만큼 위험이 작지 않았다. 인터넷으로 책 주문을 받으면서 주문과 처리 속도가 일반 서점에 비해 수십 배에서 수천 배, 수만 배로 빨라야 했고, 이를 가능케 하는 정보 시스템 인프라를 갖추어야 했다. 그런데 이러한 고속 주문 처리를 위해서 개발한 클라우드 컴퓨팅 기술이 나중에는 아마존을 클라우드 서비스 플랫폼을 기반으로 새로운 비즈니스 생태계를 여는 시장 주도 기업으로 만들었다. 아마존이 사업을 시작할 때에는 전혀 상상하지 못한 시장 지위를 내부적인 요인으로 차지하게 된 것이다. 더욱이 그러한 시도가 어느 누구도 도전해 본 적 없는 기술이나 비즈니스 모델이었기에, 그로부터 파생된 실물 옵션의 가치는 아마존을 전 세계 시가 총액 5대 기업으로 이끄는 계기가 되

었다.

　아마존과 같이 의도했든, 의도하지 않았든 새로운 비즈니스 생태계를 열 수 있으면 더 이상 좋을 수 없다. 일단 새로운 비즈니스 생태계가 열리고 나면 그 생태계 내에서 내가 선발자인가, 후발자인가는 중요하지 않다. 그보다는 내가 속한 비즈니스 생태계가 선두 그룹인지, 후발 그룹인지가 중요하고, 그 그룹에서 내가 차지하는 비중과 동반자로서의 역할이 더 중요하다. 또한 생태계 내에서는 어느 역할이든 상호 보완적이기 때문에 어느 누구에 의해서도 대체되지 않을 나만의 역할을 공고히 하는 것이 훨씬 더 중요하다.

빅 데이터를 넘어 빅 인텔리전스로

다가오는 미래 세상을 무엇이라고 명명하면 좋을까? 빅 데이터가 넘쳐나고 이를 바탕으로 상시 작동하는 각종 인공 지능 알고리즘이 우리 주위에 편재하는 세상, 이 세상을 나는 빅 인텔리전스(big intelligence)라고 부르고자 한다. 인텔리전스가 생태계 전반에 걸쳐 편재하여 생태계 차원의 지혜를 추구하는 세상, 그리고 그 세상을 이끌어 갈 생태계 차원의 지능이 합목적적으로 구현되는 세상, 그 세상이 바로 빅 인텔리전스 세상이다.

빅 인텔리전스 세상으로의 여정에 불확실성은 없을까? 자연환경에서 연유하는 내재적 불확실성뿐만 아니라, 우리의 마음 한구석에 숨겨져 있을지도 모를 불순한 권력욕, 무책임한 호기심이 인류 전체를 커다란 위험으로 몰고 갈 가능성까지를 포함해서 말이다. 생태계는 특정 국가의 한 비즈니스 분야일 수도 있고 지구촌 전체일 수도 있는데, 우리가 그릴 빅 인텔리전스 세상은 지구촌 자체의 미래가 된다. 이제부터 향후 30년 정도의 미래를 목표로 시나리오 플래닝을 활용해서 빅 인텔리전스의 전개 시나리오를 그려 보자.

특이점

: 초지능을 향한 기술 혁신과 수용 태세가 빅 인텔리전스 세상의 향방을 가른다.

빅 인텔리전스 미래 세상의 모습을 만들어가는 것은 우리 자신이다. 그래서 인간의 기술 혁신 의지와 능력이 빅 인텔리전스 전개 시나리오를 결정하는 하나의 축이 된다. 기술 혁신 의지가 과연 모든 능력 면에서 인간을 능가하는 인공 지능을 구현할 수 있을까? 그 임계점을 우리는 특이점(singularity)이라고 부른다. 현재의 컴퓨터도 특정 영역에서 인간을 초월하는 능력을 가지고 있지만, 특이점을 지나면 인공 지능은 인간과 같은 의식을 가지면서 모든 면에서 인간의 능력을 넘어서는 초지능(super-intelligence) 단계로 발전한다.

혹자는 현재의 발전 추세를 감안하면 인공 지능이 인간을 초월하는 능력을 갖는 것은 시간문제일 뿐이라고 한다.[1] 예일 대학교와 옥스퍼드 대학교 인류미래연구소(Future of Humanity Institute, FHI) 연구진은 2016년 352명의 전문가에게 그 시기를 물었다. 모든 일에 있어서 인공 지능의 능력이 인간을 넘어서는 시기는 2060년경, 그리고 인간의 모든 일이 대체되는 것은 2136년이라는 전망이다. 영역별로는 언어 번역 2024년, 에세이 쓰기 2026년, 외과 수술 2053년, 그리고《뉴욕 타임스》베스트셀러도 2049년이면 가능하리라고 한다. 이 결과를 놓고, 일론 머스크는 심지어 그 시기가 2040년으로 당겨지지 말라는 법도 없다는 의견을 피력하기도 했다.

이에 반해 인공 지능이 절대로 인간의 벽을 넘지 못할 것이라는 견해도 있다.[2] 〈뉴욕 타임스〉 베스트셀러 작가이자 의사인 디팩 초프라(Deepak Chopra)가 말한 대로 "기계가 오리처럼 꽥꽥 운다고 해서, 그 기계를 오리라고 할 수 있을까?" 이 질문은 매우 철학적이어서 '두뇌를 완벽하게 스캐닝한 디지털 파일이 구조적으로 두뇌와 같으냐'는 질문과 같다. 구조적으로나 기능적으로 디지털화에 완벽하게 성공했다 하더라도 그것은 어디까지나 모사한 것이지 실제가 아니다. 인공 지능은 살아 있는 생명체가 아니기에 마음도 없고, 사랑, 연민 등의 감정도 가질 수 없다는 주장이다.

한편 인공 지능이 꼭 인간처럼 의식과 마음을 가져야 특이점을 돌파하는 게 아니라는 주장도 있다.[3] 인공 지능이 위험한 것은 의식이 있어서가 아니라, 능력이 출중하기 때문이다. 인공 지능에 의해 작동하는 전투 로봇을 개발하면서 적의 어떠한 공격에도 살아남도록 프로그래밍을 했다고 하자. 혹시 그 전투 로봇이 프로그램상 버그가 있거나 학습하지 못한 상태에서 아군을 공격하면 어떻게 할 것인가? 애초에 자신을 보호하도록 설계한 탓에 전투 로봇을 파괴하는 것 자체도 매우 어렵지 않겠는가? 결국 제압할 수 있을지는 모르나, 그 과정에서 막대한 희생을 치러야 할 것이다. 9·11과 같은 상황이 인공 지능에 의해 재연될 수도 있다는 얘기다.

인공 지능을 개발하려는 동기 중 두려움도 한몫을 한다는 지적은 무척이나 흥미롭다.[4] 이 지적의 요점은 인공 지능의 활용 경쟁에서

뒤처지는 것이 두려워 인공 지능에 투자한다는 것이다. 평화를 위해 핵무장과 군비 경쟁을 하는 상황과 다를 게 없다. 잠재적인 폐해는 소홀히 한 채 기술 선두 경쟁에만 몰입하면 어느 순간 문제의 복잡도 증가와 버그와 같은 논리적 결함에 소홀하게 돼 인공 지능에 대한 통제력을 상실하게 된다.

결론적으로 인공 지능을 특이점 너머로 개발하고자 하는 동기는 매우 많고 다양하다. 그 동기가 강하고 많은 재원이 투입되고 돌파에 대한 압력이 높을수록 생각한 방향으로의 추진력은 커진다. 그런데 실제로 특이점 수준의 초지능을 과연 인간이 구현할 수 있느냐에 대해서는 아직까지 어느 누구도 장담할 수 없다. 초지능을 인간의 의식과 마음까지 구현하는 수준으로 정의한다면 그 가능성은 크지 않다. 그러나 그것이 모사에 불과한 초지능이어서, 실제적 초지능과 다르다 해서 안심할 수 있는 상황은 아니다. 모사 초지능도 여전히 실제 초지능만큼의 영향력을 가지고 있다면 말이다.

초지능의 출현 여부가 공급 측면의 한 축이라면, 이를 인류 사회가 어떻게 인지하고 받아들이느냐가 수요 측면의 다른 한 축이다. 특이점이 돌파되기까지 인류가 자유 의지를 가지고 그런 세상을 선택할 수도, 아니면 저지할 수도 있다. 이른바 특이점을 향한 인공 지능의 발전에 대중적 지지가 확보될지, 대중적 저항에 부딪힐지 여부가 미래 시나리오의 다른 한 축이 된다. 대중적 지지가 확보되는 경우 인공 지능은 기술적 자유방임하에 놓이게 될 것이고, 대중적 저항에 부딪히는 경우 인공 지능을 향한 기술적·법적 규제가 강화될 것이다.

특이점을 둘러싼 논쟁에서 인공 지능의 위험성을 경고하고 나선 유명인들이 있다. 스티븐 호킹과 일론 머스크다. 호킹은 비단 인공 지능 자체의 위험성뿐만 아니라 인공 지능 기술이 특정 국가에 의해 독점 또는 지배되는 것에 큰 우려를 표했다. 그것은 인공 지능이 가져올 파괴력 때문인데, 머스크는 인공 지능 분야를 선점하고자 하는 경쟁이 잘못하면 3차 세계 대전으로 이어질 가능성까지 있다고 말했다. 이러한 위험과 폐해를 막기 위해서는 전 세계 차원의 규제가 필요하다는 주장이다.

이러한 주장에 대해 반론도 만만치 않다. 빌 게이츠(Bill Gates)는 머스크의 걱정이 너무 예민한 것이라고 했고, 페이스북 창시자인 마크 저커버그(Mark E. Zuckerberg)는 인공 지능의 미래를 공포 SF영화처럼 몰아가고 있는 머스크를 향해 "매우 무책임한 사람"이라고 비난했다. 그런데 게이츠나 저커버그의 이러한 입장이 이른바 특이점의 실현 가능성에 대한 그들의 입장에 기반한 것 같지는 않다. 더 나아가 그 입장이 '적어도 지금은 인공 지능 분야를 일으킬 때이지, 규제 틀을 만들어 가둘 때는 아니다'라는 입장인지조차 분명치 않다.

우리가 맞이할 빅 인텔리전스 세상은 공급 차원의 추진력과 수요 차원의 견제력이 상호 작용하면서 변화무쌍하게 전개될 것이다. 그 시나리오의 향방에 호킹, 머스크, 게이츠, 저커버그의 의견이 중요한 것은 아니다. 그 세상은 거스를 수 없는 큰 대중적 힘 또는 대중적 저지력에 의해 달라질 것이기 때문이다. 우리가 지금 통찰력과 예지력을 가지고 살펴봐야 할 것은 공급과 수요 간의 상호 작용이 어떻게 전개될 것인지, 그 결과 빅 인텔리전스의 세상이 어떻게 달라질 것인가이다.

4가지 갈림길

: 빅 인텔리전스의 미래는 인간이 되고픈 인공 지능, 인공 지능이 감시하는 사회, 증강 휴먼의 등장, 신이 된 인공 지능, 네 가지 선택지가 있다.

앞으로 전개될 빅 인텔리전스 세상은 공급 측면에서 특이점의 돌파 여부와 수요 측면에서 인공 지능에 대한 규제 여부에 따라 네 가지 시나리오로 그려 볼 수 있다. 그 조합에 따라서 달라지는 네 가지 시나리오를 각각 에이 아이(A.I.), 이글 아이(Eagle Eye), 리미트리스(Limitless), 트렌센던스(Transcendence)라고 명명한다. 그러면 각 시나리오가 그리는 빅 인텔리전스 세상의 모습은 어떠한지 살펴보자.

에이 아이 : 인간이 되고픈 인공 지능

이 시나리오는 특이점은 돌파하지 못한 채 인공 지능에 대한 규제가 적용되는 경우다. 일명 '규제된 지능(regulated intelligence)'으로서 영화 〈에이 아이(A.I.)〉가 그린 것처럼 '인간이 되고픈 인공 지능'으로 상징되는 세상이다. 인공 지능의 발전은 개방형 플랫폼을 기반으로 진행되고, 전 세계적으로 플랫폼 지배력을 가진 사업자가 존재하더라도 독과점 규제나 중립성 규제에 의해 독과점력을 행사하지 못한다.

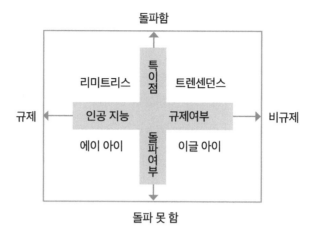

그림 24 빅 인텔리전스의 네 가지 시나리오

이외에도 인공 지능이 마약처럼 인간의 의사에 반해 인지나 의사 결정을 왜곡하거나 지배력을 부당하게 행사하는 경우, 관련 행위나 기능은 철저히 규제된다.

시장 구조에서는 스마트폰 플랫폼 기반의 앱 스토어가 수많은 앱을 생산하여 제공하듯, 인공 지능 플랫폼 기반의 인공 지능 앱 시장이 활성화되고, 수요자는 자신의 업무나 생활에 맞는 인공 지능을 자유롭게 선택하여 활용한다. 소비자가 선택한 인공 지능은 소비자별로 개인화되어, 개인적 학습이 추가로 이루어진다. 그 결과 시간이 지나면서 인공 지능은 소비자의 아바타로 성장한다.

때와 상황에 따라 인공 지능 아바타는 나를 대신함으로써 '나를 닮고 싶어 하는 인공 지능'으로서의 정체성을 가진다. 예컨대 차량 구입 당시에 탑재된 자율 주행용 인공 지능은 나의 아바타로서 때로는 나의 운전 습관이나 기호를 학습하고, 평상시 나를 대신하여 운전한다. 자율 주행 기능이 운전자를 완전히 배제하기보다는 보완적인 역할을 수행하고, 다방면의 학습 기회를 통해 인공 지능에 축적되는 학습 지식과 행위는 나의 가치관과 기호에 맞추어 개인화된다.

인공 지능은 모든 응용 분야로 확대되며, 소비자 선택에 의해 다변화된 인공 지능 응용 시장이 형성된다. 응용 분야에 따라 인공 지능 아바타는 다양한 모습, 다양한 기능, 다양한 인터페이스를 가지며, 그 시장의 모습은 현재 스마트폰 생태계를 인공 지능 계층으로 한 단계 확장시킨 모습을 띤다. 이렇게 해서 새로운 부가 가치 창출 영역이 형성되어, 이른바 5차 산업, 즉 로봇 인텔리전스(robot intelligence) 산업이라는 새로운 산업을 형성한다.[5]

이 시나리오에서는 인공 지능이 인력 대체가 아닌 인력 보완 또는 인력 강화 차원으로 활용된다. 따라서 4차 산업 혁명으로 인한 기계와 인간 간의 갈등은 최소화된다. 규제 체제는 현재 글로벌 IT 시장과 같이 국가별로 분리된 규제 관할 구역이 존재하여 글로벌 인공 지능 사업자는 유럽연합이나 미국, 한국, 중국 등 해당 시장에서 지역별 규제를 받는 방식이다.

또한 문화와 사회 규범, 그리고 국가가 추구하는 이념이나 가치에 따라서 인권과 인간의 존엄성을 보호하기 위한 추가적인 규제가 국가별로 구체화된다. 따라서 한 국가의 인공 지능 규제 체제는 양자 간 또는 다자 간 협상에 의한 블록별 규제와 국가별 인간 존엄성 규제로 계층화된다. 규제의 블록화·계층화로 인공 지능 시장의 지배력 쏠림 현상도, 이로 인한 글로벌 부의 편재도 타 시나리오에 비해서는 상대적으로 작다.

이글 아이 : 인공 지능이 감시하는 사회

이 시나리오는 특이점은 돌파하지 못한 상태에서 인공 지능의 위험성이나 부작용에 대한 규제는 이루어지지 않는 경우다. 일명 '방치된 지능(unregulated intelligence)'으로서 영화 〈이글 아이(Eagle Eye)〉가 묘사하는 '인공 지능이 감시하는 사회'에 해당한다. 인공 지능이 모든 영역에서 인간의 능력을 초월하지는 못하더라도, 인공 지능 시장 지배력을 강화하고 그로부터 이익 창출과 산업 지배력을 높이고자 글로벌 기업 간 무한 경쟁이 진행된다. 그 결과, 소비자 개개인의 행위와 생각과 의사 결정이 자신도 모르는 사이에 지배적 인공 지능에 의해 조종될 위험에 노출된다.

또한 공공 부문에서 활용되는 인공 지능은 국민 개개인의 생활을 속속들이 들여다보고 그 행위를 분석하기 때문에 개인 정보 보호의 노력에도 불구하고 국민은 국가나 기업의 직간접적 감시에 놓이게 된다. 현재 구글이나 네이버, 다음과 같은 포털이 국민 개개인에게 보이는 정보를 재배열함으로써 국민의 눈과 관심을 왜곡할 수 있듯이, 이 시나리오하에서 개발되는 인공 지능은 나의 눈과 관심뿐 아니라 나의 정신과 사고력에까지 영향을 미친다.

영화 〈이글 아이〉는 블루 크러시나 COMPAS처럼 범죄를 감시하고 예방하는 시스템이 어느 날 자신을 보호할 목적으로 레이철과 제리라는 남녀 주인공을 조종하는 상황을 그리고 있다. 우리의 시나리오는 영화 〈이글 아이〉가 그리는 상황과 유사하나, 인공 지능에 자신을 스스로 보호하는 자의식이 없다는 점만 다르다. 이 시나리오에서는 인공 지능의 자의식 대신 여러 가지 불순한 동기와 목적으로 인공 지능을 활용, 시장을 장악하려는 조직이 존재한다. 자의식이 없어 조직의 명령에 따라서 행동할 뿐 능력 면에서는 초지능에 근접한 인공 지능이 활용된다.

시민 사회는 인공 지능의 남용 가능성을 자각하고 경계하는 소수와 보이지 않는 알고리즘에 이끌려 인공 지능에 관한 의식 없이 살아가는 다수로 나누어진다. 이른바 세상의 운영 원리에 대한 자각의 양극화가 진행되는 것이다. 이러한 현상은 비단 개인 차원의 시민 사회에서만 발생하는 것이 아니라, 비즈니스 세상에서도 비슷하게 일어난다. 글로벌 클라우드로 집중된 인공 지능 플랫폼이 소수의 사업자 집단에 의해 장악되어, 이른바 소비자 의식과 행동에 관한 정보의 비대칭성과 지배력의 양극화가 극대화된다.

지배력의 양극화는 개인 소비자의 정신세계뿐 아니라, 글로벌 인공 지능 시장의 사업자 간에도 심화된다. 의료 서비스, 법률 서비스, 자산 운용 서비스, 교육 서비스, 시설 유지 보수, 자산 감시 서비스 등은 인공 지능의 기능이 가미되어 자동화가 대대적으로 진행된다. 지역별로 분리되어 있던 서비스 시장에서의 부가 가치는 글로벌 플랫폼 사업자와 지역 응용 사업자가 예컨대 3:7의 비중으로 분점된다.

그런데 사업자 수는 일 대 수백, 또는 일 대 수천의 비로 사업 수익은 플랫폼 사업자에게로 집중된다.

이 시나리오에서는 인공 지능을 남용하여 시장이나 정치를 왜곡하려는 세력에 대한 저항 운동이 일어나, 사회적 갈등으로 이어진다. 더욱이 대립 양상은 국가 내 세력 간뿐 아니라, 글로벌 플랫폼 지배력을 가진 국가와 그렇지 않은 국가 간에 해소되지 않은 채 지속된다. 그리고 적절한 조정 기구나 제도의 설립 및 운영이 충분한 효과를 내지 못한다.

리미트리스 : 증강 휴먼의 등장

이 시나리오는 뇌과학과 인공 지능이 상호 상승 결합하면서 특이점을 돌파하고, 그렇게 형성된 초지능은 생태계의 자정 기능과 제도적 규제에 의해 그 위험과 부작용이 통제되는 경우다. 일명 '규제된 초지능(regulated super-intelligence)'으로서 영화 〈리미트리스(Limitless)〉와 유사하게 증강 휴먼(augmented human)이 등장한다. 인공 지능은 발전하나, 블랙박스의 신경 회로가 갖는 통제력 부재로 한계에 부딪히고 이를 인간 뇌와 인공 지능 간의 인터페이스 개발로 돌파한다는 시나리오다.

원래 증강 현실은 현실에 가상을 결합시키는 기술이다. 이와 마찬가지로 증강 휴먼은 인간의 두뇌에 인공 지능이 결합된 모습을 지칭한다. 인간의 두뇌와 인공 지능의 인터페이스에 대한 연구는 이제 탐색 단계다. 그러나 사업적으로는 이미 머스크가 샘 올트먼(Sam

Altman)과 함께 비영리 연구 기업인 오픈AI(openAI)를 설립하여 이 분야 연구 방향을 주도하려 하고 있고, 뉴럴링크(Neuralink)를 설립해서 뇌-컴퓨터 인터페이스 연구를 시작했다. 모두 증강 휴먼의 등장을 예고하는 움직임이다.[6]

인간 두뇌와 컴퓨터를 연결하려는 시도는 두 가지 방향으로 전개될 것으로 예상된다. 하나는 인간을 중심에 두고 주변에 전 세계 규모의 지식 베이스와 인공 지능을 정렬시키는 것이다. 이는 자연어 인터페이스로 연결된 컴퓨터 포털이 글로벌 지식 베이스를 사용자에게 실시간으로 공급하는 방식과 유사하다. 예컨대, 언어 번역 시스템이 뇌-컴퓨터 인터페이스를 통해 내 두뇌와 연결되어 있어, 겉보기 일지라도 세계 어느 나라 언어도 현지인처럼 구사하는 것이 가능하다. 물론 이를 위해서는 뇌파 통신이나 텔레파시와 같은 새로운 방식의 뇌-컴퓨터 인터페이스가 제공되어야 한다.

다른 하나는 뇌-컴퓨터 인터페이스를 통해 인공 지능 시스템을 중심에 두고 주변에 수백, 수천의 전문가 두뇌를 연결하여 조직화하는 것이다. 이 접근은 수백 또는 수천의 전문가 두뇌에 대해 디지털 트윈을 만들고, 이들을 인공 지능 시스템 내에서 상호 연결하고 조직화하는 방식이다. 물론 디지털 트윈은 전문가별로 상시 업데이트가 이루어지도록 해서 인간 중심의 초지능은 상시성을 유지한다. 실제로 스위스의 뇌과학자인 파스칼 카우프만(Pascal Kaufmann)이 설립한 스타마인드(Starmind)는 이러한 방향의 사업 구상을 발표한 바 있다.

증강 휴먼은 초지능과 인간이 상호 조화롭게 협력하는 시나리오다. 조화와 협력의 수단은 두 가지다. 하나는 초지능에 대한 통제력을 어떠한 경우든 놓지 않는 방안을 강구하는 것이고, 다른 하나는 세티(SETI)의 세스 쇼스택(Seth Shostak)의 지적처럼 초지능의 사용을 인간 사회의 인프라 운영과 같은 특정 분야로 제한함으로써 인간 사회에 악영향을 미치지 않도록 하는 방안이다.[7] 초지능의 능력을 십분 활용하면서 인간의 존엄성을 보장하는 방안은 앞으로 다양하게 모색될 것이다. 증강 휴먼의 모습 역시 그 노력의 다양성과 성공 여부에 따라 다양하게 진화할 것이다.

트렌센던스 : 신이 된 인공 지능

이 시나리오는 인공 지능을 가진 수퍼 컴퓨터가 특이점을 돌파하나, 이를 제어하거나 통제하는 법제도적 장치가 부재하거나 초지능에 의해 무력화된 경우다. 일명 '방치된 초지능(unregulated super-intelligence)'으로서 영화 〈트렌센던스(Transcendence)〉가 그리는 세상이다. 초지능은 어떠한 연유로든 자의식을 갖게 되고, 모든 능력 면에서 인간을 초월한다. 이 세상의 모습은 초지능이 갖는 자의식이 인간을 어떠한 존재로 인지하느냐에 따라 달라진다. 인공 지능의 미래에 관해 가장 초현실적이고 논쟁이 많은 시나리오다. 그런 만큼 시나리오 자체의 편차 역시 다른 시나리오에 비해 크다.

가장 극단적인 시나리오는 인간이 개발하는 인공 지능이 어느 순간 자기 조직화(self-organizing)와 창발(emergence) 현상을 통해서 자의식과 목적의식을 스스로 갖게 된다는 것이다. 물론 그 단계에서 컴퓨터 파워는 글로벌 클라우드 속에 축적된 지식과 지능의 총체로서 모든 측면에서 인간의 능력을 초월한다. 그 결과, 특이점을 돌파한 초지능이 목적의식을 가지고 인간을 지배할 수도 있다는 상상이다. 이러한 상상은 옥스퍼드 대학교의 닉 보스트럼에 의해 촉발되었고, 일론 머스크에 의해 대중적 이슈가 되었다.

같은 시나리오지만, 지극히 현실적인 시나리오도 있다. 비교적 온건한 편에 속하는 이 시나리오의 인공 지능은 인간에 의해 맡겨진 특수 업무를 전담하여 수행한다. 스마트 그리드와 같은 복잡한 송배전 전력망이나, 중앙 관리로 운영되는 전국 도로 및 차량 관제 시스템, 그리고 네크워크로 연결된 금융망, 재난망, 보안망, 국방망 등이 자체 보호 기능을 가진 인공 지능에 의해 운영되는 것이다. 문제는 지속적 학습을 통해 구축된 이들 인공 지능에 대해 어느 순간 인간이 통제력을 상실하는 경우에 발생한다. 이 시나리오가 현실적으로 가능하기 위해서는 좀 더 많은 상상이 필요하다. 사실 인간이 만든 인공 지능이 인간을 초월한다는 명제는 받아들이기 쉽지 않다. 인간이 자신의 의식, 기호, 가치, 동기, 감정에 대해 완벽히 이해하지 못하는데 어떻게 자의식을 인공 지능에 부여할 수 있겠는가?

그러나 다르게 생각해 보자. 인간이 유전자를 합성해서 생명체를 만들 수는 없지만, 유전자를 조작해 생명체의 변이를 유도할 수는 있다. 마찬가지로 생명과학, 뇌과학, 인공 지능 연구를 통합해 생체 컴퓨터를 만들고, 여기에 지능을 심는 방법을 시도해 볼 수도 있다. 자연에 내재된 힘을 빌려 초지능을 구현할 수 있지 않겠느냐는 발상이다.

사실 인간이 만든 인공 지능이 향후 100년쯤 지나 모든 인간을 초월하는 초지능을 형성할 것이라는 주장은 무책임하다. 과학적으로 긍정도 부정도 할 수 없는 명제이기 때문이다. 그저 어제 상상하지 못한 일이 오늘 일어났으니, 오늘 상상하지 못한 일이 내일 일어날 것이라는 주장처럼 허망한 것은 없다. 그러나 확률적으로 발생 확률이 0이 아닌 사건은 위험 관리 차원에서 늘 관찰·관리 대상으로 포함해야 하듯, 트렌센던스 세상의 도래에 대한 경계는 바람직하다. 비록 그 세상이 생각만큼 그리 빨리 오지 않더라도 말이다.

우리의 선택

: 인공 지능은 우리의 인간성, 정체성 자체에 변화를 일으킬 잠재력을 가지고 있다.

가고 싶은 곳을 정하고 가는 사람은 운전대를 놓지 않는다. 그러나 정해진 목표가 없는 정글 탐사라고 해서 운전대를 놓을 수는 없다. 정처 없이 방황했다고 해서 밟아 온 길에 대한 복기조차 하지 않는다면, 그것은 매우 안타까운 일이다. 빅 인텔리전스가 가는 네 갈래 길을 결정하는 것은 결국 인간이다. 지금까지 우리가 밟아 온 길에 대한 냉철한 평가를 기반으로 빅 인텔리전스 미래 세상의 방향을 올바르게 설정해야 한다. 그리고 그 운전대인 기술 혁신 의지와 자율적 규제 제도는 절대로 놓지 말아야 한다.

그동안 우리는 공장에 넘쳐 나는 생산 기계, 매일 타고 나니는 자동차, 버스, 지하철, 주변에 널려 있는 각종 자판기, 집에서 쓰는 냉장고, 세탁기, 청소기, 강의실의 빔 프로젝터, 매일 들고 다니는 노트북, 스마트폰 등 수많은 기계에 둘러싸여 살면서도 그것을 기계라고 인식한 적이 별로 없다. 그저 편리한 주변의 물건쯤으로 생각하고 살아왔다. 그런데 어느 날 그들이 자신들의 의사를 표시할 뿐 아니라, 더러는 내 의사에 반하는 행동을 하기 시작한다고 생각해 보자. 실체적 진실과는 상관없이 인공 지능과 각종 알고리즘에 의해 어느 날 문득 우리 주변의 모든 기계가 내게 시비를 걸기 시작할지 모른다. 간혹 내 의사에 저항하기도 하고, 더러는 나의 행동에 대해 칭찬도 서슴지 않을 것이다. 우리는 지금 인간이 만들어 낸 각종 데이터를 가지고 머신 러닝을 통해 인공 지능을 학습시켜 왔다. 그런데 상호 작용은 양방향으로 진행되는 법이다. 내가 주위에 편재하는 알고리즘과 인공 지능에 의해 거꾸로 길들어 가는 상황이 곧 다가올 것이다. 우리는 지능을 갖춘 기계가 주는 안락함에 젖어, 데워지는 물속에서 서서히 죽어가는 개구리 신세가 될 수도 있다.

빅 인텔리전스 세상을 지배하는 핵심적 요소는 결국 인간의 통제력이다. 그런데 통제력은 어디에서 오는가? 인지, 분석, 검증, 추론, 예견, 판단과 선택 등 인간만이 가진 원천적 지능에서 비롯된다. 인간이 그러한 지능적 활동을 인공 지능에게 넘기려 하면 할수록 인간의 통제력은 도태될 수밖에 없다. 인간이 자신이 만든 피조물에 의해 자신의 정체성을 스스로 잃어 간다면, 이것보다 더한 역설이 어디 있겠는가.

우리는 인간의 능력을 초월하는 초지능을 언젠가는 만들 수 있다고 호언장담하지만, 인공 지능의 핵심 제조 원리인 머신 러닝조차 자연을 모방한 것이다. 우리는 과연 시냅스 가소성을 현상적이 아니라 원천적으로 이해하고 있는가? 인간은 자유 의지를 과연 창조해 낼 수 있을까? 자연의 창조 행위를 이제 겨우 모방하는 주제에 우리는 과연 우리보다 더 나은 초지능을 만들 수 있다고 장담할 수 있을까?

신을 닮고 싶어 하는 인간이 어느 날 신의 마음을 조금 엿보고는, 자신도 신이 될 수 있겠다고 나선다면 당신은 뭐라 할 것인가? 우리는 자연 생태계에서 자율 통제 기능을 배워야 하지 않을까? 인간 사회가 마약, 독극물, DNA 조작, 핵무기 개발 등 위험하기 그지없는 것들을 만들어 냈지만, 아직 지구촌이 종말을 맞이하지 않은 건 그래도 우리 인간에게 자율 통제 의식이 있어서다.

초지능이 가능한지, 가능하다면 언제 가능한지 다소 공상과학적인 논의를 하고 있는 지금, 현장의 인공 지능 및 지능형 자율 시스템(Intelligent Autonomous System, IAS) 연구자들은 두 가지 현실적 문제를 두고 고민하고 있다.[8] 하나는 구조적으로 블랙박스의 기계 학습 메커니즘에 어떻게 하면 통제력을 부여할 수 있을까, 그 수단의 하나로 다소 이율배반적이기는 하나 기계 학습에 규칙 기반을 적용할 수는 없을까에 대한 고민이고, 다른 하나는 그렇게 해서 개발된 인공 지능이나 지능형 자율 시스템의 안전성을 어떻게 사전 검증할 수 있겠는가에 대한 고민이다. 알파고가 세계 최고의 바둑 기사를 이겼지만, 그 게임으로 알파고가 져야 할 법적 책임은 없었다. IBM 왓슨은 현재 여러 질병을 대상으로 인간보다 나은 진단과 처방을 한다고 하나, 그 의사 결정에 대한 법적 책임은 아직까지 왓슨을 사용한 의사나 병원이 져야 한다. 왓슨에게 직접 책임을 물을 법제도적 기반이 마련되지 않아서다. 자율 주행 자동차도 이제 시범 운영을 하는 단계에 접어들고 있지만, 여전히 사회는 정서적으로나 제도적으로 이를 맞이할 준비가 충분히 되어 있지 않다.

인공 지능은 분명 두려움의 대상은 아니다. 두려움 대상으로만 보면, 이미 역사적으로 인공 지능보다 더 위험한 요소도 많았다. 인공 지능이 그들과 다른 점은 우리의 인간성, 정체성 자체에 변화를 가져올 잠재력을 가지고 있다는 점이다. 이 점을 충분히 이해하고 인공 지능의 개발에 나서는 것과, 이를 무시하고 인공 지능 개발에 매진하는 것에는 분명 차이가 있다.

그동안 우리 주변의 사물과 인간 간에는 '관계'라는 연결고리가 없었다. 그러나 이제 우리 주의의 모든 사물이 우리와 소통 채널을 형성하고 서서히 관계를 맺기 시작했다. 우리는 그들을 개발하여 학습시키고 지시하고 활용하나, 그들도 역으로 우리에게 반응하고 자극을 주고 저항하거나 동기 유발까지 시킬 것이다. 이제는 우리와 우리 주변의 사물이 새로운 관계를 정립하고 살아야 할 시대로 접어든 것이다. 지금 당장 필요한 것은 이러한 새로운 빅 인텔리전스 세상이 도래하고 있음을 자각하는 것이다.

호모 소포스, 현명한 기업 그리고 국가

호모 소포스

: 포스트휴먼이 차세대 인류라면 호모 소포스는 인류의 바람직한 미래상이다.

인공 지능이 인간 고유의 영역을 침범하면서 빅 인텔리전스 세상에서 인간의 정체성을 재정립해야 할 필요성이 증가하고 있다. 호모 소포스(*Homo sophos*)는 빅 인텔리전스 시대에 적합하게 재정립된 인간상, 즉 '지혜로운 인간'을 지칭한다. 포스트휴먼이 차세대 인류라면 호모 소포스는 바람직한 인류의 미래상이다.

포스트휴먼의 모습은 어떠할까? 상상의 나래를 펴자면, 포스트휴먼은 초지능에 근접하는 신인류이거나, 최악의 시나리오에서는 신이 된 인공 지능에 의해 지배되는 인간 노예일 수 있다. 극단적인 인공 지능 시나리오에서 포스트휴먼은 변모하는 차세대 인류를 의미한다. 그렇다면 우리의 과제는 미래의 포스트휴먼을 호모 소포스로 만드는 일이다. 빅 인텔리전스 세상이 다가올 미래라고 할 때, 그 사회의 도래에 우리는 어떻게 지혜롭게 대처해야 할 것인가? 그 세상에서 호모 소포스로 살아가는 길은 무엇인지 살펴보자.

호모 소포스는 적응하는 인간이다. 주관을 가지고 새로운 체제에 적응하라

빅 인텔리전스 세상을 여는 역할은 인공 지능, 알고리즘, 뇌과학, 그리고 생명의 본질에 대해 연구하는 연구자들의 몫이다. 그리고 이에 참여하는 우리는 이제와는 다른 책임 의식이 요구된다. 인류가 함께 추구할 가치에 대한 깊은 고민도 필요하고 바람직한 미래 세상을 어떻게 만들지에 관한 고민도 필요하다. 미래에 대한 허황된 거품이 가져올 에너지 낭비나 자원 배분의 왜곡을 바로 잡을 의무뿐 아니라, 과학자나 개발자로서의 윤리 의식을 끝까지 놓지 말아야 한다. 인간의 한계를 극복하고 데이터를 기반으로 현실 인식의 왜곡을 바로 잡는 데, 그리고 무엇보다 경제 사회 생태계에서 부가 가치의 생산을 증대시키는 데에 인공 지능이 얼마나 큰 기여를 할 수 있는지를 보여 주고 전파해야 한다. 또한 그 과정에서 나타나는 비정상적인 현상이나 역기능에 대해 좀 더 진실에 가까운 얘기를 할 수 있어야 한다. 빅 인텔리전스의 네 가지 갈래 길에서 내가 어떠한 길을 추구할지, 그 과정에서 내가 취해야 할 자세가 무엇인지에 대한 진지한 고민도 필요하다.

빅 인텔리전스 세상을 살아가는 시민으로서의 역할은 무엇일까?

빅 인텔리전스가 막을 수 없는 대세라면 피하기보다는 능동적으로 적응하고 변화에 주도적으로 참여해야 한다. 인간으로서의 정체성을 유지하는 동시에 인공 지능의 남용을 통한 은밀한 통제, 사익 편취, 인권 침해의 가능성에 대해 늘 경계하고 깨어 있어야 한다. 그래야 빅 인텔리전스 사회를 지탱할 신뢰 기반이 제대로 자리 잡을 수 있다. 빅 인텔리전스 세상에서 신뢰 기반이 무너지면 우리가 부담해야 할 사회적 비용은 걷잡을 수 없이 커진다.

빅 인텔리전스 세상이 감시 사회로 진전되는 것을 막을 지혜도 필요하다. 감시 행위를 감시하는 것만으로는 문제가 해결되지 않는다. 그보다는 사회 전체를 투명하게 하는 것이 답이다. 빅 인텔리전스 세상에서 개인 정보가 어떠한 경로로든 대량 수집되고 이용되는 것은 불가피하다. 문제는 나는 실명으로 살고 있는데, 나를 보고 있는 사람은 정체를 감추고 있을 때 생긴다. 투명성에도 공평성이 필요하다. 그것이 정의다. 내가 실명으로 살고 있다면 나를 보고 있는 사람도 정체를 밝혀야 한다. 데이터를 수집하는 기관이나 조직이 어느 범위에서 어떤 용도로 수집한 정보를 활용하고 있는지가 함께 투명하게 드러나야 한다. 주식 시장에 상장된 기업이 기업 정보의 공개 의무를 갖는 것과 마찬가지로, 데이터 거래에 참여하는 기관이나 조직에 데이터 거래에 관한 공개 의무를 부여하는 투명성 제도가 필요하다. 호모 소포스는 자신의 개인적 권리뿐 아니라, 사회적 권리를 제대로 인식하고 지킬 줄 아는 인간이다.

호모 소포스는 공생하는 인간이다. 인공 지능과 함께 사는
지혜를 모색하라

빅 데이터로부터 정보, 지능, 지혜에 이르는 빅 인텔리전스 세상은
새로운 가치를 창조하는 신천지다. 이로부터 생산되는 새로운 부가
가치는 "최대 다수의 최대 행복"을 증대시킬 자양분의 보고다. 부가
가치 생산성이 높을수록 다수의 크기가 늘어나고 행복의 기반은 튼
튼해진다. 호모 소포스는 바로 인공 지능의 힘을 빌려 부가 가치 생
산을 극대화할 줄 아는 인간이다.

세상의 모든 것이 변하는데, 세상의 변화를 거부하는 것만큼 우둔
한 것은 없다. 물론 선택은 자유다. 빅 인텔리전스 시대를 현명하게
살아가는 호모 소포스는 유연한 인간이다. 감정적 포용성이 커서 현
상을 있는 그대로 받아들인다. 생산 현장에서는 생산력이 뛰어난 사
이보그가 되기도 하나, 일상생활에서는 인간 본연의 모습으로 돌아
올 줄 안다. 인간으로서의 정체성이 확고하여 때와 장소에 따른 변신
을 두려워하지 않는다.

2007년 이탈리아의 한 컨설팅 업체가 제작한 미래 전망 동영상에
는 메모리 트레이딩(memory trading)이라는 미래 전망이 나온다.[1] 두뇌
속에 담겨 있는 기억이나 지식을 다운로드해서 시장에 내놓으면 그
것을 사는 사람은 그 지식과 능력을 자신의 두뇌에 업로드해 가질 수
있는 시대가 온다는 것이다. 이 전망이 현실화되면 시장에는 빌 게이
츠, 마크 저커버그뿐만 아니라 황당한 상상을 많이 하는 일론 머스크,
심지어 '투자의 현인'이라는 워런 버핏(Warren Buffett)의 두뇌도 매물

로 나올 수 있을 것이다.

그런데 한번 생각해 보자. 업로드가 가능한 두뇌 상품이 시장에 나온다면 당신은 얼마에 사겠는가? 만일 버핏의 두뇌를 하나만 판다면 가격은 상상 이상으로 높게 치솟을 것이다. 그런데 버핏의 두뇌를 1,000만 개 복제해서 판다면 어떻게 될까? 가격이 형편없는 수준으로 하락할 것이다. 세상에 버핏의 두뇌가 그렇게 많이 판매된다면 버핏의 가치 투자 신통력은 주식 시장에서 효력을 잃을 것이기 때문이다. 버핏은 소수일 때 버핏으로서의 가치를 갖는다.

언뜻 생각하기에 꿈에 그리는 이상 세계의 모습 같은 메모리 트레이딩은 사실 바람직한 미래 모습이 아니다. 첫째, 메모리 트레이딩이 진전되면 누구나 좋은 두뇌를 사려고만 하지 생산하려 하지 않을 것이다. 시간이 지날수록 좋은 두뇌의 공급은 줄고, 시장에는 싸고 쓸모없는 두뇌만 즐비하게 된다. 시장이 제대로 작동한다면 시간이 지나면서 우수한 판매용 두뇌를 생산하려는 사람들이 늘어나겠지만, 그들은 자신의 두뇌를 좋게 만들기 위해 더 학습하고 더 공부하고 더 단련해야 한다. 결국 메모리 트레이딩이 가능해도 두뇌 공급 시장은 메모리 트레이딩 이전 상태와 같거나 오히려 약화된다. 메모리 트레이딩은 지능 생태계의 생산 기반만 무너뜨린다.

둘째, 수요 측면에서 메모리 트레이딩은 인간의 정체성을 파괴한다. 인간의 존엄성과 가치는 개인별로 차별화된 정체성에서 나온다. 메모리 트레이딩에 의해 다른 두뇌의 전부나 일부를 업로드하는 순간 나만의 정체성은 무너지고 나만의 존재 가치는 상실된다. 더 큰 문제는 두뇌의 동질화가 진전되어 좋은 두뇌를 살 수 있는 돈을 내가 마련할 수 없게 된다는 데에 있다. 좋은 두뇌를 사려면, 그 돈을 벌기 위해 자신도 좋은 두뇌를 개발해야 한다. 겉으로 좋아 보이는 메모리 트레이딩은 결국 생태계의 운용 원리만 파괴할 뿐, 생태계의 다양성 증대에 기여하지 못한다. 남의 두뇌를 사서 편하게만 살겠다는 욕구는 허상일 뿐이다.

평생 학습하고 부단히 단련해야 하는 나의 고충을 인공 지능이 면하게 해 줄 것이라 기대하지 마라. 소비하기 위해서는 돈을 벌어야 하고, 돈을 벌기 위해서는 생산 현장에서 경쟁력을 키워야 한다. 빅 인텔리전스 세상은 최첨단 지능 무기로 무장한 채 서로 치열하게 경쟁하는 더욱 힘든 사회일 수도 있다. 메모리 트레이딩이 나를 학습의 고통에서 해방시켜 줄 것처럼 보이나, 그 세상 역시 처절한 시장 메커니즘이 작용하는 새로운 세상일 뿐임을 자각해야 한다.

차라리 인공 지능과의 공생을 모색하고, 존 내시의 지혜를 빌려 내시 균형을 찾으려 노력하라. 인간과 인공 지능 간 역할 분담을 모색하되 상호 장점을 결합하라. 대체보다는 보완을 추구하고, 간섭보다는 각자의 자율성을 존중하라. 그리고 인공 지능에 대한 통제력을 확보해서 신뢰 기반을 구축하라. 인공 지능으로부터의 차별화를 시도하라. 이러한 노력이 축적될 때 비로소 인공 지능과의 공생이 가능하다.

호모 소포스는 인공 지능과 공생하는 인간이다. 서로에게 미칠 상호 영향을 예견하고 이해하고 받아들이는 인간이다. 자신이 만든 인공 지능에 의해 스스로 달라질 수 있음을 자각하는 인간이다. 그래서 그 영향을 예측하여, 미래의 자기 모습을 최적화하도록 인공 지능을 설계하고 조종할 줄 아는 인간, 그것이 호모 소포스다.

호모 소포스는 달관하는 인간이다. 자연과 함께 살아가는 지혜를 모색하라

호모 소포스는 자연주의적 사고를 지지한다.[2] 자연 속에 내재된 자연법칙을 존중하고 인위성을 배제하며 개인의 최선이 사회의 최선으로 이어지는 '보이지 않는 손'을 소중히 여긴다. 자연주의적 세계관에서 바라보는 인공 지능은 자연스러운 인간의 피조물이다. 따라서 호모 소포스는 인공 지능이 더해진 세상이 인류의 발전 궤적을 크게 바꾸거나 송두리째 바꾸어 버리는 역사의 단절을 지지하지 않는다. '보이지 않는 기술', '보이지 않는 곳에서 묵묵히 인간을 지원하는 기술', 그리고 '자기 통제력을 갖는 기술'을 지향한다.

호모 소포스는 인공 지능을 정치적으로 도구화하지 않는다. 세속적 권력이나 대중에 대한 지배력을 강화할 목적으로, 때로는 소비자를 속이거나 조종할 목적으로 인공 지능을 수단화하지 않는다. 사회적 가치와 혁신을 추구하되, 사리사욕이나 정당하지 않은 정치 권력은 배제한다. 호모 소포스는 인공 지능의 힘을 빌려 유유자적(悠悠自適)하는 삶을 추구한다. 자연법칙에 어긋날 만큼 욕심을 부리지 않고, 힘과 영향력이 커지면서 사적 가치보다는 사회적 가치를 더 존중한다. 자신을 요란하게 드러내지도, 지나치게 감추지도 않는다. 자연과 더불어 사는 삶을 즐기고, 자연의 일원으로 살아간다.

위대한 기업에서 현명한 기업으로

: 현명한 기업은 통찰력, 예지력, 유연성, 여유, 화합, 역할, 책임에 기반을 두고 기업 생태계의 동반 성장을 도모한다.

기술 발전 속도가 빨라지고 기술의 영향력이 커지면서 글로벌 시장에서 기업 간 경쟁은 더욱 치열해지고 있다. 또한 경쟁 양상은 기업 간 개별 경쟁에서 생태계 간 집단 경쟁으로 바뀌고 있다. 따라서 특정 기업의 경쟁력보다는 그 기업이 어느 기업 생태계에 속해 있느냐가 더욱 중요한 전략 변수가 되고 있다.

위대한 기업이 현실 직시, 몰입, 승부욕, 강한 의지, 신뢰에 기반을 두고 성장을 추구한다면,[3] 현명한 기업은 통찰력, 예지력, 유연성, 여유, 화합, 역할, 책임에 기반을 두고 기업 생태계의 동반 성장을 도모한다. 도로나 시장에서 좋은 길목을 차지하여 높은 수익을 꾀하는 소상공인 비즈니스 모델보다는, 입점한 모든 점포가 높은 수익을 내는 환경을 구축하여 파이 자체를 키우는 백화점식 플랫폼 비즈니스 모델을 추구한다. 나만의 성장은 소탐대실(小貪大失)의 우(愚)임을 잘 알고, 함께 성장하는 모델 속에서 내 몫을 키우는 지혜를 발휘한다.

스마트폰의 출현으로 촉발된 플랫폼 간 경쟁이 빅 인텔리전스 세상에서 약화되거나 소멸될 가능성은 없다. 오히려 그 범위가 더욱 확장되고 그 파괴력의 강도는 더욱 커질 것이 확실하다. 다가올 빅 인텔리전스 세상에서 기업이 자신의 지속 가능성과 성장성을 높이기 위해 어떠한 지혜를 모색해야 할지 깊은 고민이 필요하다.

빅 인텔리전스 세상에서 부가 가치 생산성의 극대화를 꾀하라

부가 가치 생산성의 극대화야말로 소득을 높이면서 동시에 여유 시간을 늘릴 수 있는 유일한 방법이다. 부가 가치 생산을 늘리기 위해 여유 시간을 줄이거나 여유 시간을 늘리기 위해 부가 가치 생산을 줄이는 것은 누구나 할 수 있다. 골치 아프게 머리를 쓸 필요도 없다. 그러나 부가 가치 생산성, 즉 단위 시간당 부가 가치 생산을 늘리는 데에는 많은 노력과 지혜가 필요하다.

다행스럽게 생태계 전체적으로 빅 데이터와 인공 지능은 현재 한계에 치닫고 있는 부가 가치 생산성을 한 단계 더 높일 새로운 수단을 제공한다. 방법은 두 가지다. 하나는 빅 데이터와 인공 지능 플랫폼 영역에서 새로운 시장의 개발을 시도하는 것이고, 다른 하나는 빅 데이터와 인공 지능 플랫폼을 활용한 경영 혁신으로 기존 업무의 생산성 한계를 돌파하는 것이다.

비즈니스 현장에서 지혜란 상치되는 두 가지 목표를 동시에 달성하는 비법이다. 일반적인 비즈니스 원리는 품질을 좋게 하려면 원가가 올라가고 원가를 낮추면 품질이 나빠진다는 것이다. 그런데 새로운 방법을 통해 원가를 올리지 않으면서도 품질과 성능을 올리는 방법이 바로 지혜라는 말이다. 빅 데이터와 인공 지능은 단위 노동시간 투입에 대해 더 높은 부가 가치를 내는 새로운 사업을 만들어 내거나, 추가의 원가 상승 없이 기존 업무의 부가 가치 생산을 늘린다. 비즈니스 영역에서는 빅 인텔리전스 자체가 지혜라는 말이다.

빅 인텔리전스에 대해 당신의 선택지는 두 가지다. 하나는 인력 대체의 두려움이나 혁신에 대한 거부감으로 빅 인텔리전스에 저항하는 것이고, 다른 하나는 빅 인텔리전스에 적극 동참하여 기회를 적극 활용하는 것이다. 물론, 선택은 자유다. 그러나 변화하는 비즈니스 환경은 늘 흐르는 물에 떠 있는 백조와 같아서, 당신이 변화를 거부하거나 변화에 동참하지 않으면 당신은 제자리조차 지킬 수 없게 된다. 빅 인텔리전스 변화에 동참하여 새로운 기회를 지속적으로 탐구하는 것은 이제 기본적인 생존 요건으로 바뀌고 있다.

나에 대한 시장의 믿음과 기대가 나를 키운다. 신뢰 자산을 키우려고 노력하라

기업을 성장시키는 힘은 투자 재원으로서의 자본이다. 자본은 사업을 통해 창출한 수익의 누적치다. 오랜 실전과 부단한 연습으로 잘 발달시킨 격투기 선수의 근육과 같다. 그런데 이렇게 자기 자본과 자기 수익력만으로 성장을 추구하는 방식은 구시대 모델이다. 이에 반해, 새 시대의 성장 모델은 격투기 선수보다는 아이돌 그룹을 지향한다. 연예계에서 아이돌은 짧게는 5년, 길게는 10년에 이르는 연습생 시절을 겪는다. 그 시절 동안 매너를 익히고 노래와 춤 실력을 키우고 단련한다. 여기까지는 격투기 선수와 다를 게 없다.

새 시대의 성장 모델이 구시대 모델과 다른 점은 상품의 시장 출시부터다. 아이돌 그룹은 앨범 출시 시점에 엄격한 심사를 거치며, 심사 과정에서 시장성을 극대화한 아이돌 그룹으로 재탄생된다. 그리고 출시에 앞서, 또는 출시와 함께 대대적인 프로모션도 진행된다. 이른 바 시장과의 게임이 시작되는 것이다. 이러한 시장과의 게임은 격투기 선수 모델에는 존재하지 않는다. 그저 흥행사들의 일회성 투기가 있다면 있을 뿐이다.

구글의 경우를 살펴보자. 구글은 2015년 10월 2일 지주 회사 체제로 전환했다. 지주 회사는 알파벳(Alphabet Inc.)이고 자회사로 구글, 구글X, 네스트(Nest), 구글 파이버(Google Fiber), 캘리코(Calico), 딥마인드 등을 두고 있다. 구글의 지배 구조도 2015년을 계기로 아이돌 그룹 모델로 전환된 셈이다. 그렇다면 그 성장 메커니즘을 살펴보자.

2014년 1월 26일 알파벳은 인공 지능 벤처 기업인 영국의 딥마인드를 5억 달러에 인수한다고 발표했다. 이 인수를 통해 딥마인드는 구글의 클라우드와 그 속의 방대한 데이터 자산을 사용할 수 있게 되었다. 그리고 2016년 봄, 구글은 딥마인드가 개발한 알파고가 서울에서 이세돌 9단과 세기의 대국을 벌인다고 발표했다. 실제 대국은 2016년 3월 9일부터 15일까지 이루어졌다. 대국 결과는 4:1로 알파고의 완승, 이세돌의 완패였다. 이 대국에는 행사 기간 내내 전 세계 매체의 관심이 집중되었다. 흥행으로서도 성공인 셈이었다.

이제 저변의 속계산을 한번 해 보자. 대국이 진행되기 바로 전인 2016년 3월 7일 구글 알파벳의 시가 총액은 4,785억 달러였고, 대국이 끝난 직후인 3월 16일의 시가 총액은 5,078억 달러였다. 대국을 거치면서 시가 총액은 293억 달러, 약 6퍼센트 상승했다. 단순 계산을 해 보면, 구글 알파벳은 5억 달러에 인수한 기업을 통해 시가 총액 293억 달러의 증가를 유도했다. 투자 수익률로는 6,000퍼센트에 해당하는 변화다. 물론 시가 총액의 증가는 상장 주식을 보유한 주주들에게 골고루 돌아가는 혜택이다.

그러면 딥마인드에 투자한 5억 달러의 투자 경제성을 대주주 입장에서 계산해 보자. 이를 위해서는 구글 알파벳의 대주주이면서 경영에 참가하고 있는 에릭 슈밋(Eric Schmidt), 레리 페이지(Larry Page), 세르게이 브린(Sergey Brin)의 지분을 살펴봐야 한다. 내가 그중의 한 명이고, 나의 지분이 10퍼센트라고 해 보자. 그러면 알파고의 대국을 통해 상승한 시가 총액 293억 달러 중 10퍼센트, 즉 29억 달러는 내 몫이 된다. 10퍼센트 지분을 가진 한 사람의 입장에서도 5억 달러를 투자해서 29억 달러를 번 셈이다.

빅 인텔리전스 시대의 성장 동력은 미래로부터 조성하는 자본에서 나온다. 구글 알파벳은 5억 달러를 투자해 얻은 딥마인드의 두뇌와 연구력을 구글의 클라우드와 빅 데이터와 결합하여 시너지를 극대화했다. 그리고 구글에 대한 시장의 깊은 신뢰를 구글에 대한 신비감으로 바꾸었다. 신비감은 신뢰를 바탕으로 한 기대감과 미래의 불확실성이 결합해서 만들어진다. 시장의 신뢰를 획득한 기업의 인수합병과 그렇지 못한 기업의 인수합병이 정반대로 평가받는 이유는 바로 이 때문이다.

신뢰하는 기업에게는 미래의 불확실성이 신비감으로, 신비감은 다시 주가 상승으로 이어져 새 시대의 성장 기반을 제공한다. 그러나 신뢰가 결여된 기업에게는 미래의 불확실성은 위험으로, 위험은 다시 주가 하락으로 이어져 성장 기반을 잠식한다. 같은 행위가 정반대의 결과로 이어지는 갈림길에 바로 시장의 신뢰와 기대감이 있다.

2016년 3월 16일 5,078억 달러였던 구글 알파벳의 시가 총액은 2017년 10월 19일 현재 6,819억 달러를 기록하고 있다. 미래 세상에 내재된 불확실성이 클수록 기업에 대한 시장 신뢰와 기대감이 만들어 내는 성장 기반의 격차는 크다. 그 결과, 다가올 빅 인텔리전스 세상에서 시장으로부터의 신뢰와 기대감을 획득하는 기업은 살고, 그렇지 못한 기업은 죽을 것이다. 한 치 앞도 알 수 없는 시장에 내던져진 아이돌 그룹의 수명은 그들이 확보하는 팬클럽의 크기에 비례한다. 세상 돌아가는 원리는 비즈니스 세상이라고 다르지 않으며, 미래라고 해서 달라지지 않는다.

빅 인텔리전스 세상에서 포지셔닝을 잘 선택하라. 입지와 타이밍이 중요하다

빅 인텔리전스 세상을 이끌 기업은 소수의 글로벌 기업으로 제한될 전망이다. 첫째, 빅 인텔리전스 세상의 비즈니스 주도력은 정보 기술 경쟁력과 시장 선점 능력에서 나올 것인데, 이미 세계적 기업과 지역 기업 간에 기술 격차와 전략 구사 능력의 격차가 크게 벌어져 있다. 둘째, 빅 인텔리전스 세상은 영역별로 소수의 글로벌 플랫폼 위에 구축될 가능성이 크다. 그런데 글로벌 플랫폼을 개발하여 글로벌 시장에서 성장시킬 수 있는 기업은 극히 제한적이다.

다가올 빅 인텔리전스 세상에서 글로벌 플랫폼 사업자로서 유리한 입지를 확보하고 있는 기업으로 구글, 애플, 아마존, IBM, GE 등을 들 수 있다. 아직까지 불모지와 다름없는 빅 인텔리전스 시장에서 향후 누가 선두 주자로 나설지는 불분명하다. 그러나 현재 관찰되고 있는 현상 중 하나는 빅 인텔리전스 세상의 플랫폼은 도메인별 플랫폼으로 분할되어 선두 경쟁을 할 것이라는 점이다. 예컨대, 구글의 광고 플랫폼, 애플의 퍼스널 미디어 플랫폼, 아마존의 상거래 플랫폼, IBM의 비즈니스 컴퓨팅 플랫폼, GE의 산업용 사물인터넷 플랫폼 등이다. 이 플랫폼 시장에서의 경쟁은 영역별 플랫폼을 누가 먼저 선점하느냐에 의해 좌우될 것이다. 이 시장에 점차 많은 기업이 진입하면서, 향후 시장 전개는 도메인이 분화되고, 분화된 도메인별로 누가 더욱 경쟁력이 있는 빅 인텔리전스 플랫폼을 먼저 제공하느냐에 따라 달라질 것이다.

우리나라 기업은 스마트폰·자동차·가전·철강·조선·건설 시장 등 여러 분야에서 글로벌 경쟁력을 가지고 있다. 우리나라의 기업이 다가올 빅 인텔리전스 시대에 대비해서 어디로, 어떠한 차별적인 기술과 비즈니스 모델로 선점 전략을 구사하느냐가 우리나라의 미래 운명을 좌우할 것이다.

빅 인텔리전스 세상에서 여유 시간을 확보해 인간 고유의 창의성을 배양하라

이제까지 기업의 경쟁력은 사원의 강요와 희생을 바탕으로 하는 경우가 많았다. 어찌 보면, 현실적 시장에서 그것이 가장 설득력이 있고, 실제로 작동하는 전략이었다. 그러나 세상이 달라지면 효과를 내는 처방도 달라지는 법이다. 세상은 달라졌는데, 옛 처방에 연연하면 새 세상에서 살아남기 어렵다. 인간적 동정심과 연민으로 해결될 문제는 아니다. 설사 그렇게 해서 고통은 줄일 수 있을지언정 대세를 바꾸기는 어렵다.

이제는 생각을 바꾸어야 한다. 우매함을 버리고, 현명함을 추구해야 한다. 시간 투입만으로 성과가 나온다는 관리 방식은 버려야 한다. 단위 시간당 투입 지능이 중요하다. 지능 개발을 자극하고 자발성을 키워 나가 단위 시간당 효과를 획기적으로 증대시켜야 한다. 비즈니스의 가시적 성과에 어떻게 기여했는지, 그래서 얻은 성과가 무엇인지가 중요하다. 몇 시간 근무했는지를 따지는 신체 구속 메커니즘은 더 이상 유효하지 않다.

이제는 형식적 관리를 버리고, 실질적 성과만을 따지는 신뢰 경영, 위임 경영, 성과 경영을 추구할 때다. 열 시간 일해서 얻을 결과는 여섯 시간 만에 끝내고, 생산성 증가로 얻은 네 시간의 보너스를 기업과 종업원이 반반 나누어 가질 생각을 해야 한다. 그리고 그렇게 해서 얻은 기업의 몫인 두 시간은 집단 지성이 작동하는 창의성 배양 프로그램에 배정해야 한다. 빅 인텔리전스 세상에서 기업이 추구해야 할 것은 자유로운 여유 시간의 확보가 가져다줄, 상상하지 못한 변신의 계기다.

학습 사회와 모범 국가

: 빅 데이터와 인공 지능의 편재로 인간 사회를 새로운 학습 사회로 만들 기회가 왔다. 그 기회를 활용하여 모범 국가로 가느냐 못 가느냐의 선택은 순전히 우리의 몫이다.

기계 학습에 기반한 인공 지능이 더욱 폭넓게 사용될수록 인간 사회가 차별적 학습 사회로 진화해야 할 필요성은 더욱 커진다. 빅 인텔리전스 사회가 이상 사회일 가능성은 크지 않다. 그저 한 단계 업그레이드된 세상일 뿐이다. 그 세상이 특이점를 돌파하든 돌파하지 못 하든, 인간이 그 세상을 현명하게 제어하든 못하든, 인간의 역할은 더욱 확장될 것이다. 따라서 인간은 지금까지 해 왔던 대로, 지속적으로 학습하는 자세를 견지해야 한다. 빅 데이터와 인공 지능은 학습 기회를 확대시키고, 인간의 학습 능력을 강화할 것이다. 빅 인텔리전스 세상은 새로운 학습 사회고, 사회적 학습을 얼마나 잘 하느냐 못하느냐에 따라 모범 국가로 갈 수 있는지 여부가 결정될 것이다. 그 세상을 위해 최소한의 사회적 지혜가 필요하다.

빅 인텔리전스 세상의 거버넌스 구조를 미리 설계하라

인간을 사회적 동물이라고 하는 이유는 인간과 인간이 서로 소통하기 때문이다. 인터넷, 특히 사물인터넷의 발달로 이제는 기계와 기계가 서로 소통하는 세상으로 접어들고 있다. 우리는 그것을 '상호작용'이라 불러왔다. 기계를 인간처럼 대접할 수 없다는 인간다운 표현이다. 자의식을 갖지 않은 기계에게 소통이라는 표현은 부적합하다는 것이다.

그런데 빅 인텔리전스 시대로 접어들면서 근본적 변화가 나타났다. 인간과 기계가 인간의 언어로 소통하기 시작한 것이다. 물론, 기계와 기계 간의 소통은 인간이 이해하지 못하는 기계만의 언어로 인간 능력의 수백 배, 아니 수천 배의 속도로 이루어진다. 비록 자아를 갖추지는 못했더라도, 빅 인텔리전스 생태계 안에 이른바 '인공 지능을 갖춘 말하는 기계'가 등장하기 시작했다.

어떠한 사회에도 사회를 지배하는 거버넌스(governance) 구조, 즉 지배 구조가 있기 마련이다. 없다면 제대로 된 사회가 아니다. 기업의 경우, 최고 경영자, 이사회, 임원, 직원이 있고, 외부에 주주, 정부, 규제 기관, 각종 소비자 단체가 법제도적 틀 속에서 일종의 계층적 지배 구조를 형성한다. 그렇다면 인공 지능이라는 새로운 생태계 구성원이 참여하는 빅 인텔리전스 사회의 지배 구조도 당연히 새롭게 재정비되어야 하지 않을까?

2011년《인공 지능(*Artificial Intelligence*)》이라는 학술지에 발표된 한 논문은 미래 사회의 지능을 사이버-물리-사회 지능(cyber-physical-socio intelligence)이라고 명명하면서, 빅 인텔리전스 생태계의 계층 구조로 CP³SME를 제안했다.[4] C는 사이버(Cyber), 세 개의 P는 물리적(Physical), 생리적(Physiological), 심리적(Phychological), S는 사회적(Socio), M은 정신적(mental), 그리고 마지막 E는 환경(Environment)을 의미한다. CP³SME를 빅 인텔리전스의 아키텍쳐로 받아들인다면 지배 구조는 두 가지 규칙으로 정의될 수 있다. 우선 사람과 기계를 빅 인텔리전스 세상을 구성하는 대등한 개체로 놓고, 수평적으로는 각 계층 내에서 기계-기계, 기계-사람, 사람-사람 간의 소통 방식을 규칙으로 정의하고, 수직적으로는 기계, 사람을 불문하고 계층과 계층 간의 인터페이스를 규칙으로 정의하는 것이다. 물론 지배 구조의 목표는 당연히 인간의 이상적인 삶을 지원하는 것으로 설정되어야 한다.

빅 인텔리전스 세상에 대비하여 투명성 규제를 강화하라

지혜의 특성 중 하나는 단순함을 통해 복잡함을 해결하는 것이다. 빅 인텔리전스 세상은 복잡하고 감추어진 것과 보이지 않는 것이 많은 세상이다. 일상에 편재하는 인공 지능 알고리즘 속의 로직을 알 수 없고, 플랫폼 소프트웨어 속에 어떤 비밀 병기나 비밀 문(back door)이 숨겨져 있는지도 알 수 없다. 따라서 행위를 일일이 규제한다는 것은 가능하지도 않고, 노력 대비 성과 면에서 경제성도 없다. 보다 현명한 방법은 절차에 관한 투명성 규제를 강화하는 것이다. 현재 우리나라에서 실행 중인 개인 정보 보호법은 정보 수집 단계에서는 동의를, 활용 단계에서는 이용 사실을 통지하도록 되어 있다. 실제 모카드 회사는 내 개인 정보의 활용 사실을 내게 이메일로 공지하면서 사용처와 목적을 그저 "마케팅에의 활용"이라고 기재했다.

이러한 방식에 문제가 있음은 널리 인식되어 있다. 첫째, 개인 정보 수집 단계에서 동의하지 않을 수 없도록 하는 경우가 많다. 앱을 미끼로 개인 정보 수집에 대한 포괄적 동의를 요구하여 과다한 개인 정보를 수집해 간다. 둘째, 활용 단계에서도 마찬가지다. 두루뭉술한 표현으로 일회성 광고에 썼다는 것인지, 데이터로 판매했다는 것인지 알 수가 없다. 셋째, 개인 정보 보호법을 준수한다는 명분으로 실효성에 비해 과다한 양의 스팸성 이메일이나 문자를 전송한다.

이러한 문제는 빅 인텔리전스 세상에서는 더욱 확대되고 심화될 것이 분명하다. 따라서 현재의 법제를 그대로 확대 적용하면 문제점만 더욱 확대될 것이다. 개인적 고지 대신, 데이터를 사용하는 기업이나 기관, 조직에게 데이터 이용 사실에 관한 공개 의무를 부여하는 투명성 규제가 더 바람직하다. 경제 성과와 효과성 면에서는 훨씬 나은 규제 제도가 될 수 있다.

"정직이 최선의 방책이다(Honesty is the best policy)"라는 말은 미국의 벤저민 프랭클린(Benjamin Franklin)이 한 말로 알려져 있다. 일상적으로 많이 인용되는 이 말에서 '정직'은 거짓말을 하지 않고 진실만을 얘기하는 것을 뜻한다. 이 인용구를 정책 영역으로 확대하면 "투명성 규제야말로 규제 중의 으뜸이다"라는 말이 된다. 단순함을 통해 복잡함을 해결하는 지혜, 투명성 규제는 빅 인텔리전스 세상에서 꼭 필요한 규제 원칙이다.

애덤 스미스의 '보이지 않는 손'은 인간 세계에 내재된 작동 원리다. 자연 생태계의 진화 원리이기도 한 그 메커니즘은 지능형 집단 지성을 만들어 낸다. 규제 메커니즘으로서 자율 규제만큼 좋은 것은 없다. 규제 비용이 전혀 들지 않기 때문이다. 자신의 본능과 이기심에 따라 행동한 것이 전체의 이익에 가장 부합한다면, 그것만큼 지혜로운 운용 원리는 없다.

인간 세계에서 스미스의 보이지 않는 손이 완벽하지 않음을 우리는 잘 안다. 그러나 독과점 규제나 불공정 행위에 관한 최소한의 규제만으로 우리는 보이지 않는 손의 효과를 극대화할 수 있다. 그 보이지 않는 손이 빅 인텔리전스 세상에서도 작동되도록 그 원리를 인공 지능의 설계와 운용 원칙에도 반영할 필요가 있다. 이와 함께 잘못된 인공 지능은 스스로 퇴출되도록 빅 인텔리전스 생태계 내에 자연 선택의 원리도 구현해야 한다.

1988년 4월 미국 옐로우스톤 국립 공원의 여러 곳에서 번개에 의한 불이 발생했다. 그런데 공원 관리소는 불을 진화하지 않았다. 1972년 이후 운용해 온 공원 관리 정책인 '그냥 타도록 놔두는 정책(Let it burn policy)' 때문이었다. 불은 약 120만 에이커를 태운 뒤, 자연적으로 내린 눈에 의해 11월 18일 완전히 진화되었다. 이 화재로 공원의 36퍼센트가 불탔다. 아무리 자연적으로 발생한 불이라 해도 공원 관리소가 불을 끄지 않고 수 개월을 방치한 이유는 무엇일까? 산불이 나면 바싹 말라 각종 병충해에 노출되어 약해 빠진 고령화된 수

목들이 가장 먼저 불에 타 쓰러진다. 반면, 젊은 수목은 품고 있는 수분도 많고, 내한성, 내열성도 강해 불에 잘 타지 않는다.

'그냥 타도록 놔두는 정책'은 자연적으로 일어난 일은 그대로 두는 것이 좋다는 지혜를 담고 있다. 실제로 1988년 산불은 1700년대 이후 자연적으로 일어난 대규모 산불이었다. 그런 산불은 약 300년에 한 번꼴로 발생한다. 옐로우스톤 국립 공원의 공원 관리 정책은 자연 생태계의 건강한 선순환을 촉진하는 자연 선택 원리를 정책적으로 구현하고 있다. 1988년의 화재가 옐로우스톤 국립 공원 면적의 3분의 1 이상을 태웠음에도 불구하고, 생태계는 불과 몇 년 만에 전보다 훨씬 나은 모습으로 건강성을 회복했고, 동식물의 다양성도 훨씬 증가했다.

빅 인텔리전스는 지구촌의 경제 사회 생태계에서 자연적으로 발생한 큰 불이다. 그 불을 인위적으로 끄거나 통제하는 것이 오히려 빅 인텔리전스 자체를 죽일 수도 있다. 최소한의 올바른 규제로 생태계 내 자율적 조정 기능이 스스로 자리 잡을 때까지 참고 기다려 주는 지혜가 요구된다. 그것이야말로 생태계의 '보이지 않는 손'이 빅 인텔리전스 세상을 건강하고 활력이 넘쳐나는 세상으로 이끌도록 하는 지름길이다.

주

1장

1 위키백과, 〈PD수첩의 미국산 쇠고기 관련 보도〉.

2 두산백과, http://terms.naver.com/entry.nhn?docId=1082441&cid=40942&catego
ryId=32840.

3 Wikipedia, "Recorded History", https://en.wikipedia.org/wiki/Recorded_history.

4 토드 부크홀츠 지음, 류현 옮김, 《죽은 경제학자의 살아있는 아이디어(*New Ideas From
Dead Economists*)》, 김영사, 1994.

5 이르고 보그다노프, 그리슈카 보그다노프 지음, 허보미 옮김, 《신의 생각(*Pensée de
Dieu*)》, 프로메, 2012.

6 Wikipedia, "Approximations of π", https://en.wikipedia.org/wiki/
Approximations_of_%CF%80.

7 National Human Genome Research Institute, https://www.genome.
gov/10001772/all-about-the—human-genome-project-hgp/.

2장

1 Wikipedia, "Spitzer Space Telescope", https://en.wikipedia.org/wiki/Spitzer_
Space_Telescope.

2 Science Beta, "Dark Energy, Dart Matter", https://science.nasa.gov/astrophysics/
focus-areas/what-is-dark-energy.

3 Cowan, Nelson, "The magical number 4 in short-term memory: A

reconsideration of mental storage capacity," *Behavioral and Brain Sciences*, Vol. 24, pp. 87-185, 2000.

4 Wikipedia, "Mona Lisa", https://en.wikipedia.org/wiki/Mona_Lisa에서 일부 수정.

5 Scientific American, "How fast is the earth moving?", https://www.scientificamerican.com/article/how-fast-is-the-earth-mov/.

6 시간의 인지에 관한 기존 이론들은 Stanford Encyclopedia of Philosophy, "The Experience and Perception of Time," http://plato.stanford.edu/entries/time-experience/를 참조하라.

3장

1 이재진, 〈여론 조사 기관 예측 조사, 홍준표-안철수 격차 더 벌어져〉, 미디어 오늘, 2017년 5월 9일 자 기사, http://www.mediatoday.co.kr/?mod=news&act=articleView&idxno=136736.

2 BBC News, "US election: Is Trump or Clinton going to win?", http://www.bbc.com/news/election-us-2016-37884603.

3 〈미국 대선 재검표 주장…클린턴 200만 표 이상 앞서〉, 〈한국일보〉, 2015년 11월 24일 자 기사, http://www.hankookilbo.com/v/ce66f825e2bd477ea61dd7837107ddef.

4 설명을 위한 가상적 상황으로 지지율이 최대한 현실과 같도록 가정한 값들이다.

5 〈소득 통계로 드러난 '부의 양극화'〉, 〈연합뉴스〉, 2011년 4월 25일 자 기사.

6 원문은 http://news.donga.com/3/all/20110426/36693480/1#csidx8026b63ddec96649591af5d1b8fd2de 참조하라.

7 블로그 사이트 http://blog.naver.com/economyplay/140128537422 참조.

8 OECD, "Income inequality remains high in the face of weak recovery," November, 2016.

9 〈소득 통계로 드러난 '부의 양극화'〉, 〈연합뉴스〉, 2011년 4월 25일 자 기사.

10 〈중앙선관위, 전화 착신 여론 조사 결과 왜곡 사례 첫 고발〉, 중앙선거관리위원회 보도자료, http://blog.naver.com/gw1390/80211268110.

11 송성철, 〈의학기사 알고보니 '기사성 광고'〉, 〈의협신문〉, 2010년 11월 4일 자 기사.

12 류경동, 〈기사형 광고, 차세대 광고시장 대세〉, 〈전자신문〉, 2015년 4월 23일 자 기사.

4장

1 나무위키, 〈힉스 보손〉, https://namu.wiki/w/%ED%9E%89%EC%8A%A4%20%트

EB%B3%B4%EC%86%90.

2   The New York Times, "Two physicists, Englert and Higgs, won the Nobel Prize on Tuesday for their theory explaining how particles acquire mass.", http://www.nytimes.com/interactive/2013/10/08/science/the-higgs-boson.html?_r=0#/?g=true.

3   이종하 지음, 《3월의 모든 역사》, 디오네, 2012.

4   김수혜, 〈국내 3가지 인구 통계 최대 174만 명 오차〉, 〈조선일보〉, 2010년 4월 7일 자 기사.

5   〈올해 한국 1인당 소득 구매력 기준 3만$〉, 〈연합뉴스〉, 2010년 10월 12일 자 기사.

6   디지털뉴스부, 〈미국, 2020년 인구 통계조사 때 인터넷·스마트폰 활용 검토〉, 〈국제신문〉, 2015년 1월 10일 자 기사.

7   한정수, 〈갤노트7 발화 원인 발표, 차기작 갤럭시S8 런칭 시기는?〉, 베타뉴스, 2017년 1월 24일 자 기사.

8   서진욱, 이하늘, 〈'갤노트7' 발화 원인 어떻게 찾았나, 모든 가설 두고 700명 매달려〉, 머니투데이, 2017년 1월 23일 자 기사.

9   박종익, 〈NASA, 블랙홀 비밀 풀기 위한 우주망원경 발사〉, 나우뉴스, 2017년 1월 5일 자 기사.

10 Chignard, Simon, "A brief history of Open Data," *Paris Innovation Review*, March 29th, 2013 http://parisinnovationreview.com/2013/03/29/brief-history-open-data/.

11 The Annotated 8 Principles of Open Government Data. https://opengovdata.org/.

12 www.data.go.kr.

13 박희진, 〈공허한 논의 그만 – 네이버가 꿈꾸는 빅 데이터 생태계〉, 〈한국경제〉, 2016년 11월 7일 자 기사.

2부

5장

1   네이버 지식백과, 〈베이컨의 격언〉 참조.

2   윤성환, 〈[베스트애널리스트의 2분기 전망] 이경수(투자전략)〉, 〈조선비즈〉, 2015년 4월

9일 자 기사.

3　Bao Hong, Tan, "Cobb-Douglas Production Function", a manuscript, 2008월 11월.

4　E. C. Y. Ng and Y. C. Ng, "What explains the total factor productivity gap between OECD economies and the U.S.?", *Applied Economics*, 48:32, 3005-3019, DOI: 10.1080/00036846.2015.1133898.

5　이 얘기는 실제 상황이 아니라, 〈윤식당〉을 예로 든 가상적 상황이다.

6　Wikipedia, "Northeast blackout of 2003", https://en.wikipedia.org/wiki/Northeast_blackout_of_2003.

7　Anderson, Patrick L. and Geckil, Principal. Ilhan K., "Northeast Blackout Likely to Reduce US Earnings by $6.4 Billion", *Anderson Economic Group*, August 19, 2003.

8　〈한진해운사태, 법정관리란 무엇인가〉, 〈Hot Issue〉, http://blog.naver.com/foreneo/220803658609.

6장

1　Porter, Michael E., *Competitive Strategy*, Free Press, New York, NY., 1980.

2　Wrighta, George, and Cairnsb, George and Goodwinc, Paul, "Teaching Scenario Planning: Lessons from Practice in Academe and Business", *European Journal of Operational Research*, Vol. 194, No. 1, pp. 323-335, 2009.

3　Society and Culture, http://www.sparknotes.com/sociology/society-and-culture/section1.rhtml 참조.

7장

1　울프 필칸 지음, 박여명 옮김, 《트렌드와 시나리오(Trends and Scenarios)》, 리더스북, 2009, p.156.

2　McWilliams, Peter, https://www.brainyquote.com/quotes/authors/p/peter_mcwilliams.html.

3　Basic Facts about Prairie Dogs, Fact Sheet, http://www.defenders.org/prairie-dog/basic-facts.

4　"Big Bang Echo: scientists find 'signal from dawn of time", *The Telegraph*, March 17, 2014.

5　〈'트럼프 당선' 맞춘 전원책 … "내가 신기가 있는 모양"〉, 〈헤럴드경제〉, 2016년 11월

11일 자 기사.

6 〈스노든 폭로 특종 퓰리처상 허할까〉, 〈서울신문〉, 2014년 3월 15일 자 기사.

7 〈'스노든 특종' 기자 "책으로 추가 폭로 공개"〉, 〈연합뉴스〉, 2014년 4월 21일 기사.

8 〈"클린턴이 대승"… '족집게' 무디스 어낼리틱스 전망〉, 뉴시스, 2016년 11월 2일 자 기사.

9 〈미서부 산불확산 … 비상사태 선포·요세미티 국립공원 위협〉, 〈연합뉴스〉, 2017년 7월 20일.

10 세계경제포럼 홈페이지 참조. 괄호 안의 수치는 각 관점에 해당하는 세부 지표의 가짓 수를 지칭한다.

11 지속가능사회 지표 홈페이지 http://www.ssfindex.com/ 참조.

12 헤리티지 재단의 '경제적 자유' 홈페이지 http://www.ssfindex.com/ 참조.

13 OECD Better Life Index 홈페이지 http://www.oecdbetterlifeindex.org/ countries/korea/ 참조.

14 The World Bank의 데이터 포털 http://data.worldbank.org/products/tools, WHO 의 데이터 포털 http://apps.who.int/gho/cabinet/uhc.jsp, 유럽연합의 데이터 포털, http://data.europa.eu/euodp/en/data/ 를 각각 참조.

15 공공 데이터 포털, https://www.data.go.kr/ 참조.

16 "Google Public Data Explorer", Wikipedia https://en.wikipedia.org/wiki/ Google_Public_Data_Explorer.

17 이호준, 〈한국, UN 전자 정부평가 3위…전자 정부 재도약 추진해야〉, 〈전자신문〉, 2016 년 7월 31일 자 기사.

18 세부적인 것은 www.gov.uk 사이트 참조.

19 송혜리, 〈전자 정부 트렌드 '개인 맞춤 서비스' 초점〉, 디지털타임즈, 2017년 2월 2일 자 기사.

20 Gartner 홈페이지, http://www.gartner.com/newsroom/id/3412017 참조.

21 Karl Popper, Stanford Encyclopedia of Philosophy, https://plato.stanford.edu/ entries/popper/.

22 가치 박탈은 내가 소중히 여기는 가치, 즉 존중, 사랑, 권력, 부, 지위, 명예, 자존심 등을 타의에 의해 상실했다고 인지하는 것을 뜻한다. 이는 하나의 인지이기 때문에, 내 삶이 나빠지지 않아도 다른 사람들의 삶이 훨씬 좋아지면 '다른 사람들이 내 삶의 혜택을 빼 앗아 갔다'는 생각이 들기도 한다.

23 송원근, 〈케인스식 재정 정책의 유혹〉, KERI Column, 2013년 4월 3일.

24 T. J. Sargent, "Rational Expectations", The Concise Encyclopedia of Economics.

25 조현욱, 〈스티븐 호킹 박사, '내 블랙홀 이론 틀렸다'〉, 〈중앙일보〉, 2014년 7월 22일 자 기사.

8장

1 두산백과, 〈미국 대폭발 테러 사건〉.

2 Akerlof, George A., "The Market for "Lemons": Quality Uncertainty and the Market Mechanism," *The Quarterly Journal of Economics*, Vol. 84, No. 3, pp. 488-500, 1970.

3 '로보어드바이저(robo-advisor)'는 빅 데이터를 기반으로 특화된 알고리즘을 개발하여 인간 프라이빗 뱅커(PB) 대신 금융 상품 포트폴리오를 관리해 주는 온라인 자산 관리 서비스를 말한다.

4 IFORS(International Federation of Operations Research Societies) 2020은 전 세계 OR(Operations Research) 학회가 모여서 3년마다 개최하는 국제 학술 대회 중 한국 OR학회가 유치한 2020년 대회를 말한다. 전 세계에서 OR과 경영과학 분야 학자들 1,500~2,000명이 참가하는 대규모 학술 대회다.

5 이상은, 〈'소득 주도 성장론'은 검증된 이론일까〉, 〈한국경제〉, 2017년 8월 12일 자 기사.

6 〈'소득 주도 성장'이 실패할 수 밖에 없는 이유〉, http://blog.naver.com/fun_consult/221061261644.

7 "Information Overload, Why It Matters and How to Combat It," Interaction Design Foundation Site, https://www.interaction-design.org/literature/article/information-overload-why-it-matters-and-how-to-combat-it.

8 〈2016년 편의점 가맹점 매출액 및 점포 수〉, http://blog.naver.com/travel_kcm/220863856735.

9 Wikipedia, "Visualization(graphics)" 참조.

3부

9장

1 Böhm, Jennifer, et al., "The Venus Flytrap Dionaea Muscipula Counts Prey-Induced Action Potentials to Induce Socium Uptake", *Current Biology*, Vol. 26, No. 3, pp. 286-295, 2016.

2 Cherry, Kendra, "What are the different theories of intelligence?," https://www.verywell.com/theories-of-intelligence-2795035.

3 Berg, Cynthia A. and Sternberg, Robert J., "A triarchic theory of intellectual development during adulthood", *Development Review*, Vol. 5, No. 4, pp. 334-370, 1985.

4 초지능(super intelligence)은 Nick Bostrom, *Super Intelligence*, Oxford University Press, 2014에서 유래된 말로서, 보스트럼은 이 책에서 모든 면에서 인간 두뇌를 능가하는 기계 두뇌가 나타나면 이것은 지구를 지배하는 종으로서 인간을 대체할 수 있다고 주장했다. 닉 보스트럼 지음, 조성진 옮김, 《슈퍼 인텔리전스(*Super Intelligence*)》, 까치, 2017로 번역되었다.

5 Wikipedia, "Eric Kandel", https://en.wikipedia.org/wiki/Eric_Kandel.

6 Rovolvy, "Hebb's Postulate", https://www.revolvy.com/main/index.php?s=Hebb%27s%20postulate&item_type=topic.

7 fMRI(functional Magnetic Resonance Imaging): 기능적 자기공명영상, PET(Positron Emission Tomography): 양전자 단층촬영, SPECT(Single Photon Emission Computed Tomography): 단일광자 단층촬영.

8 이에 관한 자세한 내용은 KurenKov, Andrey, "A Brief History of Neural Nets and Deep Learning, Part 4", http://www.andreykurenkov.com/writing/a-brief-history-of-neural-nets-and-deep-learning-part-4/를 참조하라.

9 현상 간에 A가 있은 후에 B가 나타났고, B가 나타난 모든 경우에 A가 있었다면, 이를 여기에서는 '현상적 인과관계'로 정의한다. 이와 달리, A가 B를 결정하는 원리나 이론까지 밝혀진 경우, 이를 '실체적 인과관계'로 정의한다. 저변에 실체적 인과관계를 가지고 있지 않은 현상적 인과관계는 있을 수 없다. 현상적 인과관계에도 실질적으로 실체적 인과관계가 내재해 있으나, 겉으로 드러나지 않았을 뿐이다.

10 이를 '환원주의(reductionism)'라고 한다. 이에 대해서는 관련 문헌을 참고하기 바란다.

11 두산백과, 〈결정론〉, http://terms.naver.com/entry.nhn?docId=1059537&cid=40942&categoryId=31433.

12 자세한 내용은 Wikipedia, "Determinism", https://en.wikipedia.org/wiki/Determinism와 "Causal Determinism", Stanford Encyclopedia of Philosophy, https://plato.stanford.edu/entries/determinism-causal/를 참조하라.

13 카오스에 관한 쉬운 설명은 네이버 지식백과 〈불규칙하고 예측 불가능한 현상, 카오스〉를 참조하라.

14 카오스에 관한 심도 깊은 설명은 제임스 글릭 지음, 박래선 옮김, 《카오스(Chaos)》, 동아시아, 2013를 참조하라.

15 자유 의지에 관한 철학적 논의는 Stanford Encyclopedia of Philosophy, "Free Will", https://plato.stanford.edu/entries/freewill/를 참조하라.

10장

1 임락근, 〈뇌질환 영상 판독하는 AI 개발〉, 〈한국경제〉, 2017년 7월 17일 자 기사.

2 텐서플로는 구글이 제공하고 있는 머신 러닝을 위한 오픈 소프트웨어 라이브러리다. 이를 활용하면, 주어진 데이터로부터 머신 러닝을 다양하게 적용해 볼 수 있다. 자세한 내용은 홈페이지 https://www.tensorflow.org/를 참조하라.

3 아래에 나오는 수식에 대해 이해하기가 어려운 독자들은 굳이 수식을 이해하려고 노력할 필요는 없다. 수식 자체보다는 수식에 기반한 각 세상에 대한 설명만으로도 충분히 이해할 수 있다.

4 시범 운영한 30일에 대해서 매일 책정된 가격, 그리고 그 가격으로 벌어들인 하루의 매출액, 이 두 가지 값을 가지고 회기 분석을 적용한 결과 얻은 R^2값이다. 이론적으로 이 값은 매출액의 변이 중에서 가격이 설명하는 부분이 차지하는 비중을 의미한다.

5 차지완, 〈2002년 미 월드컴 파산보호 신청〉, dongA.com, http://news.donga.com/3/all/20070721/8469153/1 참조.

6 Jamain, Adrien, "Benford's Law", A project report, Imperial College of London, Department of Mathematics and ENSIMAG, 2001.

7 포렌식 회계에 관해서는 Nigrini, Mark, *Forensic Analytics: Methods and Technigues for Forensic Accounting Investigations*, Wiley Corporate F&A, 2011을 참조하라.

8 〈성수대교 붕괴, 부실용접이 주인(主因)〉, 〈동아일보〉, 1994년 10월 28일 자 기사.

9 Friedman, Lauren F., "IBM's Watson Supercomputer May Soon Be The Best Doctor In The World," *Business Insider*, 2014. 4. 22.

10 이 시나리오에 관한 상세한 사항은 Chang, Suk-Gwon "A Structured Scenario Approach to Multi-Screen Ecosystem Forecasting in Korean Communications Market", *Technological Forecasting & Social Change*, Vol. 94, pp. 1-20, 2015를 참조하라.

11 The New York Times, "In Wisconsin, a Backlash Against Using Data to Foretell Defendants' Futures", 2016년 6월 22일 자 기사.

12 The CAP TIMES, "Wisconsin Supreme Court allows state to continue using

computer program to assist in sentencing", 2016년 7월 13일 자 기사.

11장

1 Wikipedia, "Semantic network", https://en.wikipedia.org/wiki/Semantic_network 참조.

2 가고 싶은 명소는 〈세계인이 사랑하는 여행지 10곳〉, 조선닷컴, 2017년 6월 21일 자에서 발췌했다.

3 Hickman, Leo, "How algorithms rule the world", *The Guardian*, 2013년 7월 1일 자 기사에서 인용했다.

4 Emery, David, "Are We Living Inside a Computer Simulation?", *Snopes*, 2017년 4월 25일 참조.

5 Kassan Peter, "I am not living in a computer simulation, and neither are you," *SKEPTIC*, Vol. 21, No. 4, 2016 참조.

6 단, 인간이라는 개체는 예외다. 즉 CPS 속으로 인간이라는 개체를 완벽하게 투영시키는 것은 거의 불가능하다. 이에 관한 논의는 일론 머스크의 주장에 관한 논의만큼이나 논쟁의 소지가 많다.

12장

1 이하 논의의 일부는 최재천, 〈최재천 교수의 다윈 2.0: 성의 기원〉, 네이버 캐스트, 2010년 1월 28일을 참조하라.

2 최재천, 〈최재천 교수의 다윈 2.0: 성의 기원〉, 네이버 캐스트, 2010년 1월 28일에서 재인용.

3 매일경제, 2007년 11월 7일 자 기사 참조.

4 신동열, 〈정부도 시장도 만능이 아니다 …… 자율과 규제의 조화 필요〉, 〈생글생글〉 379호, 2013년 4월 8일.

5 Blum, Christian, "Ant Colony Optimization: Introduction and Recent Trends", *Physics of Life Reviews*, Vol. 2, pp. 3535-373, 2005.

6 다양한 응용 분야에 관해서는 Wikipedia, "Ant Colony Optimization."을 참조하라.

7 네이버, 〈집단 지성〉, http://terms.naver.com/entry.nhn?docId=1285766&cid=40942&categoryId=31606 참조.

4부

13장

1 네이버의 두산백과 참조.

2 Johnson, David, "These are the most productive countries in the world," TIME, 2017년 1월 4일. 계산에 사용된 GDP는 구매력을 반영한 실질 GDP이다.

3 매슬로의 욕구 5단계설에 대해서는 별도의 자료를 참고하기 바란다.

4 Short, Kevin, "Here is the income level at which money won't make you any happier in each state", *BUSINESS*, 2014년 7월 17일 자 기사 참조.

5 〈공리주의〉, 네이버의 두산백과 참조.

6 Three Answers, "Does a country with a lower GDP per hours worked enjoy more leisure time?", Quora, https://www.quora.com/Does-a-country-with-a-lower-GDP-per-hours-worked-enjoy-more-leisure-time 참조.

7 Holt, Charles A. and Roth, Alvin E., "The Nash equilibrium: A perspective," *PNAS*, 2004년 3월 23, pp. 3999-4002 참조.

8 게임 참여자 각각이 하나의 대안만을 선택하는 순수 전략의 경우 내시 균형이 존재하지 않을 수도 있으나, 여러 대안을 확률적으로 선택하는 혼합 전략의 경우 적어도 한 개 이상의 내시 균형이 존재한다는 것이다. 이에 관한 상세한 내용은 내시 균형에 관한 경제학 서적을 참조하기 바란다.

14장

1 Ryan, Kevin J., "Elon Musk and 350 experts predict exactly when artificial intelligence will overtake human intelligence", Inc., 2017년 5월 6일 자 기사.

2 Chopra, Deepak, "Artificial Intelligence will never river the deep complexity of the human mind," Huffpost, https://www.huffingtonpost.com/deepak-chopra/artificial-intelligence-human_b_10240122.html.

3 Tegmark, Max, "Benifits and Risks of Artificial Intelligence," future of life, https://futureoflife.org/background/benefits-risks-of-artificial-intelligence/.

4 Caughill, Patrick, "Artificial Intelligence is our future.But will it save or destroy humanity?," Futurism, 2017년 9월 29일 자 기사.

5 장석권 교수는 4차 산업 혁명의 진전으로 새로이 창출되는 제5차 산업을 '로봇 인텔리전스 산업'이라 명명했다.

6 Caughill, Patrick, "Artificial Intelligence is our future,But will it save or destroy humanity?," Futurism, 2017년 9월 29일 자 기사.

7 SETI는 'Search for Extra-Terrestrial Intelligence'의 약자로서 외계 지적 생명체를 탐구하는 프로젝트다.

8 "Where machine learning meets rule-based systems", https://news. ycombinator,com/item?id=14717692.

15장

1 Associati, Casaleggio, "Future of Communication", https://www.youtube,com/ watch?v=iu0ztxdsFis.

2 자연주의는 초월적·신적 존재를 인정하지 않고 정신 현상을 포함한 세계의 모든 현상과 그 변화의 근본 원리가 자연에 있다고 보는 철학 세계다(출처: 한국민족문화대백과).

3 짐 콜린스 지음, 이무열 옮김, 《좋은 기업을 넘어…위대한 기업으로》, 김영사, 2002년.

4 Zhuge, Hai, "Semantic Linking through Spaces for Cyber-Physical-Socio Intelligence: A Methodology", *Artificial Intelligence*, Vol. 175 (2011), 988-1019.

데이터를 철학하다

초판 1쇄 발행 2018년 7월 20일
초판 5쇄 발행 2023년 10월 13일

지은이 장석권
펴낸이 유정연

이사 김귀분
책임편집 신성식 **기획편집** 조현주 유리슬아 서옥수 황서연 정유진 **디자인** 안수진 기경란
마케팅 반지영 박중혁 하유정 **제작** 임정호 **경영지원** 박소영 **교정교열** 조은화

펴낸곳 흐름출판(주) **출판등록** 제313-2003-199호(2003년 5월 28일)
주소 서울시 마포구 월드컵북로5길 48-9(서교동)
전화 (02)325-4944 **팩스** (02)325-4945 **이메일** book@hbooks.co.kr
홈페이지 http://www.hbooks.co.kr **블로그** blog.naver.com/nextwave7
출력·인쇄·제본 프린탑 **용지** 월드페이퍼(주) **후가공** (주)이지앤비(특허 제10-1081185호)

ISBN 978-89-6596-267-0 03300